내 생애
다시 시작이다

내 생애 다시 시작이다

초판 1쇄 인쇄 2008년 7월 20일
초판 1쇄 발행 2008년 7월 25일

지은이 I 성헌모
펴낸이 I 김태봉
펴낸곳 I 한솜미디어
등 록 I 제5-213호

편 집 I 김주영, 김미란
기 획 I 정종해, 장승윤
일러스트 I 조시형
마 케 팅 I 박상필
홍 보 I 이준혁

주소 I (우143-200) 서울시 광진구 구의동 243-22
전화 I (02)454-0492
팩스 I (02)454-0493
이메일 hansom@hansom.co.kr
홈페이지 www.hansom.co.kr

값 10,000원
ISBN 978-89-5959-159-6 (03810)

내생애 다시 시작이다

성헌모 지음

한솜미디어

| 서문 |

‘불행은 언젠가 잘못 보낸 시간의 보복이다.’

— 나폴레옹

언젠가 읽었던 그 한마디를 떠올리는 순간 나는 많은 생각을 해야만 했다. 지금 나의 모습이 무심코 흘려보낸 과거 시간의 보복이라니! 단지 10일간 으로 예정되었던 여행이 5년을 훌쩍 넘기는 형벌로 다가왔으니 말이다.

나는 악몽 같았던 그날을 잊으려 몸부림쳐 왔고, 어둡고 긴 터널의 끝, 희망의 빛을 향해 쉼 없이 달려왔다. 당시 나에게는 한 순간 휘몰아쳐 온 광풍(狂風)을 감당할 만한 시간도 여유도 힘도 없었다.

하루아침에 빈털터리가 되어 낯선 미국 땅에 머무를 수밖에 없었던 우리 가족의 하루하루는 힘들고 고달픈 또 다른 도전의 시간이 되어 버렸다. 무엇이 어디서부터 어떻게 잘못된 것일까? 그러나 되돌려 놓기에 이미 때는 늦었다.

“사장인 내가 모든 짐을 지고 간다”라는 어리석은 나의 생각은 한낮 객기에 지나지 않았고, 참담한 현실을 인정 할 수밖에 없었던 나는 세상 속에서 더럽혀진 나의 명예를 되찾기 위해 존재해야 하며 강건해야 함을 깨닫게 되었다. 결코 쉽지 않은 상황에서 마지막 보루인 나의 자존심을 지켜 냈듯이 진실이 결코 가리워질 수 없고, 정의롭게 떠나갈 수 있었던 나였기에 나는 떳떳이 사랑하는 조국 대한민국으로 돌아왔다.

가슴속 깊이 자리 잡은 응어리를 삭여오며 5년을 넘기는 긴 시련의 시간들은 나로 하여금 창업 초기의 열정과 지혜를 찾아가는 황금 같은 시간이 되어 주었고, 곧 다가올 새로운 인생 여정에 굳건한 버팀목이 되어 줄 것이라 믿어왔다.

하나님은 나에게 어리석음을 통해 새로운 세상을 바라보게 하셨고, 모든 것을 철저히 빼앗아 다시 태어남의 기쁨을 주셨다.

자식들의 학비를 벌기위해 시간과 싸우며 인생의 가장 낮은 곳에서 지배받는 자의 설움을 맛보아야 했고, 선택 되어져 풍요를 누리며 살아왔던 흘러간 날들이 결코 우연이 아니었음을 깨달았다. 모든 것이 감사했고, 비록 현실은 곤고(困苦)할지라도 또 다른 꿈을 이루기 위해 끊임없이 준비하며 노력해왔다. 삶의 가혹함이 나를 짓누를 때마다 하나님은 나에게 생기를 불어넣어 주셨고, 그럴 때마다 두려움의 존재는 거짓말처럼 사라져 버렸다. 부질없는 과거에 얽매이지 말고, 굴욕적인 수직관계가 아닌 우리만의 고유 브랜드로 승부를 걸라는 강력한 메시지도 받았다.

분명 다가올 나의 미래는 잔잔한 바다가 아니라 사나운 파도일 것이다. 기꺼이 나는 모진 풍랑조차도 즐길 것이며 또 다른 새벽을 찾아 나선만큼 찬연히 떠오르는 새 태양을 맞을 것이다. 그곳에서 현실을 투시하고 세상을 향해 돌진해 나갈 것이며 존재의 신앙을 바탕으로 숭고(崇高)한 신앙이 지니는 엄청난 힘의 비밀을 실현시켜 보일 것이다.

나는 어려운 일을 당하고부터 세상 사람들의 평균적인 심성을 똑똑히 보았다. 내가 행복해 할 때 그리고 건재할 때 그들은 한결같이 천사였고, 나의 사랑하는 형제요, 친구요, 이웃들이었다. 그러나 웬일인지 내가 어려움에 처해있을 때 그들은 한결같이 나를 외면했고, 떠나버리고 말았다.

흔히 골퍼들에게 재미로 회자(膾炙)되는 말 중에 "남의 불행이 나의행복"이라는 말이 있다.

마지막 18번째 홀 파 4!

우승 상금 100만 달러!

A와 B가 273타 11언더파 동타!

4일간의 여정을 결정짓는 마지막 승부이다. 두 사람은 무난히 3타 만에 볼을 홀컵 1m거리에 붙여 무난한 파 세이브가 예상됐다. A가 약간 먼 거리에서 홀컵에 넣어 최종 합계 277타 11언더파로 게임을 끝냈다.

다음은 B의 차례. 이때 공을 홀컵에 넣고 기다리는 A의 심정은 어떨까? 제발 상대방의 볼이 홀컵에 들어가기를 원하고 있을까? 그렇다면 다시 동타가 되어 연장전을 치러야 하는데…. B가 넣지 못하면 당연히 A가 우승해 100만 달러의 우승 상금을 거머쥐게 된다.

B가 호흡을 가다듬고 신중하게 친 볼은 퍼터(그린에서 홀컵에 볼을 넣기 위해 사용하는 기구)를 떠나 홀컵을 향해 빨려 들어갈 듯 방향이 좋았다. 순간 A는 연장전을 대비하기 위해 몸을 돌렸다. 그의 등 뒤로 갤러리들의 절망의 탄식이 들려왔다. 설마 하고 A가 되돌아본 그린 위로 B가 절망하여 엎드려 고개를 떨구고 있었고, B의 볼은 홀컵 가장자

리에 아슬아슬하게 걸쳐 있었다. B의 볼은 홀컵을 향해 빨려 들어갈 것만 같더니 그린 위 미세한 모래알 하나가 순식간에 방향을 틀어놓았고, 결국 볼은 홀컵에 들어가지 않았다.

승자와 패자! 결국 우승상금 100만 달러는 A가 차지했다.

고작 모래알 한 알 정도가! 그것은 B의 책임이다. 모래 알갱이 하나 제대로 치워내지 못했음으로….

사람들은 때로 예기치 못한 힘겨운 일에 직면해 구원의 손길을 내민다. 따뜻하게 손을 잡아주지 못할지언정 그들의 불행을 상상 속에서 난도질은 말아야 할 것이다.

과연 "남의 불행이 나의 행복"이어야 할까?

어쩔 수 없었던 연쇄 부도로 선의의 피해를 받았을 거래처 지인들에게, 자식의 재기를 학수고대 하며 조석으로 기도드리는 어머니에게, 어려운 시기 묵묵히 가족을 위해 힘을 보탠 아내에게, 모든 악 조건 속에서도 동생을 위해 많은 것을 양보해준 아들에게, 감수성 예민한 세대에 꿋꿋이 건강하게 조기 졸업해 준 딸에게, 나를 믿고 격려해 주고 도와주신 많은 형제들과 지인들에게 사랑한다는 말을 전하고, 옥탑방을 만들어 글방으로 내주신 박동구 선배님께도 진심으로 감사드린다. 그리고 수십만 자의 조각글을 선뜻 출판할 수 있도록 힘써주신 한솜미디어 김태봉 사장님과 김주영 편집주임 등 한솜미디어 많은 직원들에게 감사를 전하고 싶다.

성헌모

| 서 문 |

운명의 검은 그림자

2002년 12월 19일, 우리 부부는 미국에서 유학하고 있는 아들 찬이와 딸 영이를 만나기 위해 뉴욕 케네디공항을 경유한 보스턴 로건공항행 티켓을 예약해 놓았다. 12월 18일 대통령선거를 마친 후, 12월 29일에 돌아오는 10일간의 여정이었다.

당연히 우리 부부는 신성한 국민의 권리로 지지하고 있던 후보에게 한 표씩을 행사했고, 그날 자정 새로운 대통령의 탄생을 알게 되었다. 지지하고 있던 후보가 낙선을 했다. 왠지 기분이 좋질 않았다. 조금만 포용력을 가졌다면 절대 패하지 않았을 텐데…. 아쉬웠다.

인터넷의 위력은 대단했다. 투표를 불과 며칠 남겨 놓지 않고 예상치 못한 소문은 끝내 현실이 되었고, 내가 한 표를 행사한 후보가 패한 것이다. 공허했다. 불현듯 여행을 포기하는 것이 옳지 않을까 하는 생각이 엄습해 왔다. 그때 나는 떠나지 말았어야만 했다.

결국, '신'은 나와 내 가족의 운명을 고난의 세계로 떠밀어 넣었다. 분명 나는 평범한 국민의 한 사람으로서 대통령선거와 어떤 이해관계도 없는 사람이었지만 그때의 그 느낌으로 운명의 검은 그림자는 우리 가족에게 서서히 다가오고 있었던 것이다.

그 당시 우리 미래산업에서 투자해 주고 대주주 관계였던 XX회사(U 주니어 의류 브랜드 회사)가 12월 12일경 1차 부도를 내고 간신히 위기를 넘긴 지 며칠 되지 않아 걱정이 되었다. 하지만 XX 사장 A는 아무런 걱정 없으니 미국 다녀온 다음 새해 1월 5일에 최종 점검을 위한 회의를 하자며 나를 안심시켰다. 물론 충분한 자금 확보도 되어 있으니 걱정하지 말라고 나름대로 자금계획을 설명했다.

당시 나는 XX에 많은 자금 투자와 보증을 서준 관계로 정작 내가 운영하고 있는 회사인 미래산업이 활용할 만한 금융 자원은 고갈되어 있었다. 석연치 않은 마음이 들어 여행을 포기할까도 고려해 보았지만 A 사장이 걱정 없다 하니 믿을 수밖에 없었고, 아이들과의 약속만큼은 꼭 지키고 싶어 여행을 감행하기로 했다.

무엇보다 올해 8월에 교환학생(1년 기간)으로 보스턴에 가 있는 어린 딸이 보고 싶었다. 이런저런 걱정을 뒤로 한 채 도착한 보스턴 로건 공항에는 타 주에서 대학공부를 하고 있는 아들이 우리보다 앞서 도착해 게이트 앞에서 우리를 반겼다.

"엄마, 아빠 피곤하시죠?"

"응, 우리 찬이 벌써 도착했네."

어엿한 대학생인 아들이 믿음직해 보였다. 우리는 공항터미널을 빠져나와 렌터카를 빌려 타고 예약된 호텔에 도착해 체크인 한 후 딸이 머물고 있는 호스트 가정을 방문했다.

그 가정은 콜롬비아에서 이주한 부부와 우리 딸아이 또래의 여자 아이 한 명, 위로 언니 두 명이 함께 살고 있었다. 조그마한 아파트였는데 언뜻 봐도 어려운 가정이라는 것을 짐작케 했다. 둘 다 직장생활을 하는 맞벌이 부부였고, 아이들도 모두 아르바이트 하며 살아가는 전형적인 미국의 서민생활을 하는 이민자 가정이었다.

영이는 우리를 보자마자 기뻐서 볼을 부비며 안겨왔다. 겨우 4개월여 만의 만남인데도 부쩍 어른스러워 보이는 딸이 무척 반가웠다.

이렇게 떨어져 있는 것이 서운한데 딸아이는 나에게 유학하면 안 되냐고 제안을 해왔다.

"아빠, 나 그냥 미국에 유학 오면 안 될까? 엄마, 아빠 그리고 오빠도 보고 싶지만 미국학교는 한국보다 자유롭고 또 도전해 보고 싶은 것도 많고, 가족들이 보고 싶으면 방학 때 서로 만나면 될 테고…."

딸의 말에 아내가 나서며 대답했다.

"근데, 우리 영이를 미국으로 보내고 아빠가 얼마나 우셨는지 알아?"

"이 사람이 누가 울었다고 그래?"

"셋째 고모하고 통화하면서 영이가 보고 싶다고 대성통곡한 사람이 누군데요, 호호호…."

"으응, 하하하. 글쎄, 아들 유학 보낼 때는 남자니까 마음이 조금 놓였는데 우리 딸을 보내 놓고 나니 영 서운하더군. 마음도 안 놓이고 말이지. 공항에서 배웅할 때만 해도 마음이 괜찮았는데 퇴근하고 집에 들어가려는데 영이가 없다고 생각하니 들어가고 싶지 않은 거야. 영이가 없는 집은 상상하기도 싫고, 괜히 슬프기도 하더라고. 셋째 고모하고 통화하면서 얼마나 눈물이 나던지…. 아무튼 유학 보내는 부모들은 웬만큼 독하지 않으면 안 되겠더라. 하하하, 아빠도 이제 나이가 들어가는 증거이겠지.

아빠는 너희들을 믿으니 유학을 보내는 거란다. 외화를 써 가면서 공부하러 왔으니 꼭 성공해서 돌아와 받은 만큼 사회에 돌려줘야 한다는 거 명심들 해라. 그래, 우리 딸 유학 문제는 차차 생각해 보기로 하자."

"네, 아빠!"

두 아이는 입이라도 맞춘 듯 똑같이 대답했다.

"그래, 찬이는 성적이 얼마나 올랐을까?"

"네, 열심히 하고 있으니까 걱정하지 마세요.

"그래, 운동도 많이 하고 끼니도 거르지 말고…. 무엇보다 건강이 최우선이야, 건강을 잃는 것은 모든 것을 잃는 거란다."

"너희들이 선택한 유학생활이니 더 책임감 느끼며 열심히 해야 한다. 쉽지만은 않다는 거 아빠도 잘 안다. 성공한 자와 그렇지 못한 자와는 분명 큰 차이가 있다는 것을 너희들이 잘 알 테니까. 학문으로 무장하고 지혜롭게 살다 보면 우선 성공한 자의 입장에서는 물질적으로 풍요로울 확률이 많아지고, 또 가진 것이 많으니 어려운 이웃을 도와줄 수 있단다. 가진 것이 없으면 누군가를 도와주고 싶어도 마음뿐인 것이 현실이란다."

"네, 명심할게요. 우선 대학 졸업하고 상황 봐가면서 통역 장교나 카투사를 시험 보려고요."

아들은 벌써 자신의 진로를 결정한 모양이었다.

"그럼, 결혼부터 하고 군대에 가야겠네."

"하하하…."

"자, 이제 밤이 깊었으니 너희들은 어서 자거라. 내일 보스턴 시내관광하려면 고단할 테니."

아이들이 잠든 사이에 아내가 걱정스러운 눈빛으로 말했다.

"여보, 그 회사 1차 부도났다는데 괜찮을까요?"

"응, 뭐 1월 초까지는 문제없다고 큰소리쳤으니 29일 날 서울 가서 연구해 봅시다. 걱정 말고 잠이나 잡시다."

"아무래도 당신이 마음고생하는 것 같아 괜히 불안해요. 그 여자가 여간 간사한 것 같지가 않아요. 어머니도 그 여자 한번 보시더니 영 탐탁치가 않은지, 왜 애비가 그런 사람한테 투자했냐고 말씀하시더라고요. 어머니께서 사람을 잘 보시는 것 같거든요."

"그래, 언젠가 그 여자 사주나 한 번 보려고 스님한테 보였더니 별 희한한 사주팔자를 타고난 여자라면서 걱정하시더라고구. 그때 투자고 뭐고 발을 뺐어야 하는 건데. 그 A라는 여사장이 자기는 그런 얘기 많이 듣는다며 별로 기분 나빠하는 눈치는 아니더라고. 지금 생각해보니 사주팔자라는 것도 무시할 게 못돼. 하지만 이미 때는 늦었어. 너무 멀리 와버렸거든. 나 역시 사실 불안하기도 해서 여행을 포기하려는 걸 잠깐 머리도 식힐 겸 나오긴 했는데, 아이들과 약속도 있고…. 어떻게 잘되겠지 뭐. 모든 건 하늘에 맡기고 내일 여행을 해야 하니 일찍 잠이나 잡시다."

"네, 그래요. 잘되겠지요. 주무세요."

다음날 우리 가족은 버스를 타고 보스턴 시내를 돌며 관광명소를 여행했다. 버스 기사는 외국인, 특히 동양인 관광객인 우리 가족을 위해 정확한 표준어로 설명하며 친절히 안내해 주었다.

우리에게 시시각각 다가오는 운명의 어두운 그림자를 느끼지 못한 채 즐거운 여행을, 아니 오랫동안 접어야 할 가족여행을 그렇게 마무리해 가고 있었다.

저녁에 시내 관광을 마치고 호텔에 다같이 모여 여행 이야기를 하고 있을 때였다. 갑자기 핸드폰이 울렸다. 나는 인천공항에서 로밍서비스*를 받고 나왔기 때문에 벨소리를 듣는 순간 가슴이 철렁했다. 왠지 미국까지 휴대폰이 걸려 온다는 것은 심상치 않은 일이 발생할 수도 있다는 직감 같은 것이 스쳤기 때문이다. 떨리는 마음으로 전화를 받았다.

"여보세요! 오빠, 큰일 났어요. XX가 부도났대요."

전화선을 통해 셋째 여동생의 통화음이 얼마나 크게 들려오는지 순간적으로 내 귀를 의심할 여지도 없이 '올 것이 왔구나' 하고 현기증을 느끼며 쓰러지듯 침대에 걸터앉았다. 간신히 몸을 지탱하고 있는데 아내와 아이들이 심각한 상황이 발생했다는 것을 직감하고 나를 부축했다. 나는 어찌해야 이 난국을 헤쳐 나갈 것인가 생각했지만 도무지 해결 방법이 떠오르지 않았다.

A라는 여사장, 그렇게 나를 기만하더니 드디어 큰일을 내고 만 것이었다. 순간 A사장에게 3년 동안 시달리며 살아왔던 순간들이 참으로 억울했다. 청춘을 불사르며 18년 동안 키워왔던 나의 사랑하는 미래산업! 나의 땀과 혼이 배어 있는 나의 회사를 일순간 송두리째 허공에 날려 버리게 되었다는 생각에 어찌해야 할지 몰랐다.

오더를 확보하기 위한 전략적 제휴가 뜻밖의 복병을 만나게 된 동기는 이러했다.

2000년 봄, IMF 이후 거래 업체들의 매출이 둔화되면서 우리 회사에도 큰 영향을 미치게 되었다. 덩치는 비대해졌고 오더는 줄어들어서 그에 따른 인력 감축을 계획했다. 그러나 곧 그것은 오너로서 비겁하다는 생각을 갖게 되었고 오더 확보 쪽으로 가닥을 잡아갔다. 그로 인해 전략

*현재 한국에서 사용하는 휴대폰을 그대로 해외에서 사용하는 서비스

적으로 XX에 투자를 하게 되었고, 4개월 동안 20억 원이 넘는 제품을 납품했다. 보증의 발단이 그곳에서부터 시작이 된 것이다.

XX는 물품 대금으로 우리에게 4개월짜리 어음을 발행했으나 만기 도래되는 어음을 막을 힘이 없는 업체였다. 애초에 우리에게 은행 부채가 없다는 것을 자랑으로 말했으나 은행에서 부채를 쓸 수 없는 부실 업체였음을 은폐한, 즉 투자를 받기 위한 거짓이었다. 대신에 감추어진 사채의 비밀은 상상을 초월했다.

그것이 시초가 되어 부도를 막기 위해 미래산업에서 차용을 주고 어음을 막도록 하기 시작했고, 결국 막대한 보증을 서게 되는 악순환의 연속이 되었던 것이다. 당장 차용해 주었던 만기 도래하는 어음이 문제였다. XX에 차용해 준 어음과 당좌를 막을 만한 대책이 없었다.

여행 전에 그렇게 안심하라고, 걱정하지 말라고, 충분히 막을 자금이 준비가 되어 있다고 큰소리치던 A가 결국 큰일을 저지르고 만 것이다. '두 번, 세 번이나 이상 없다는 확인을 받고 여행을 떠나온 내가 아니던가? 우리의 여행을 안심시키고 사전 계획된 부도라면 그녀는 언젠가는 응당 그 대가를 치르리라….'

'이대로 주저앉고 말 것인가? 아니면 어디서부터 수습할 것인가?' 결론은 부정적이었다.

나의 미래산업이 단독으로 회생을 한다 해도 차용해 준 막대한 액수의 어음과 당좌수표, 보증 등으로 도저히 미래산업은 회생 불가능한 일이었다. 올해 초부터 보증을 빼려고 수없이 노력을 했다. 아니 안간힘을 다 쏟았다. 그런데 8월에 만기되는 8억 5천만 원을 기일에 밀려 다시 사인해 준 것이 결정적인 실수였다.

아니 그보다도 새로 부임한 보증기금 K지점장이 원망스러웠다. 기업은 돈이 원활하게 돌아야만 하는데 지금 생각해 보면 그 K라는 지점장은 꼼꼼하게 분석해 판단하지도 않고 상투적인 말로 자신의 안녕만을 생각한 것 같았다.

XX에 보증을 서준 나의 미래산업은 더 이상 여신(與信)을 받을 수가 없었다. 오히려 회사 재무구조가 악화되는 것으로 우리의 여신 자원이 잠식되었고, 당연히 운영자금이 돌아가질 못하니 기업활동을 왕성하게 할 수도 없었거니와 그만큼 자금 압박을 받아 가며 운영하다 보니 앞으로 나가기가 힘이 들었다.

K라는 지점장이 부임한 후에 보증기금 기업체 모임이 만들어졌는데 그는 자신의 권위만 내세울 뿐 기업체의 어려움을 이해하려 하질 않았다. 자금이 원활한 기업이 대출을 왜 신청하겠는가? 최소한 XX의 보증이라도 빼 달라 애원을 해도 미동도 하지 않았다. 오히려 그는 매출을 극대화해 명년 3월 결산이 끝나면 대출해 주겠다고 했다. 그것은 곧 무모하리만치 매출을 올리기 위해 안간힘을 쏟게 된 동기가 되었다. 2003년 3월을 바라보며….

그 약속이 없었다면 나는 지혜롭게 회사를 회생시킬 수 있는 방법을 강구했을 것이다. 지점장의 말만 믿고 내 생각을 유보해 온 것이 뼈아픈 패착이 되고 말았으니….

나는 지금 이 순간, '이러한 생각이 부질없다는 것을 알고 있지만 미래산업을 일으켜 세우기 위해 또 다시 그들 앞에서 자존심을 꺾어 가며 굴욕당해야 하나'라고 생각하니 상상하기도 싫었다. 그리고 앞으로 우리 가족들이 받을 고통을 생각하니 후회가 되었다. 세상을 항상 긍정적으로 쉽게 판단하고 허세를 부려온 내 자신이 너무도 부끄러웠다.

아무튼 이 사실을 먼 타지에서 듣게 된 나는 하루 속히 한국으로 들어가는 수밖에 없었다.

"찬아, 내일 새벽에 한국 가는 비행기 중 가장 빠른 것으로 예약 좀 해라. 그리고 뉴욕까지 갈 수 있는 택시도 대기시키고…."

다소 긴장된 말투여서인지 찬이는 나를 안심시켰다.

"네, 아빠. 일이 잘 되겠지요."

"너무 상심하지 마시고 한국에 잘 다녀오세요."

아내와 딸도 걱정을 했다.

"여보, 드디어 그 여자가 큰일을 내고 말았네요. 우리가 곁에 있으니 너무 걱정하지 말아요. 잘못되면 우리 다시 시작하면 되잖아요. 아이들도 많이 컸고요."

"아빠, 나는 아빠가 잘 해내실 줄 믿어요. 그리고 아빠 존경해요. 우리들이 더 잘 할게요."

사랑스런 딸아이는 벌써 얼굴에 눈물범벅이 된 채 흐느낌에 어깨가 떨리고 있었다. 가슴이 아팠다. 어찌 아버지로서 이런 약한 모습을 보이게 된 것일까? 스스로 쳐놓은 덫에 걸려들어 허우적대던 지난날들이 억울했다.

아이들 학비를 대려면 이제부터 만만치 않을 텐데, 어찌 감당해야 할지…. 이 난국을 반드시 헤쳐 나가야 할 텐데. 솔직히 XX가 최종 부도가 났다면 회생은 쉽지 않을 것이다.

"아빠, 뉴욕 케네디공항에서 내일 아침 9시 출발하는 대한항공편을 예약했고요. 보스턴에서 뉴욕까지 5시간 걸린다네요. 그래서 택시는 새벽 3시에 호텔 로비에 대라고 했어요."

"그래, 수고했다. 아무튼 너희들은 걱정하지 마라. 아빠가 잘 해결할 테니까."

덤덤하게 큰소리는 쳤지만 솔직히 자신은 없었다. XX에서 막아야 할 금액이 상상을 초월하기 때문이었다. 일단 서울에 들어가서 생각하기로 했다.

그날 밤 우리 가족 모두 잠을 이룰 수 없었다. 누구도 말을 꺼내지 않았고 그렇게 우리는 뜬눈으로 새벽을 맞이했다. 어떤 말이 필요했겠는가?

내가 떠날 시간이 되었을 때는 가족 모두가 흐느끼고 있었다. 어리석은 가장을 만나 가족들이 큰 상처를 받고 있다고 생각하니 가슴이 메어 왔다.

"여보, 우리는 당신을 믿어요. 지금까지 잘 해오셨잖아요. 너무 상심마시고 굳게 맘먹고 잘 다녀오세요."

아내가 울먹이며 말했다.

"으응, 그런데 만만치가 않을 것 같아."

나는 아내의 두 손을 꼭 잡아 주었다. 아이들도 나를 위로해 주었다.

"아빠, 사랑해요. 힘내세요. 저희들이 있잖아요. 지금까지 우리들에게 해주신 것만으로도 우리는 행복해요."

"그래, 고맙다."

나는 가족들과 작별을 하기 위해 아이들에게 나의 소지품을 건네주었다. 혹여 한국에 들어가면 나의 신변에 변화가 있을 수도 있겠다는 생각이 들었기 때문이다.

아들에게는 시계를, 딸에게는 차고 있던 목걸이를 걸어 주었다. 아들이 나의 손을 꼭 잡아 주었다. 딸도 말없이 흐느끼며 나를 포옹해 주었다. 딸아이의 어깨가 떨려 왔다. 목이 메어 무슨 말도 할 수 없었다. 아내는 상황이 어찌 될지 모르니 당분간 미국에 남아 있기로 했다.

그날 밤 운명의 그림자는 서서히 내 목을 죄고 있었다.

"여호와여 주의 이름을 인하여 나를 살리시고, 주의 의로 내 영혼을 환란에서 끌어내소서." (시편 143장 11절)

잘못된 인연들

그랬다. 분명 잘못된 인연으로 파산 지경까지 오게 되었다. 나는 어디서부터 잘못되었는지 생각했다. 18년 동안 심혈을 기울였던 정든 나의 미래산업! 조금만 신중했더라면 XX라는 회사로 인해 회사와 나의 운명 그리고 사랑하는 가족이 시련을 겪지 않아도 되었을 텐데….

1998년 2월 주식회사 S산업이 부도가 나면서 우리는 적잖은 손해를 보았다. 오더 확보 차원에서 협력업체 동료 사장 3인이 XX에 투자하고 오더를 확보하기로 약속했다. 결국 그들은 자금 사정 등의 이유로 빠지게 되었고, 미래산업만이 단독으로 출자해 대주주로 참여하게 되었다. 훗날 감추어진 사채의 비밀을 알게 되었으나 때는 이미 늦어 있었다.

XX는 작은 브랜드였지만 당시 잘나가는 스타를 모델로 내세우고 있었다. 나는 스타마케팅을 통해 나의 회사와 결합이 된다면 성장의 가능성이 있다는 판단이 들었다.

무엇보다 그 회사는 실질적으로 우리가 투자했던 초기에 품질 향상과 더불어 성장이 지속되어 1년 만에 3배가 넘는 신장을 이루어 나갔다. 그러나 A의 일관성 없는 업무 수행과 감추어진 엄청난 사채의 비밀을 알게 된 시점에서는 진퇴양난에 빠져 어찌할 수 없는 상황에 처하게 되었다. 건너지 말아야 할 강을 건너고 만 것이다.

어느새 나는 그 회사에 자금줄을 대는 용감한 전사가 되어 있었다. 막대한 대출금의 보증을 빼려 해도 나의 회사를 대체할 만한 능력이 그 A사장에게는 없었다. A에게 거짓과 술수로 기만당하며 3년이라는 세월 동안 참으로 피 말리는 생활에서 헤어나질 못했다. 그 여파로 정작 나의 회사와 계열사가 부실의 늪에 빠져들어 결국 나락의 길로 접어들게 된 것이다.

"하하하, 미래산업 성 사장님이시죠?"

강남 노보텔 카페라운지에서 처음 대면했던 30대 중반을 넘긴 A는 그렇게 나에게 다가왔다. 그때는 자신을 위장하는 당당한 웃음임을 감지할 수 없었다. 당찬 여성 사업가라는 이유 하나만으로 좋은 점수를 줄 수 있었고 선뜻 투자를 하게 된 것이다. 그때의 어리석음을 한탄할 따름이다.

그녀는 자신이 서울의 명문대학을 나왔고 S편의점 본사에 근무할 때 활동적으로 영업해 회사를 성장시키는 데 큰 공로를 세웠으며, 대전 엑스포 박람회에 자신의 김밥 아이디어가 엄청난 히트를 쳤다는 이야기 등을 했다.

나는 그녀의 말을 100% 믿었고, 좋은 만남이 될 수 있을 것이라는 판단이 섰다. 특히 규모도 작은 회사에서 스타마케팅을 하고 있다는 사실에 높은 점수를 주게 되었다. 나는 그녀를 신뢰하기로 하고 5억 원을 투자해 주기로 잠정 결정하고는 다음날 회사 간부회의를 통해 최종 투자 결정을 하게 되었다.

나는 먼저 3억 원을 지급해 주었다. 그러나 그 회사가 돌아가는 형편을 보니 무엇인가 감추어진 비밀이 있는 듯했고, 사채업자들이 드나든다는 것을 느끼게 되면서 2억 원의 자금 투자를 잠정 보류했다.

이러한 모든 결정도 회사 간부들과 충분한 토론을 거쳐 내린 결론이었지만 회사가 잘못되어지자 결국 나와 뜻을 같이했던 그들은 나에게 등을 돌리고 말았다.

훗날 그들은 내가 수십억 원을 미국으로 빼돌려 고급 맨션에 고급 승용차를 타고 다닌다며 나를 음해했다. 하지만 나는 그들이 살아남기 위한 투쟁이라 생각하고 그들을 용서하기로 했다. 모든 것이 나의 어리석음으로 인해 야기된 부질없는 지난날의 일들이었으므로….

그녀는 물량 계획을 현실에 맞지 않게 세우며 재고를 양산(量産)할 수밖에 없는 구도로 회사를 운영해가고 있었다. 의류 사업에 있어서 민감하고 중요한 사안들을 자만에 빠져 쉽게 결정했다. 참으로 상식에 어긋나는 방만한 운영을 했다.

나는 수시로 조언하고 간섭해 보았지만 그럴 때마다 그녀는 자신의 애인이라는 자와 함께 나를 배제하고 궁지로 몰았다. 심각한 상황이니 회의를 소집하자고 하면 그녀는 교묘하게 바쁘다는 핑계로 대주주의 역할을 할 수 없도록 만들었다. XX회사의 직원들 급여가 몇 개월씩 밀려 있음을 수개월이 지나 알게 되었으니 말해서 뭐할까.

재정난으로 하루하루를 어렵게 연명해 가는 부실한 회사에 투자를 해주고 일부 생산품을 4개월 이상 외상으로 납품해 주면서 나의 미래산업은 서서히 힘들어지기 시작했다.

또한 A의 애인이라는 자는 전략이나 능력도 없고, 의류에 관해 문외한이면서도 나와 미래산업을 기만했고 참으로 교활했다. 그는 A와 인터넷 판매 사이트를 열고 아울렛을 통해 은밀하게 의류를 판매하며 나의 눈과 귀를 속였다.

"사장님! 이건 기적이네요. 사장님 사인 한 번에 3억 원씩이나 신용대출이 되다니요. 사장님은 참 대단한 분이시네요. 사장님은 안 되는 게 없는 분이네요" 하고 띄워주는 척하면서 한편으로는 나를 우롱했던 것이다.

그렇지만 이것은 아무것도 아니었다. 나는 내 회사를 존속시키기 위해 그녀의 회사를 부도나게 할 수가 없어서 지금까지 수없이 많은 자금을 투자했으며 차용해 주고 보증까지 서 주었으니 말해 무엇 하겠는가.

나는 XX를 끝까지 도와 난국에서 빠져나가는 방법밖에는 내 회사를 살리는 데 별 도리가 없다 생각하고 나의 회사가 만신창이가 되면서까지 무모하리만큼 대출 보증을 해주어야만 했다. 그러면서도 '내가 과연 잘하고 있는 것일까' 하는 회의가 들었다. 그렇지만 나와 관련된 회사인 이상 방치할 수도 없는 상황이니 최선을 다할 수밖에는 별 뾰족한 수가 없었다.

그 후 사랑하는 미래산업 직원들에게 전보다 풍족하게 보너스도 지급할 수가 없었고 자금이 어려워지다 보니 거래처 품질관리도 제대로 되질 않았다. 급여는 17년 동안 하루도 밀려 보지 않았는데 직원들 급여 지급이 며칠씩 미뤄지기 시작했다. 회사가 어려워지고 있음을 감지한 직원들의 동요가 엿보이기 시작했다.

초기 XX에 3억 원을 투자해 주고 이자 없이 평균적으로 3억~5억 원을 차용해 주었으며, 보증 기금에 1차 5억 원, 2차 8억 5천만 원, 3차 3억 원, 할인어음 2억 원, 그리고 수시로 수억의 어음과 당좌수표를 차용해 주었다. 그것만으로도 감당하지 못해 급기야는 XX회사의 결제 대금을 나의 미래산업에서 결재해 주어야 하는 형국까지 치닫게 되었다. 회사는 그렇게 만신창이가 되어 가고 있었다.

도대체 시도 때도 없이 부도가 난다고 협박하니 자금 계획은커녕 제대로 사업계획을 세울 수도 없었다. 그때 당시 논현동의 가구 전시장도 함께 운영하고 있었는데 그곳 보증금을 뺀 돈의 일부였던 2억 9천만 원과 아끼던 자가용까지 헐값에 팔아 전액 송금해 주었다. 숨 돌릴 틈 없이 자금 압박으로 이어지는 상황을 방어해 주면서 지치고 지친 나는 미쳐버릴 것만 같았다.

모든 것을 포기하고 싶은 유혹이 수없이 엄습해 왔지만 자존심 하나로 키워 온 사랑하는 미래산업만큼은 끝까지 지켜내고 싶었다. 그렇게 나아갈 수도 되돌아갈 수도 없는 진퇴양난의 운명 앞에 놓여 있었던 사람, 그게 바로 나였다.

급기야 나는 정신적으로도 공황이 왔고 밤마다 악몽에 시달려야 했으며 남모르게 양재동 집 맞은편에 있는 신경정신과를 드나들며 치료까지 받게 되었다. 3개월이란 긴 시간을 말이다.

'누구를 원망할 것인가? 절대로 만나지 말아야 할 인연을 만나 내 인생이 어긋나기 시작한 것을….' 분명 나는 바보 못난이였다.

회사가 점점 어려워지면서 종업원들에게도 전처럼 대우해 주지 못한 것이 사장으로서 체면이 서질 않았다. 순진한 우리 직원들에게 불이익이 가는 것 같아 마음이 괴로웠다.

또한 금전적인 문제로 항상 쫓기다보니 품질관리가 소홀해지고 거래처에도 폐를 끼치고 있다는 생각에 부끄러움을 감출 수 없었다. 품질이 나쁘다고 업체 모임에서도 공개적으로 수모를 당하기도 했다.

사장이 내부에서 지휘하는 시간이 적어지면서 회사 간부들 또한 자기 역할을 제대로 수행하지 않았다. 아마도 그들만을 믿고 일을 맡기고 인정으로만 다스려왔던 것이 큰 문제였으리라. 결국 최후에는 모든 책임이 사장인 나에게 있다는 것을 알면서도 직무 유기하는 간부들을 방치해 온 것 또한 지혜롭지 못한 처사였다. 냉정히 자를 때는 잘라내어야 하는 것을 매몰차지 못했던 것이 후회와 아픈 상처로 남아 있다.

사장이라는 위치가 모든 권한이 주어진 반면에 결국은 외로운 존재이며 스스로의 판단에 따라 개인과 회사 그리고 사회에 미치는 영향이 얼마나 큰 것인가를 깨닫게 되었다.

사람을 채용하는 것에 나는 너무 안일하게 생각했다. 또한 직원들의 업무상 과오가 발견되었을 때 과감히 나무라고 내치지 못한 것이 두고두고 후회가 되었다.

자존심과 교만으로 가득 차 있었던 나는, 사나이다운 행동이 어떠한 것인 줄도 모르고 맹목적으로 의리를 내세우는 객기를 부렸고, 회사에 치명적인 명예훼손을 끼친 직원들을 감싸고 보듬어 주기만 했다. 결국 그것은 의리가 아니라 방종이며 어리석은 것이었다. 그리고 값싼 인정을 베푼다는 것이 얼마나 위험한 것인지를 뒤늦게야 깨달았다. 내가 그들을 직접 지휘하고 회사 운영에 열정을 가질 때 회사는 실로 눈부시게 발전을 거듭했다.

그 후 어느 정도 안정이 되어 가는 회사를 간부들에게 맡기고 대외적인 업무를 보게 되면서부터 회사는 어긋나기 시작했다. 초지일관하지 못한 내 탓이었다.

미래산업이 승승장구해 가고 있을 때에 내 인생에 가장 몹쓸 인연으로 다가온 자가 있다. 거래 은행 지점장의 소개로 알게 된 N이다.

N은 은행 골프 모임에서 몇 번 만나고부터 나에게 고의적으로 접근했다(당시 나는 계획적인 접근인 줄은 꿈에도 몰랐다). 순진무구하고 어리석은 나는 그의 등장으로 내 인생이 꼬이게 되는 원인을 제공받았고, 엄청난 소용돌이 속으로 빨려 들어가고 말았다. 그가 없었다면 가구 사업도 몰랐을 것이고, 잘못된 인연들과의 만남은 없었을 것이다.

그는 설악산 가족여행을 제안했고 나는 그 제안에 동의했다. 거래 은행 모임에서 만난 세 가족이 여행을 떠나게 되었다. 여행 도중 내내 무엇인가 불안을 감추고 있었던 그가 결국 나에게 자금 부탁을 해왔다. 나는 거절할 수 없어 2~ 3천만 원씩 몇 번 긴급 자금으로 도와주었다. 함께 여행 중 보았던 그의 자식들을 생각하면서 말이다.

그러나 지속적으로 도와줄 수 없었던 나는 당시 우리 회사 인근에서 개인 사채를 하는 분에게 나의 보증을 전제로 어음할인을 해주게 되었다. 결국 그것이 나에게 돌이킬 수 없는 과오가 되어 더욱 잘못된 길로 접어 들어가는 단서가 되었다.

매사를 긍정적으로 생각했던 나에게 문제가 있었던 것이다. 결국 그의 회사가 부도를 내고 말았다. 나는 약 8천만 원의 자금을 대변해 주게 되었지만 차라리 그것으로 끝이 났어야만 했다. 그렇게만 했다면 나의 운명이 순탄한 길로 나아갈 수 있었을 것이다.

부도가 나고 잠적했던 N은 초췌한 모습으로 슬리퍼를 끌고 내 앞에 나타났다. 그러면서 인도네시아에서 수입한 가구가 7컨테이너가 있고, H목재를 통해 수입을 의뢰해 놓은 것이 있으니, 약 1억5천만 원만 있으면 가구 사업을 통해 다시 한번 재기할 수가 있으니 도와 달라고 매달렸다. 물론 은혜를 갚는 조건으로 사업을 잘 꾸려 미래산업에 기여하겠다고 했다. 그리하여 나는 H목재 간부에게 빚진 일부까지 갚아 주면서 그를 도와 투자를 결정했고, 부사장 직책으로 근무를 시켜 주었다.

신용불량자인 그의 딱한 처지를 생각해 그의 아내 명의로 적지 않은 급여도 지급해 주었다. 우리 아이들 또래를 둔 그의 가족을 위해 다시 한 번 인정을 베푼 셈이었는데, 그는 부천 공장으로 출근해서 얼굴만 내밀고 곧 사라졌고 토요일, 일요일은 아예 연락 두절이었다. 도와주고 뺨을 맞는 격이었다. 분노가 치밀었다. 그는 2년여 세월을 급여를 받아가면서 전에 그들이 가지고 있던 가구 브랜드를 존속시켜 벌어먹고 살도록 배려해 준 것을 교묘히 이용했다.

부도난 전시장의 싹을 잘라내지 않은 나의 잘못이 컸다. 어설픈 동정심이 그의 배를 채워 준 셈이다 .

"성 사장님! 지옥의 나락에서 우리 가족은 구세주를 만났습니다. 사장님이 아니면 우리 가족은 어찌 되었을까요?"

N은 나에게 자기 아내와의 대화 내용을 말해 주었다. 평생 은인으로 여기며 그 은혜를 잊지 않을 것이라며….

결국 나는 그를 해고했고, 공장 종업원들을 위해 공장을 존속시키고, 화곡동 전시장은 그가 운영하고 논현동에 전시장을 만들어 운영하겠다는 제안을 일언지하에 거절했다.

그러나 나는 열악한 환경에서 톱밥을 하얗게 뒤집어쓰고 역겨운 신나 냄새에 노출된 채 열심히 근무하는 공장 종업원들이 마음에 걸렸다. 나는 우리만의 고유 브랜드를 만들기로 결정했고 결국 고유 브랜드를 탄생시켰다. 논현동에 전시장을 내고 광고를 통해서 브랜드를 키워 가리라 마음을 굳히고 10억이 넘는 새로운 자금을 투자했다. 그리고 월 3~4천만 원의 막대한 자금을 투자해 광고를 해 나갔다.

한동안 많은 고객이 우리의 브랜드에 열광했다. S라는 공장장은 모든 것이 순조롭게 잘 진행되고 있다고 일주일마다 보고했다. 상당한 이익이 발생했고, 나는 공장 책임자들을 믿었다. 그런데 또 다른 부정이 시작되었다.

사장은 열심히 광고해 좋은 브랜드를 만들어 놓으니까 공장 관리자들은 라벨을 외부로 빼돌려 유사상품을 만들어 팔기 시작했다. 물론 그들의 횡령과 사기로 판매한 뒤에 돌아오는 하자품은 고스란히 내 공장에서 A/S를 해주는 악순환이 계속되었으며 그것도 부족해 그들은 하청공장과 결탁해 5~10%의 수수료를 받아 챙기고 회사의 자원을 갉아먹으며 자신들의 개인 재산을 불려 나갔다. 또한 세일을 하고 주문이 밀려들기만 하면 생산 납기를 볼모로 보너스를 달라고 파업을 일삼으니 참담했다.

가구 공장을 방문할 때마다 그들이 열심히 일하고 고생한다는 생각에 좋은 환경을 만들어 후한 대우를 해주었는데…. 특히 그들을 인격적으로 대해 주었는데 배신하다니 정말 마음이 아팠다.

어질지 못하고 인정 많은 나는 길가에 떨어진 동전 한 닢조차 주인을 찾아주는 성격이었다. 남이 안 볼 때 더욱 열심히 일하는 습관이 있고, 당연히 남의 재산은 나의 것이 아니니 탐낸다는 것은 큰 죄악이라 생각하며 살아왔다. 그것이야말로 나의 아버지께서 엄하게 훈육한 결과였을 것이다. 비록 교육에 관해 무관심하셨던 분이셨지만, 나의 아버지께서는 그러한 분이셨다.

> "네 이웃의 곡식밭에 들어갈 때에 네가 손으로 그 이삭을 따도 가하니라. 그러나 네 이웃의 곡식밭에 낫을 대지 말지니라." (신명기 23장 25절)

나는 젊은 시절 군 입대 전에 보세의류 수출 무역회사인 H사에서 관리자로 근무하고 있을 때 한때 회사는 파업으로 곤혹을 치르게 되었다.

결국 나의 주도적인 역할로 수백 명의 종업원들에게 믿음을 심어 주었고, 곧 파업은 중단되었다.

어느 날, 나는 라인 작업 특성상 레이아웃을 짜야 했고, 공정을 풀기 위해 새벽까지 씨름하고 있었다. 아마 새벽 2시가 넘었으리라 기억된다. 한참을 공정분석에 골몰하고 있을 때, 갑자기 어깨를 툭 치는 사람이 있었다. 사장이었다.

"헌모야! 내 니 같은 사람 몇 명만 더 있었으면 아무 걱정 없겠데이."

경상도 출신인 그분은 마산 지역에 있는 우리나라 굴지의 섬유회사에서 전무로 근무하셨던 분이었다. 800명이 넘는 종업원을 거느린 사장은 밤늦게 회사 공장을 둘러보기 위해 나섰다가 경비원들에게 통보도 없이 나타난 것이었다. 당시 사장의 눈빛에서 뭔가 심상찮은 근심거리가 있다는 것을 느끼게 되었다.

나는 무엇을 바라고 밤늦게까지 근무한 것도 아니었다. 당시 관리자는 월급제였기에 연장 수당도 없었다. 누가 바라보든 아니든 나의 책임을 다하기 위함이었고, 남의 것에 추호도 관심이 없는 나의 심성 때문이다.

한때(1990년도 초) 나는 미래산업 전 직원 100여 명에게 제주도로 여행을 보낸 준 적이 있다. 중소기업으로서는 파격적인 직원 대우였다. 당시만 해도 직원들 대부분은 비행기 한번 타 보질 못했었다. 그들을 제주도 서귀포 KAL특급관광호텔에 숙박시키고 관광버스를 대절해 제주관광을 시켜 주었다.

야유회 유니폼을 입고 있는 그들을 바라보면서 '내가 더욱 열심히 해야만 저들의 일자리를 보장할 수 있겠구나'라는 사명감과 책임감을 느끼게 되었다. 그 이후 미래사업 직원들은 누구라 할 것 없이 열심히 근무해 주었고, 회사 또한 종업원들을 위해 최선을 다했다. 나는 그렇게 미래산업 종업원들을 사랑했다. 지금도 변함없이 그들을 사랑하고 있다. 그리고 언젠가 다시 뭉칠 날을 만들기 위해 힘쓰고 있는 것이다.

나는 가구 공장이라고 소홀하지 않았고, 열악한 환경으로 인해 더욱 정을 주며 챙겨주었건만 그러했기에 그들에게 더욱 비애감이 느껴졌다.

근무시간에는 직원들을 철저히 감시하고 지휘해야 하며 맹목적으로 인정을 베푸는 것 또한 자제해야 한다는 원칙과 회사가 추구하는 것을 반드시 얻어야 한다는 깨달음을 얻었다. 줄 것은 주고 받을 것은 받겠다는 그 원칙은 앞으로 살아가는 동안 절대적으로 지켜질 것이다.

"남이 너를 치거든 너는 더 세게 쳐라, 스스로 생존하라, 책을 통해 세상을 배워라." 힐러리 미국 민주당 대통령 후보의 어머니가 딸에게 훈육하기 위해 한 말이다.

결국 미래산업은 가구 사업이라는 생소한 사업에 손을 대게 되어 자금 압박이 심해졌고, 그로 인해 직원들의 보너스를 삭감하는 지경까지 이르렀다. 결국 가구 사업으로 인해 판단력이 흐려지고 XX와 연관되어 어려워지면서부터 가구 사업을 접기로 결정하게 되었다.

가구 사업을 정리해 가는 과정에서 노동부에 소환을 당했다. 긴 세월 동안 사업을 해오면서 처음 겪는 일이었다. 가구공장 종업원들은 집요하게 한 푼이라도 더 뜯어내려고 추악한 행동을 서슴지 않았다. 검찰청까지 다녀와야 했다. 그들을 불법으로 고용하지 않았으나 노동부에서는 종업원 우선 정책을 펼친다고 그들의 고발을 무조건 접수할 수밖에 없다고 했다.

시시각각 다가오는 자금 압박으로 인해 오피스텔을 팔고 전시장을 철수했다. 뒤늦게 중소기업을 운영하면서 너무 많은 곳에 투자를 했구나 하며 후회를 했지만 이미 되돌아가기에는 너무 멀리 와 있었다. 사람들이 뼈아픈 실패를 통해 교훈을 얻어 재도약하는 이유를 조금은 알게 되는 계기가 되었다.

지금까지 사업을 해오면서 많은 사람들을 만났고, 교류를 해오면서 진정으로 나를 아끼고 사랑해 줄 사람이 과연 몇이나 될까? 그러나 내가 처한 상황을 이해하고 도와줄 만한 사람은 없었다.

나는 어려운 환경에서 태어나 돈의 소중함을 알고 있었다. 하지만 그렇다고 돈의 노예가 되진 않았으며 항상 낙천적으로 살아왔다. 주변의 어려운 사람들을 그냥 지나치질 못했고 내 일을 미뤄두고서라도 남을 먼저 도와주었다. 나를 이용하려는 사람들마저 그저 순진하게 믿는 어리석은 자였다. 그렇게 잘못된 인연들로 인해 나는 지금 씻을 수 없는 과오를 뼈저리게 느끼며 자책하고 있는 것이다.

> "네가 길이 멀어서 피곤할지라도 헛되다 아니함은 네 힘이 소성되었으므로 쇠약하여 가지 아니함이니라." (이사야 57장 10절)

쓸쓸한 발걸음

마침내 폭격 맞은 나의 회사를 추스르기 위해 서울로 향하는 마음은 비장하면서도 형언할 수 없을 만큼 마음이 무거웠다. 어쩌면 나의 인생이 큰 풍랑을 만나 난파 위기에 놓여 있는 작은 돛단배와 같았다. 아니 벌써 거대한 암초에 부딪쳐 산산조각 난 작은 판자조각에 매달려 생사를 하늘에 맡기고 있는 형국일지도 모른다.

새벽 2시 30분, 보스턴 여행길에 올랐다가 청천벽력 같은 소리를 듣고 뜬눈으로 밤을 지새운 우리 가족은 호텔 로비로 내려갔다. 잠시 후 어젯밤 미리 예약해 놓은 택시가 도착했다. 택시 기사는 키가 훤칠한 젊은 흑인이었다. 아들은 기사를 불러 면허증과 소속 회사 등을 꼼꼼히 확인했다. 택시회사 명함을 받고 호텔 직원을 불러 택시회사를 확인하고 사인을 받게 했다.

아버지의 안전을 위해 주도면밀하게 조치를 취하는 아들이 대견스러웠다. 그 모습을 보며 참 많이 컸구나 하고 뿌듯해 하면서도 언제 다시 만날지 모를 기약 없는 작별에 눈시울이 붉어졌다.

택시는 나를 태우고 미끄러지듯 호텔을 빠져나갔다. 멀리 가족들의 모습이 점점 희미해져 갔다. 순간 지금까지 참았던 눈물이 왈칵 쏟아졌다. 수습해야 할 일들과 앞으로 겪어야 할 일들을 생각하니 참담할 뿐이었다. 눈물을 참으려 할수록 설움이 더욱 솟구쳐 올랐다.

얼마나 소리 없이 울었을까? 나는 택시 기사가 눈치 채지 못하도록 가만히 눈을 감았다. 뉴욕 케네디공항까지는 약 5시간이 걸린다 하니 잠을 자는 게 낫겠다 싶었다. 눈을 감고 잠을 청해 보았다. 그러나 쉽사리 잠이 오지 않았다.

12월 말 보스턴의 새벽바람은 차가웠다. 차창가로 하늘 높이 바라보이는 검은 구름이 나의 마음처럼 스산하게 보였다. 가끔 구름 사이로 희미하게 별이 보일 듯 말 듯했다. 별빛은 꺼져 가는 나의 마음처럼 희미했다. '잠을 자 두자. 그래야 힘을 내지. 별을 세어 볼까? 하나, 두울, 세에엣….'

그러나 억지로 잠을 청할수록 정신은 더 말똥말똥해지고 지난날의 기억은 더 또렷해져 왔다. 나는 잠시 회상에 잠겼다.

아들이 6살쯤 되던 해, 그날은 유난히 함박눈이 펑펑 내렸다. 찬이가 다니는 아기스포츠단에서 산정호수로 스케이트 연수를 떠났을 때였다. 나는 업무를 어느 정도 정리하고 찬이가 있는 곳으로 향했다. 스케이트 타는 모습을 보기 위해 깜짝 방문을 하고 싶었기 때문이다.

경기도 포천의 구불구불한 산길을 조심스럽게 운전하며 가고 있었다. 새벽부터 내린 눈이 녹지 않아서인지 도로가 제법 미끄러웠다. 다리를 건널 때는 결빙이 되어 아찔한 순간도 몇 번 있었다. 아내는 얼마 전 딸을 분만했기 때문에 혼자 가고 있는 중이었다.

눈은 점점 함박눈이 되어 시야를 가려 왔다. 와이퍼를 켰다. 앞을 분간하기가 힘들었다. 시속 30km도 채 안 되는 속력으로 조심스럽게 앞으로 향해 나아가고 있었다.

'우리 찬이가 아빠가 온 줄 알면 얼마나 반가워할까. 아니 깜짝 놀라겠지? 그래 아들아, 건강하고 훌륭하게 자라거라. 아빠가 너희들 공부하고 싶은 데까지 열심히 뒷바라지 해줄 테니까….'

즐거운 상상을 하며 나는 조심스럽게 앞으로 진행하면서 우측의 대각선으로 뻗어 있는 다리 위를 진입하고 있었다. 순간 승용차가 미끄러지기 시작했고 당황한 나는 브레이크를 밟았다. 그러나 승용차는 사정없이 지그재그로 전진하더니 다리 끝 난간에 처박히고 말았다. 정말 눈 깜짝할 사이였다.

그 순간 나는 머리를 핸들에 처박고 정신을 잃고 말았다. 몽롱한 내 시야에 희미하게 다리 아래로 잡초들이 하얀 눈꽃이 되어 나를 바라보며 손짓했다. 눈꽃송이가 황홀했다. 그렇게 나는 의식을 잃어가고 있었다.

아! 지금 나는 어디로 가고 있는 걸까? 그리고 왜 여기 있는 걸까? 다리 밑으로 떨어진 것은 아닐까? 그럼 나는…. 우리 아들은….

다행히 자동차는 시동이 걸린 채로 다리 난간에 아슬아슬하게 걸쳐 있었다. 마침 인근에서 식당을 운영하는 한 부부가 지나가다가 내 차를 발견했다. 그 부부는 내 차를 안전한 곳으로 밀어 놓고 나를 자기네 식당으로 안내했다. 다행히 나는 코피가 좀 나고, 얼굴에 약간의 타박상과 손가락이 겹질리는 가벼운 부상을 입었다. 승용차의 앞 범퍼와 번호판이 떨어져 나가고 라이트가 손상되었지만 운행에는 전혀 지장이 없었다.

결국 아기스포츠단 원장에게 사실을 알렸고 곧이어 보내온 교사의 안내로 연수원에 도착하게 되었다. 찬이는 어린 나이에도 아빠의 사고

소식을 듣고 걱정하는 눈빛이더니 건재한 모습으로 나타난 아빠를 보고 무척 안도하며 반가워하는 눈치였다.

언제 그랬냐는 듯 천진난만하게 다른 아이들과 장난치며 즐거운 연수 생활을 하고 있는 아들의 모습을 뒤로한 채 서울로 향했다. 스포츠단 버스 기사가 대신 내 차를 운전해 주었다. 범퍼와 번호판이 없으니 서울로 향하면서 수차례 검문을 당했다.

나중에 식당 부부의 친절함에 감사의 뜻을 전하기 위해 아이들과 꼭 한 번 찾아가려 했다. 그렇지만 아직 한 번도 찾아보질 못해 미안한 마음뿐이다. 문득 그 식당 부부가 떠오르는 이유는 무엇일까?

위기에 처한 나에게 온정을 베풀었는데 무엇이 바쁘다고 한 번도 찾아가 보지 못했는지 참 부끄러운 일이다. 변명 같지만 아마도 끔찍하게 생각되었던 그 사건 현장을 다시 목격하고 싶지 않아서였을 것이다. 지금 이렇게 어려운 상황에 처하고 보니 고마웠던 사람들이 떠오르는 것 같다.

이러한 생각을 하고 있을 때쯤 택시 기사가 나를 깨웠다. 아마 자고 있는 줄 알았나 보다. 친절한 흑인 기사는 나의 처지를 직감했는지 보스턴에서 뉴욕까지 시간 단축을 위해 최선을 다했다고 한다. 빠르게 그리고 가급적 안전운행을 하려는 기사의 마음을 읽을 수가 있었다. 편하게 잠자도록 배려했고 비행기를 놓치지 않기 위해 5시간의 거리를 3시간 반 만에 주파해 뉴욕 JFK공항까지 안전하게 도착시켜 주었던 것이다. 고마웠다.

예상보다 일찍 도착해서일까? 대한항공 체크카운터가 아직 열리지가 않았다. 우선 스낵바에 가서 뜨거운 커피 한 잔을 사서 공항라운지

바닥에 철퍼덕 주저앉아 한 모금 마셨다. 그냥 바닥이 편할 것 같았다.

뜨겁게 목 줄기를 타고 넘어가는 커피향이 참으로 감미로웠다. 내 인생이 이 커피향처럼 감미로운 삶이 될 수만 있다면 아니, 내가 이 난국을 슬기롭게 헤쳐 나갈 수만 있다면, 그렇다면 이제부터 회사 재무구조를 개선시키고 제대로 된 경영과 고객에게 신뢰받는 회사가 되기 위해 최선을 다할 텐데…. 그러나 나는 이미 너무 먼 곳에 외롭게 서 있었다.

그런 생각을 하고 있을 때 젊은 동양인 학생 두 명이 골프백을 들고 대한항공 카운터를 맴돌고 있었다. 한국 유학생 형제라는 것을 직감할 수 있었다. 우리 아들보다는 4~5살 위로 보였다.

나는 공허한 마음을 달래도 볼 겸 그들에게 말을 건넸다.

"한국인 맞지요?"

"네에…."

"골프 유학인가요?"

"아닙니다. 그냥 유학생입니다."

"아, 취미로 골프를 하시는군요."

"네, 아버지께서 골프를 좋아하시고 좋은 운동이라고 권장하셨거든요."

"으음, 그럼 잘 치겠네요?"

"네에, 조금 칩니다. 가끔 형하고 내기도 하거든요."

"하하하…. 누가 이깁니까?"

"네, 동생이 거의 이기는 편입니다. 원래 저는 운동에 소질이 없어서요."

형의 말을 들은 동생이 동의한다는 웃음을 지었다.

"근데, 아버지께서 대단하시군요. 이렇게 자식들에게까지 골프를 권장하고요."

"네, 좀 지나치실 정도로 저희들을 챙기신답니다."

그랬다. 나 또한 얼마나 정성들여 아이들 교육에 열정을 쏟아 왔는가? 나는 아이들 교육에 관한 한 아낌없이 뒷바라지해 주려고 최선을 다해왔다.

특히 사업차 외국에 나가 발전된 외국 문물을 경험하면서 우리 아이들도 좀 더 다양하고 넓은 세상을 바라보며 성장하길 원해 아이들이 미국에서 공부하고 싶다는 뜻에 따라 물심양면으로 지원을 아끼지 않았다. 당연히 외국에서의 많은 학문과 경험을 통해 우리나라 발전에 큰 힘이 되어 주었으면 하는 바람으로 말이다. 뿐만 아니라 좀 더 발전된 나라에 유학을 시켜 많은 문물을 느끼고 배우며 진보된 학문을 통해 조국에 이바지할 수 있는 인재로 키울 수만 있다면 어떤 노력이라도 감내할 수 있을 것 같았다. 이는 아마도 이 세상 모든 부모들의 한결같은 바람일 것이다.

하지만 현실이 따라주지 못해 자녀들 뒷바라지를 제대로 못해 주는 부모들이 이 사회에 얼마나 많은가? 또 자신들의 처지가 자녀들에게 욕구 충족을 시켜줄 수 없는 환경이라면 얼마나 좌절감을 느끼겠는가? 또한 큰 노력도 하지 않으면서 남보다 못한 환경을 운명으로 돌리며 세상을 원망하는 사람들이 얼마나 많단 말인가? 특히, 할 수만 있다면 남들보다 더 극성일 만한 사람들이 위화감을 조성한다는 등의 이유로 조기연수나 유학을 달갑지 않게 생각한다.

'우물 안 개구리'보다는 '우물을 뛰어넘는 개구리'가 더 큰 세상에서 더 큰 꿈을 펼치지 않을까? 이 사회에 지금의 나처럼 어리석게도 세상 인정에 얽매어 스스로 나락으로 떨어지는 사람들도 부지기수일 것이다.

부모의 지나친 관심이라지만 물질적 여유를 가진 부모를 둔 것에 만족해하는 젊은 학생들을 바라보며 진심으로 축복의 미소를 보내 주었다.

이제 우리 아이들은 정신적, 금전적으로 여유롭지는 못할 것이다. 그러나 나는 굳게 다짐했다. 다시 시작할 수 있다는 신념만 있다면 또 다른 도전의 기회가 있을 것이고, 반드시 꿈을 이룰 수 있을 것이라고. 그러기 위해 건강하게 살아 움직여야 하며 의식이 깨어 있어야 한다고…. 부모로서 최선을 다해 자녀들 교육에 신경 쓴다면 해내지 못할 일은 없다고 말이다.

정각 9시에 대한항공 체크카운터가 열렸다. 반가웠다. 해외에 나와 우리나라 항공사 직원들을 볼 때마다 느끼는 감정이다. 단정하게 차려 입은 유니폼과 상냥한 직원들의 모습은 또 다른 민간 외교관 역할을 훌륭하게 수행하고 있다는 생각을 하게 된다. 그들이 자랑스러웠고, 그들의 친절에 항상 감사하게 생각하고 있다.

JFK공항을 이륙해 마침내 폭격 맞은 나의 회사를 추스르기 위해 서울로 향하는 나의 마음은 비장하면서도 형용할 수 없을 만큼 무거웠다. 어쩌면 내 인생의 가장 큰 오점으로 남게 될지도 모르는 절체절명의 순간일 수도 있다.

연거푸 마티니 두 잔을 주문해 들이켰다. 속이 화끈 달아올랐다. 조금은 마음의 평온이 왔다. 비행기 창밖으로 미 동부 상공의 태양은 눈이 시리도록 부셨다. 비행기 아래로 뭉게구름이 황홀한 계곡을 이루었다. 마치 옛날 우리나라 농촌의 새벽녘 굴뚝에서 피어오르던 하얀 연기 같았다. 흩어져 어느 순간 바람에 날려 사라져 버리는 연기처럼 곧 맞이하게 될지 모를 나의 불행도 모두 흩어져 흔적도 없이 사라져 버린다면 얼마나 좋을까?

나는 왜 이렇게 어리석은 인생을 살아왔을까? 지금껏 나의 모습이 남들 눈에는 화려하게 성공한 사람처럼 보였을지 모른다. 아니, 분명 나는 누구보다도 많은 축복을 받아 성공한 삶을 살아가고 있었다. 거침없이 회사는 성장해 가고 있었고….

내가 무엇을 잘못 운영해 왔는지 곰곰이 생각해 보았다. 회사가 성장해 가면서 인재를 등용하고 유능한 참모를 두고 전략적으로 회사를 운영해야 하는데 그 타이밍을 잃고 말았다.

그 결과는 참담했다. 결국 열정을 다 바쳐온 사랑하는 미래산업을 파국으로 몰아넣었지 않았는가? 우리의 브랜드를 키워야 한다는 욕구가 무리수를 두게 되었고, 결국 믿고 맡기는 방식의 사람 운용으로 인해 나의 재산을 보호하지 못했다. 이러한 생각을 하면 할수록 자꾸만 내 자신에게 실망하게 되었다.

그렇게 서울로 향하는 나의 마음은 거대한 바위에 짓눌려 헤어나질 못했다. 알코올 기운을 빌려 잠을 청했다. 쉽지 않은 시도를 하는 것이다. 마음이 천근만근인데….

> "슬프다. 나의 근심이여. 어떻게 위로를 얻을 수 있을까. 나의 중심이 번뇌하도다."
> (예레미야 8장 18절)

정든 서울을 떠날 수밖에 없는 현실

드디어 인천공항에 도착했다. 나는 아무에게도 연락하지 않았다. 리무진 버스를 타고 공항터미널에 내려 택시를 타고 집으로 돌아왔다. 아파트 경비원이 예정보다 일찍 돌아온 나를 보고 놀라워했다. 이 아파트도 이제 내 것이 아니라 생각하니 억장이 무너지는 것 같았다. 미국에 있는 친구가 벤처사업에 투자해 달라고 해서 그 투자대금으로 아파트를 담보로 대출을 받았던 것이다.

아내 명의로 된 아파트라 아내에게 가장 미안했다. 아내는 남편이 무엇을 해도 맹목적으로 믿어 주었다. 남편인 내가 모든 것을 잘할 것이라고 믿고 따라주던 아내에게 큰 죄를 짓고 살아온 것 같아 눈물이 흘렀다.

'자, 이제 어디부터 손을 쓸까? 간부 소집을 할까? 아니면 내 자신이 감쪽같이 사라진다면 회사 간부들이 거래처들에게 동정을 받아 회사를 살릴 수가 있지 않을까? 어음이나 당좌수표 등 모든 것이 내가 짊어지고 가는 것이니 내가 사라진다면 나의 미래산업은 존속되지 않을까?'

우선 미국 영주권자인 친구와 상의를 해야겠다고 맘먹고 전화를 했다. 그는 내가 투자해 준 자금을 바탕으로 벤처사업을 운영하고 있는 친구였다. 그를 만나면 해결의 실마리를 풀 수 있는 아이디어가 나오지 않을까 하는 기대를 걸었다. XX가 부도가 났고 우리 회사가 위기에 처해 있으니 급히 만나 상의 좀 하자고 했더니 선뜻 응해 주었다.

그 친구와 만나기로 한 장소인 삼성동으로 이동했다. 그런데 약속 시간이 지났는데도 나타나지 않았다. 밤늦도록 연락이 안 되었다. 결국 12시가 거의 다 되어 전화가 연결되었지만 술에 만취된 목소리로 횡설수설하며 일방적으로 전화를 끊었다.

'나쁜 사람! 회사의 생사가 걸려 있다 했거늘….'

그는 미국에서 어렵게 생활하다가 나의 주도적인 투자자금 5억 원을 기반으로 한국에 나왔고, 자본금 10억 규모의 벤처사업을 운영하고 있었다.

나는 미국 여행 다닐 때 그 친구와 여러 차례 만났다. 그는 수차례 사업을 할 수 있도록 도와 달라고 나에게 매달렸다. 결국 1999년 12월 인터넷 대입원서 콘텐츠가 있고 미국 회사와 제휴해 로열티 20만 불을 지급하고 사업을 시작하면 틀림없이 성공할 것이라며, 늦은 밤 수십 장의 팩스를 우리 집 서재로 보내왔다. 당시 나는 그 친구가 능력 있고 열정 있는 친구라 판단했고, 가까운 친구와 함께 30%의 지분 참여로 5억 원을 투자해 주었다.

나는 분명 그에게는 은인이었다. 그러나 나의 긴박한 상황은 그에게는 아무 상관없는 일이었다. 당시 벤처 열풍으로 그는 하늘에 붕 떠다니는 생활을 하고 있었다. 맨손으로 한국에 나와서 남의 돈을 투자받아 접대한답시고 룸살롱을 전전한다는 소문을 익히 들어오던 나는, 그날 밤 그를 원망하며 텅 빈 도곡동 아파트로 돌아왔다. 어린 시절 친구라는 이유와 그 친구의 화려한 경력을 믿고 존중해 주었는데…. 훗날 그 친구는 은혜를 갚기는커녕 동창회나 주변 친구들에게 나를 조롱거리로 만들었다. 20만 불의 로열티가 과연 존재했을까?

훗날, 미국에 남아 그가 겪었을 법한 인생 막장의 생활을 통해 그의 구차한 삶을 내가 이어받았다는 생각에 몸서리를 쳤다. 한국에서 내가 만들어 준 인생역전의 시간을 보내고 있을 그 친구를 생각할 때마다 치밀어 오르는 분노를 억제 할 수가 없었다.

뜬눈으로 밤을 지새우다 미국으로 돌아갈 수밖에 없는 상황이 오겠다 싶어 우선 아이들의 상장과 앨범을 챙겼다. 가족들의 추억이 담긴 사진첩이 손에 잡혔다. 아내와 딸아이는 유난히 사진 찍기를 좋아했다. 그래서인지 꽤 많은 앨범이 있었다. 그밖에 간단한 옷가지 등을 챙기고 아이들 책상을 정리했다.

딸아이가 친구들과 나눈 편지를 읽어 보며 왈칵 눈물이 쏟아져 내렸다. 사랑하는 아이들에게 못난 아버지의 모습을 보일 수밖에 없다고 생각하니 설움이 더 복받쳐 올랐다. 딸의 컴퓨터와 피아노를 만져 보았다. 딸아이의 채취가 묻어 있는 장롱을 열어보았다. 도곡중학교 교복과 언남고등학교 교복, 그리고 딸아이가 즐겨 입던 옷가지들을 어루만지며 속절없이 흐르는 눈물을 주체할 수 없었다.

아들 방으로 들어갔다. 아들 녀석은 한국에서 고등학교 2학년까지 다니다가 미국 고등학교로 유학을 떠났다. 그러나 병역법이 바뀌었다고 만 18세 학생은 무조건 귀국해야 한다며 시애틀 영사관으로부터 하루가 멀다 하고 귀국 압박을 받았다. 영사와 수차례 통화를 하고 팩스로 편지도 주고받았다. 그러나 아이들을 키우는 영사로서도 이해는 하지만 별 도리가 없다는 정중한 답변에 결국 아들은 한국으로 돌아와 고등학교를 졸업하고 다시 유학을 떠난 것이다.

항상 비어 있었던 아들의 방이 그날따라 쓸쓸하게 느껴졌다. 아들이 쓰던 컴퓨터와 침대가 그대로였고, 아들이 수집해 오던 우표와 미국의 유명 운동선수들의 카드가 들어 있는 상자, 어릴 때 배우던 플루트, 배터리로 조정하는 헬리콥터 등을 어루만지며 가족의 소중함을 다시 느껴 보았다.

'만약 내가 잘못된다면 아이들은 어찌 되는 것인가? 차분하게 정리를 해보자. 회사 간부들을 부를까? 아니, 그들을 부른다면 어떤 해결책이 있을까?'

지금 무엇이 가장 현명한 판단인지 알 수 없어 고민했다. 가급적이면 남아 있는 자들의 능력을 믿어 보기로 했다. 그들이 잘 해낼 것이라 믿고 싶었다. '그들은 동정을 받을 만한 여지가 있질 않는가?'

다음날 어젯밤 고주망태가 되었던 친구 S를 만나 내가 처한 입장과 XX로 인해 보증관계와 차용해 준 어음이 걷잡을 수 없이 돌아올 것인데 내 자신이 감당하기 어려울 것이라 말했다. 내가 여행사와도 관련이 있으니 영국이라도 나가서 훗날을 기약하는 것이 옳지 않을까 상의했다. 하지만 그 친구는 영국을 가는 것보다는 자신이 미국에 오래 살았고, 미국에 자신의 친구도 있으니 그쪽에 나가 있으면 자기도 도움을 줄 수가 있으며, 사업자금도 만들어 재기할 수 있도록 해줄 터이니 미국으로 가라고 했다.

그 친구는 용기를 내라고 격려까지 했다. 그러나 말뿐이었다. 그에게 주식(벤처회사 지분)을 맡기고 백지위임장(위임사항이나 위임받는 사람의 이름을 적지 않은 채 비워 두고 그 사람으로 하여금 보충하게 하는 형식의 위임장)을 맡겼다.

그것으로 그의 금전적인 도움이나 격려는 끝이었다. 나는 그의 심성을 깨닫게 되었고, 훗날 그는 내가 미국에서 모자라는 자식들의 학비를 도와 달라고 몇 차례 눈물로 호소했지만, 사업자금은커녕 그마저도 냉정하게 거절했다. 도저히 있을 수 없는 것이라 생각했다.

그리고 그는 미국에서 나와 친한 친구에게 5만 불이라는 빚을 놓고 월 2,000불씩의 이자를 꼬박꼬박 챙겨갔다. '이런 일이 인간의 탈을 쓰고 과연 있을 수가 있는 것일까?' 하늘이 그의 길을 어찌 만들어 갈까 지켜볼 일이었다.

지금 내가 간부들을 불러 대책회의를 한다면 결국은 의도된 부도라 생각할 수밖에 없을 것이다. 그들이 회사가 어려워지면서 회사와 관련된 주주 보증이라든가 이해관계를 청산해 가고 있었기 때문에 그들과의 회의가 무의미하리라 판단이 되었다.

그들을 신뢰할 수 없었다. 회사가 건재하고 잘 나갈 때는 온갖 권리를 행사하던 그들이었지만 회사가 어려워지면서 모든 것이 사장인 나의 탓이라 비난해 오던 터였다. 차라리 이 모든 것을 하늘에 맡기고 미국으로 나가 속히 재기해서 나로 인해 고통 받는 자들의 상처를 치유해 주는 것이 내가 할 일이라 생각이 들었다.

어찌 되었거나 18년 동안 정들었던 사람들의 곁을 떠난다 생각하니 마음이 아팠다. 나의 땀과 청춘이 고스란히 배어 있는 미래산업! 남은 자들이 나를 타고 넘어 다시 건재해 주기를 바라며 나는 그렇게 서울을 떠날 마음의 준비를 해가고 있었다.

우선 여비를 만들어야 했다. 아내와 아들의 보험을 해지하면 약 2천만 원이 되었다. 보험회사 직원에게 미국의 아내와 아들로부터 전화 통화를 하게 하여 본인임을 확인시키고 팩스로 증빙서류를 주고받아 사인한 후 자금을 만들었다. 그리고 아내가 비상금으로 보관하고 있던

500만 원을 찾아내어 여행 가방을 사기 위해 압구정 H백화점으로 향했다. 순간 내 머릿속에 수많은 유혹의 손길이 다가왔다.

나는 모든 메이저급 백화점의 VIP고객으로서 마음만 먹는다면 상품권을 구매해 매각한 후 수억 원을 만들 수 있었다. 그리고 각종 법인카드와 개인카드 등 VIP카드를 활용한다면 적지 않은 자금을 만들 수가 있었기 때문이다.

우선 옷가방을 사며 생각하기로 했다. 가방을 2개 골랐다. 약 37만 원 정도…. 결국 나는 양심을 속이고 H백화점 카드로 결제를 했다. 금액은 얼마 되질 않았지만 결제될 수 없는 카드로 여행 가방을 사고 말았으니 괜히 세일즈 하는 젊은 직원에게 미안했다. 그러나 나에게 여행 가방은 필요했고, 이 정도는 VIP고객으로서 얻을 수 있겠다는 생각에 양심의 가책을 느끼며 백화점을 나섰다. 그것으로 끝이었다. 더 이상 나의 양심을 팔지 않았고 자존심을 지켰다. 그것은 훗날 재기의 꿈을 지필 수 있는 계기가 되었다.

인천공항으로 향하는 리무진 버스에 올랐다. 언제 다시 돌아올지 모르는 내 나라, 내 조국을 기약 없이 떠나야 하는 나의 심정은 천 갈래 만 갈래로 찢어졌다.

A의 애인이라는 자가 끊임없이 전화를 걸어댔지만 이미 그 자는 대화할 수 있는 상대가 아니었다. 그 자가 애인이랍시고 A를 위해 차용해간 미래산업의 어음을 할인해 준 모양인데, 나와는 추호도 관련이 없는 자가 자기 편리에 따라 처세하는 것을 알면서부터 그를 가급적 멀리했다. 그는 그만큼 나에게 실망스런 존재였고 영악한 자였기 때문이다. 그는 애인 A를 부추겨서 나의 미래산업에 악영향을 미치게 한 장본인이기도 했다. 그 자로 인해 많은 의문점이 있었지만 그 또한 기억하고 싶지 않

았다.

미래산업의 이사인 동생한테서 또한 전화가 빗발쳤다. 휴대폰에 저장된 음성 녹음 메시를 들어보니 회사를 구해 보자는 의지가 아니었다. 자기만이라도 살게 해달라는 실망스러운 메시지였다. 형제마저도 제 살 궁리만 하니 다른 사람인들 오죽할까.

사장으로서 직원들을 잘 다스리지 못한 나의 과오가 컸다. 그들을 원망할 일도 아니었다. 주변에 어렵다 하면 누구를 가리지 않고 도와주고 인정을 베풀었다. '얼마나 미련한 자인가?' 만용이었다. '하루아침에 빈털터리가 된 나를 그렇게 철저하게 배신하고 돌아서는 이유는 어디에 있는 것일까? 내 자신이 인복이 없고 사람을 가릴 줄 모르는 단순함과 무모함 때문일 것'이라 생각을 해보았다.

누군가 나에게 가끔은 순진무구하다는 표현을 한 적이 있다. 헛똑똑이라고…. 이제 와서 그들을 탓하면 뭐하겠는가. 모든 것은 회사대표로서 직무유기를 해온 나의 탓인 것을.

내가 대주주로 있는 여행사 사장이 모든 수속을 밟아주었다.

"사장님, 여기 LA행 티켓입니다."

그는 예의를 다해 모든 수속을 밟아주었지만 훗날 우리 가족의 어려운 처지를 끝내 외면하고 연락을 끊고 나를 상대하지 않았다. 오히려 왜 더 투자해 주지 않았냐며 원망을 했다. 2억 5천만 원씩이나 투자해 주었는데….

아마 그는 내가 다시는 한국 땅에 못 돌아올 것이라 생각했을 것이다. 너무 기가 막히는 일이다. 억지로 만들려 해도 이렇게 철저히 어긋나는 인연은 없을 것이다.

아내와 아이들은 무사히 오하이오에 도착했다는 소식이 왔다. 보스턴에서 약 12시간 동안 승용차를 운전하며 힘든 여행을 한 것이다. 온 가족이 가장 하나 잘못 만나 고생한다는 생각에 마음이 아려 왔다.

나는 LA행 여객기에 탑승했다. 인천공항을 이륙하고 비행기는 태평양 상공을 날아가고 있었다. 언제 다시 돌아올 수 있을지 기약 없는 여정이다. 젊은 날에는 오직 열정 하나 가지고 사업을 해왔는데… 나는 어처구니없게도 패자가 되어 내 나라를 떠나고 있는 것이 아닌가? 지혜롭지 못한 자의 말로가 이러한 것일까?

나는 이제껏 살아온 날들에 대한 회한과 슬픔으로 고개를 떨구었다. 특히 낯선 이국땅에서 가진 것 없이 어떻게 개척해 나아갈 것인가?

나는 정든 서울을 떠나올 수밖에 없는 현실이 못내 안타깝고 서러웠다. 그렇게 긴 상념에 빠져 LA공항에 무사히 도착했다.

"네 일을 밖에서 다스리며 밭에서 예비하고 그 후에 네 집을 세울지니라." (잠언 24장 27절)

기회의 땅, 미국의 힘!

2002년 12월 26일! 그렇게 나는 낯선 미국 땅에 이방인으로 홀로 서 있었다. 누구보다 나의 조국 대한민국을 사랑했는데, 기구한 운명이라기보다는 지혜롭지 못해 스스로 선택했던 길이 아니었을까?

불과 몇 개월 전만 해도 대한민국 온 나라가 월드컵 축구 열기로 가득 찼고, 그 축제에 우리는 얼마나 열광하고 흥분했던가? 우리나라 팀이 승리할 때마다 아내와 나는 서로 부둥켜안고 펄쩍펄쩍 뛰면서 감격의 눈물을 흘렸다. 그리고 밖으로 뛰쳐나가 아파트 주민들과 악수하며 승리의 기쁨을 나누기도 했다.

물론 그때는 나뿐만 아니라 전 국민이 스포츠 애국심에 불타고 있었다. 드디어 우리나라가 대전 경기장에서 이탈리아와 16강에서 맞붙어 승리해 8강, 4강까지 올라가게 되었을 때 기쁨의 함성이 거리마다 넘쳐 나질 않았던가?

당시 우리 가족뿐만 아니라 모든 국민이 한국인이라는 것에 자랑스러워했고 긍지를 느끼지 않았던가? 아내와 나는 위대한 대한민국을 절대로 떠나지 말자고, 어떠한 난관도 헤쳐 나가자고, 나라를 위해 꼭 성공해서 뜻있는 일을 하자고 굳게 다짐했었다.

대전에서 치러지는 16강전은 아들과 딸, 그리고 셋째 여동생 부부에게 관람하도록 했고, 우리 부부는 아이들에게 좋은 추억거리를 줄 수 있다는 것에 기쁘기 그지없었다. 당시 나는 우리나라가 조 1위로 16강전에 올라갈 것을 예상하고(기원하며) 인터넷을 통해 4장의 티켓을 구매했다. 미국에서 유학하고 있는 아들이 방학을 맞이해 귀국을 하게 되어 있어서 네 가족이 함께 관람하기로 한 것이었다.

그렇게 의기 있던 우리가 언제 내 나라로 다시 돌아갈 수 있을지 기약도 없이 태평양을 건너고 만 것이다. 스스로를 탓하면서 예전에 단골로 묵었던 옥스퍼드(OXFORD)호텔에 여장을 풀고 동부에 있는 아내에게 LA에 도착했다는 연락을 했다. 그리고 친구에게 전화를 했다.

친구는 "잘 왔다. 너라면 미국에서 다시 재기할 수 있을 테니 너무 상심하지 말라"며 격려를 해주었다. 그러고 우리 부부가 살 수 있는 아파트도 렌트해 주었다. 새 아파트이고 조금 비싼 것이라 했지만, 우리는 미국 렌트 시스템을 잘 알지 못하니 어쩔 수 없이 입주할 수밖에 없었다. 또 그 친구는 전화와 휴대폰, 차량 등 모든 어려운 일들을 도맡아 처리해 주었다. 이국땅에서 이런 친구가 있다는 것이 얼마나 다행인지 참으로 감사한 마음이 들었다. 차량은 5,000불을 나누어 내고, 4년 할부로 친구가 불입하는 구조로 만들어 주었고 보험과 차량 등록세 등을 도와주었다.

나는 그 친구에게 많은 신세를 졌다. 그런데도 그 친구에게 변변히 고맙다는 인사도 못했고 그저 마음뿐이었다. 다시 내 자신이 재기하는 길만이 그 친구에게 보답하는 길이라 생각하고 열심히 살기로 했다.

미국이라는 나라는 오래전부터 사업차 가끔 들렀기에 전혀 낯선 곳만은 아니었다. 그러나 지금은 새롭게 시작해야 하는 내 삶의 터전이라 생각하니 전혀 새로운 모습으로 다가왔다. 어떻게 살아야 할 것인지, 어디서부터 시작해야 하는 것인지, 모든 것이 우리가 헤쳐 나가야 할 미지의 세계였다.

우선 언어 장벽을 극복하지 않고서는 아무것도 할 수 없었다. 먼저 영어를 배우기 위해 교육센터를 알아보았는데 미국이라는 나라의 힘이 어디에서 나오는가를 새삼 느끼게 되었다. 전 세계에서 몰려드는 이민자들을 위해 미국 정부에서 영어 습득의 기회를 열어 놓고 무료교육을 시켜 주었다. 지난날 여행하면서는 느끼지 못했던 새로운 사실을 느끼면서 그나마 아주 작은 위안을 삼았다. 갖가지 사회보장제도가 우리나라와는 비교가 되질 않았다.

아내가 LA에 도착했다. 생각보다 아내의 표정은 밝고 의연해 보였다. 우리 부부는 LA공항을 빠져나와 10번 Free Way(고속도로)를 타고 내가 묵고 있는 호텔에 도착했다. 친구 부부가 먼저 와 기다리고 있었다. 우리는 지난날 여행할 때 자주 들르던 식당에서 저녁 식사를 했다. 다소 무거운 분위기가 멋쩍었는지 친구 부부가 먼저 말을 뗐다.

"제수씨, 이제 미국에 오셨으니 한국 일은 빨리 잊어버리세요. 미국이 살아보시면 아시겠지만, 참 좋은 나라입니다."

"그래요, 찬이 엄마! 잘 오셨어요. 우리도 그동안 외로웠는데 친구분이 오셔서 참 좋아요."

"네, 감사합니다. 열심히 살아볼게요."

"아, 우리 친구 성 사장이 능력 있잖아요. 오히려 한국에서보다 더 크게 사업을 일으킬 수도 있고. 아마 그래서 미국에 오게 된 것이라 생각이 드네요."

"그래, 고맙네. 자네 말대로 내가 재기하지 않으면 안 되네. 반드시 명예회복을 해야만 해."

나는 고마운 친구 부부에게 다짐이라도 하듯 굳게 대답했다.

식사를 하면서 소주를 곁들였다. 취기가 오르니 현재 처한 내 자신이 더 서럽고 기가 막혔다. 한국에 남아 모든 일을 처리했어야 했는데…. 괜한 후회가 들었다. 그러나 XX와 관련되어 많은 고통이 예상되었고, 부자연스러운 상태로 자식들 교육은 누가 책임을 질지 걱정도 되었다. 또 누구에게도 지기 싫어하고 자존심 강한 내가 한국 사회에서 동정 받으며 살아간다는 것에 자신이 없었다.

숨 돌릴 틈도 없이 휘몰아치는 자금 압박으로 이미 나는 많은 사람을 잃었다는 것에 마음이 아팠다. 차라리 내가 사라져 주고 남아 있는 자들이 회사를 존립시켜 주기를 바랄 뿐이었다.

점점 취기가 올랐고 나 자신의 무능을 스스로 자책했다. 내 처지를 이해한 터라 모두 묵묵히 내 하소연에 귀 기울여 주었다. 취중이었으나 나는 진심으로 거듭나는 인간이 되기 위해 노력할 것임을 다짐했다. 미국이라는 나라는 우리에게 새로운 곳은 아니었지만 우리에게는 또 다른 삶의 시작이라는 의미에서 미지의 세계였다.

다음날부터 우리 부부는 본격적으로 미국생활을 하기 위해서 성인 영어학교에 등록했다. 복잡한 생각을 잊기 위해 한국 신문과 한국 방송은 일체 멀리하고, 한국 생각이 나려고 하면 의도적으로 열심히 영어공부에 매달렸다.

그러나 간혹 공부시간에 사업하면서 도와주고도 이용당한 사람들이 생각날 때마다 불끈불끈 화가 치밀어 올랐다. 나는 언제쯤이나 악몽 같았던 지난 세월의 기억 속에서 자유로울 수가 있을 것인지….

미국인 선생님과 영어공부를 하니 재미있었다. 나는 해외 출장을 위해 틈틈이 영어공부를 해왔던 터였기 때문에 문법이라든가 단어 실력은 꽤 수준 있는 편에 속했다. 그러나 자연스럽게 대화하는 법을 익히기 위해 더 열심히 공부했다.

아내와 나는 시간 나는 대로 캘리포니아 곳곳을 돌아다녔다. 이는 다시 재기하기 위해서 새로운 아이디어와 사업 아이템을 찾기 위한 수단이기도 했다. 가끔씩 Santa Monica 해변에 서서 일렁이는 파도를 바라보며 태평양 저 건너편에 있을 나의 조국을 그리기도 했다.

어머니께 한마디 말도 못 드리고 떠나온 것이 못내 죄송스러웠다. 이 못난 자식을 얼마나 애타게 기다리실까 생각하며 때늦은 후회를 해보았다. 하지만 속히 재기하는 길만이 연로하신 어머니께 용서받는 길이라 생각하고, 하루하루 이어지는 고달픈 이국땅에서의 삶을 기록해 나가기 시작했다. 책을 쓰게 된 동기가 조용히 태동하기 시작한 것이다.

어느 날 영어시간에 나는 최근에 가족끼리 여행 다녀온 것을 이야기해 주었다. 딸아이가 봄방학을 틈타 보스턴에서 방문했기 때문에 복잡한 생각들도 정리할 겸 아내와 딸 그리고 나 이렇게 셋이 근교로 떠난 조촐한 여행이었다.

그런데 이곳에 나와서 공부하는 사람들 대부분이 생존을 위해 직장을 다니거나 아르바이트하는 사람들, 아니면 소규모의 비즈니스를 하는 사람들이 대부분이었기 때문에 순간 미안한 마음이 들었다. 가족 여행을 다녀왔다는 것은 이들에게는 사치에 불과했기 때문이다.

Little이라는 친절한 미국인 여선생님은 그런 나를 특별히 지도해 주었다. 그녀는 백인으로 30대 중반의 노처녀였다. 지금 생각해 보면 나에게 많은 신경을 써주어 고맙게 생각하면서도 답례 한 번 제대로 못했던 것이 후회스럽다. 나에게는 마음의 여유, 시간의 여유, 그리고 자금의 여유가 없었다.

아쉽게도 그녀의 도움을 받아 영어 실력이 급격히 성장할 수 있었던 기회를 놓치고 말았다. 지나간 과거와 싸워야 하고 유학생 두 자녀를 부양하는 가장으로서 막중한 책임감을 가지고 있었기 때문에 나의 현실이 언어에만 매달려 있을 처지가 아니었다. 그러고 보니 많은 이민자들의 영어 실력이 왜 그렇게 형편없을 수밖에 없는지 그 까닭을 그제야 알 것 같았다. 언어에 시간을 투자해야 함을 알면서도 삶의 무게에 짓눌려 이들은 어쩔 수 없이 생계를 연명해야 하는, 즉 생존을 위해 언어는 뒷전일 수밖에 없는 것이었다.

나와 영어공부를 하는 학생들은 대부분 중남미 혹은 한국 사람들이었다. 물론 중국인, 몽골인, 일본인도 가끔 보였다. 일본인들은 일본 정부에서 이민자들을 위한 특별 프로그램이 별도로 있어 영어교육을 어느 정도 받아 가지고 오기 때문에 나는 오후반 Free Talking 시간에 수준 높은 일본인들과도 종종 짝이 되어 함께 공부하기도 했다.

"국력은 곧 힘이다"라는 말을 실감하게 만드는 사람들이 일본인이었다. 외국에 나와서 보면 잘 살고 힘 있는 일본인과 생김새가 별반 차이 없는 한국인들이 본의 아니게 일본인으로 대우받는 경우가 많았다. 일본인들은 고급 백화점에서도 큰손으로 알려져 있어 VIP로 대우를 받았다. 다인종이 살아가는 미국 사회에서 보이지 않는 인종 우월주의가 존재했던 것이다. 그러나 인권을 존중하는 나라가 미국이 아닌가? 그러면서도 미국은 강한 힘이 있다는 것을 느꼈다.

미국의 힘! 그것은 이유가 있었다. 미국 사람들은 돈을 벌어 자식에게 물려 주는 것이 아니라 학교장학재단에 기증하고 박물관이나 공원을 조성해 많은 사람들이 공유하게 만들었다. 그리고 학생들이 마음껏 배우고 그들의 꿈을 키워갈 수 있도록 도와주었다.

나는 미국의 그러한 기부문화를 보면서 보다 더 큰 꿈을 꾸게 되었다. 나도 다시 한번 기회를 만들어 이들에게 뒤지지 않는 모습으로 우리 사회에 기여해야겠다는 다짐을 했다.

미국은 현관문만 나서도 여행할 곳이 참으로 많은 나라였다. 축복 받은 나라! 많은 사람들이 그렇게 말하는 이유를 절실히 느끼면서 기회의 땅, 미국에서 나는 과연 어떤 모습으로 다시 일어설 것인가 생각했다.

그러나 미국이나 한국이나 자본금이 없이는 아무것도 할 수 없는 노릇이었다. 한국에 있는 친구가 사업 자금을 만들어 보내 준다고 했지만 말뿐이었다. 믿는 내가 어리석었다. 내 자신이 당장 노동이라도 한다면 기초생활이야 하겠지만 아이들 학비가 문제였다.

아이들이 유학생 신분이어서 학비가 만만치 않게 들어갔다. 큰아이가 아르바이트를 한다고 나섰지만 유학생 신분으로는 주 20시간 이상을 일할 수 없었다. 시간당 6~8불 정도밖에 안 되기 때문에 학비를 만들어 공부하는 구조가 못 되었다. 그나마 대학생인 아들의 학비는 사업이 건재할 때 이미 한국에서 선납을 했기 때문에 다행이었다. 그런데 딸아이의 비자 관계로 인해 돈이 들어가야만 했다.

하루아침에 우리 가족들의 삶이 힘들어지면서 우리 가족이 뭉쳐야만 살아갈 수 있다는 것을 깨달았다. 아이들도 현실을 직시하고 묵묵히 학업에 열중해 주었다. 힘든 삶이 시작되었지만 온 가족이 힘을 다해 희망을 잃지 않고 살아간다는 것에 감사를 드렸다.

> "두려워 말라. 내가 너와 함께 함이니라. 놀라지 말라. 나는 네 하나님이 됨이니라. 내가 너를 굳세게 하리라. 참으로 너를 도와주리라. 참으로 나의 의로운 오른손으로 너를 붙들리라." (이사야 41장 10절)

미국에서 사기 치는 한인 변호사

미국에서 체류 신분을 유지하는 데 가장 쉬운 방법은 유학비자였다. 2003년 8월 1일 이전에는 좀더 완화된 방법으로 유학비자를 대행해 주는 곳에서 적정 수수료를 내면 1년짜리 유학비자를 받게 해주었다. 하지만 9·11테러 사건 이후로 미국 이민법이 강화되었다. 그러한 영향으로 SEVIS*비자가 인가된 학교에서 받은 비자라야만 정식으로 체류할 수 있도록 제도를 강화했다.

3,000불을 선납하고 유학비자를 유지해 왔는데, 강화된 제도의 시행 발효를 불과 5일 남겨 두고 일방적인 통보를 받았다.

우리가 비자를 발급받아 체류 신분을 유지하던 학교가 자격이 안 되니 허가된 학교로 이전 등록하라는 통보였다. 비용 반환은 전혀 안 되었고 아무런 대책도 제시해 주지 않았다. 그들은 항의하는 나에게 오히려 당신 같은 사람은 처음이라며 비난을 했다. 그런 비인간적인 사람들

*Student and Exchange Visitor Information System의 약자로 유학생 신상정보 추적시스템을 말한다. 유학생들의 이름, 주소, 전공 등 주요 정보를 인터넷을 통해 국토 안보부 산하 이민 서비스국(CIS)에 의무적으로 보고하며, 여기에 등록된 유학생 정보는 사법 당국도 공유하도록 되어 있다. 만약 교육기관이 SEVIS에 늦게 등록할 경우 그 학교에 재학 중이거나 입학 예정인 외국인 유학생은 미국 입국이 거부될 수 있다.

이 불쌍한 동포들을 울리고 있다. 이곳에서 살아가고 있는 한인 교포 사회가 너무도 통탄스러워서 할 말을 잃고 말았다.

나는 또 다시 SEVIS가 허가된 학교를 신문을 통해 알아보라는 그들에게 더 이상 가치 없는 논쟁을 하기 싫어서 힘없이 돌아왔다. 그러나 나에겐 비용이 없었다. 돈을 보내 주겠다던 친구 S에게 전화를 걸어 하소연을 해보았지만 바쁘다는 핑계로 전화를 끊었다. 한국의 형제들에게도 절박한 사정을 설명하며 도움을 요청했지만 모두 외면했다. 가두 신문자판기에서 신문을 뽑아 허가된 학교를 메모해 나가며 하나님께 간절히 도와 달라고 기도드렸다(이미 기독교 신앙인이 되었다).

다행히 가까운 학교에 찾아가 우리의 처지를 설명하고 분납하는 조건으로 SEVIS비자를 발급받아 정식 체류 신분 유지를 할 수 있게 되었다. 나는 눈물을 흘리며 우리를 보호해 주시는 하나님께 감사를 드렸다. 그 사건으로 지속적인 합법 체류 신분 유지에 대한 중요성을 깨달은 우리에게 SEVIS비자가 인가된 신학대학으로 아내가 입학하게 되었다.

결국 SEVIS비자 제도는 아내에게 신학대학을 졸업할 수 있는 계기를 만들어 주었고, 훗날 우리 가족은 선교와 봉사의 꿈을 가지게 되었다. 하나님의 인도하심에 우리는 항상 감사하며 살아가고 있다.

이렇게 돈이 들어갈 줄 알았더라면 조금이라도 회사가 건재할 때 딸아이의 의견을 존중해 주었어야 옳았다. 딸아이는 대학 졸업 후에 유학을 보내기로 하고 우선 J-1비자*로 미국 고등학교에 입학을 했다.

예전에 딸아이가 계속 유학생활을 하고 싶다며 그렇게 F-1비자**를 내달라고 졸라댔지만 그때 당시 아들도 유학하고 있는 상황에서 경제

---

*1년 기간의 교환학생 비자

**학생 비자

적인 부담도 컸고, 무엇보다 딸아이만큼은 부모와 함께 대학교 졸업까지는 한국에서 같이 살았으면 하는 바람이었다. 나의 완강함에 영이는 결국 유학을 포기하고 1년짜리 교환학생으로 만족해야 했다.

그 무렵 나의 회사가 잘못되어 미국생활을 하게 되었으니 체류 신분을 유지하려면 유학생비자(F-1)를 발급받아야 했던 것이다. 원래 J-1비자라는 것이 1년을 공부하고 돌아가면 2년 이후에나 다시 유학을 나올 수 있는 제약이 있었다. 그래서 나는 딸아이의 J-1비자를 Wave(비자 변경 전의 상태)시키고 F-1비자를 받는 조건으로 비용 5,000불을 분납 조건으로 진행하기로 결정했다.

그래서 LA에 유학생 비자를 전환해 주는 곳에서 O라는 사기꾼 변호사를 만나게 되는 동기가 되고 말았다. 그는 존경받는 변호사처럼 각종 매체에 광고를 해댔다. 광고지 한쪽에 자신의 딸도 인권변호사라는 것을 빼놓지 않았다. 자기 딸을 광고할 정도의 아버지라면 같은 아비된 입장에서 우리 딸아이 문제도 안타깝게 여겨 잘 처리해 주리라 기대했다. 그는 나의 어려운 처지를 듣고 선뜻 나를 돕겠다고 약속했었다.

훗날 알게 되었지만 그는 정식 변호사도 아니었다. 교묘하게 한국 학벌을 선전해 가며 지방 타 주의 특허 변호사 자격증만을 가지고 있는 사기성 있는 부도덕한 인간이라는 것을 나중에서야 알게 되었다.

그 자는 자기의 약점을 은폐하고 많은 유학생들과 이민자를 상대로 영업을 하는 교활한 자였다. 그중 딸아이도 선의의 피해자가 된 것이다.

그 자와 계약하기 전에 돈도 없고 사연도 많으니 도와 달라고 하니까 처음에는 친절하고 상냥하게 대해주면서 저렴한 가격으로 일을 처리해 주겠다고 약속했다. 그러나 그 변호사나 담당 직원은 처음 계약할 당시와는 달리 계약을 하고 난 후 그들의 태도는 돌변했다. 그들은 양면성을 가진 자들이었다. 처음의 친절은 사라지고 계약금이 건네진 직후, 알아듣지도 못하는 미국법을 들먹이며 계약을 위반할 수 없음을 상기시키면서 진행하든지 말든지 마음대로 하라는 식이었다. 순 사기꾼이었다.

미국 시스템을 들이대며 전화(미국은 수신전화에도 요금을 부과함 - 핸드폰에 한해서)하는 것도, 통화 시간조차도 요금을 부과하겠다며 으름장을 놓았다. "시간은 곧 돈이다"라는 이유였다. 슬펐다. 다 때려치우고 싶었다.

이처럼 한국에서 갓 이민을 오거나 어려움을 당해 미국에 들어온 동포들을 상대로 사기 치는 자들이 LA바닥에 그야말로 지천에 깔려 있다는 것을 나는 시간이 흐른 뒤에야 알게 되었다.

미국에 많은 교포들이 신문광고를 통해 사람을 뽑고 비즈니스 관계를 영위해 간다. 수많은 사기꾼들이 전화나 사무실을 수시로 바꾸어 가며 어려운 사람들을 현혹시키는 문구로 사기를 친다. 지푸라기라도 잡는다는 심정으로 매달리는 사람들의 심리를 역이용하는 것이다. 물론 어느 나라나 예외는 있겠지만 특히 그러한 사람들이 판치는 곳이 바로 한인사회였다.

역동적이고 생동감으로 넘쳐나는 내 나라 대한민국의 서울과는 동떨어진, 이미 그곳에 아메리칸드림은 없었다. 미국이든 한국이든지 부지런하고 깨어 있는 자, 그리고 끊임없이 도전하는 자에게 꿈은 이루어진다는 사실을 깨달아 가고 있었다.

"나의 구원과 영광이 하나님께 있음이며 내 힘의 반석과 피난처도 하나님께 있도다." (시편 62장 7절)

잊지 못할 추억

보스턴에서 유학 중인 딸아이가 봄방학을 맞이해 일주일간 머무를 예정으로 우리 부부가 머물고 있는 LA에 도착했다. 보스턴에서 작별한 후 처음 상봉하는 것이다. 우리 부부는 딸아이와 함께 지친 심신을 달래기도 할 겸 며칠간 캘리포니아로 여행을 하기로 했다. 어려운 일을 당하고 홀연히 한국을 떠나온 지 4개월 만에 맛보는 즐거움이었다.

비록 찬이는 함께 하지 못했지만 우리가 극복해야 할 어려운 일들이 산재해 있으므로 나름대로 큰 역할을 하기 위해 노력하고 있는 중이었다. 아들은 맏이로서 가족의 중심에 서 있다는 책임감도 느끼고 있는 듯했다.

비온 뒤에 땅이 굳는다고 했던가? 우리 가족은 누구랄 것도 없이 가족의 소중함을 깨닫게 되었고, 서로를 존중하고 격려하게 되었으니 가장으로서 용기와 힘이 샘솟았다. 가족들이 나를 믿고 격려해 주니 두려울 것이 없었다.

우리 부부 그리고 딸아이는 오래간만에 만나기도 했지만 그간에 겪었던 고통으로 눈물의 상봉을 했다. 특히나 딸아이는 유학비자 때문에 얼마나 큰 상처를 받았을까? 아버지로서 체면이 서질 않았으나 의연한 모습을 잃지 않으려 애를 썼다.

나는 아이들을 키워 오면서 잘못한 일에 대해 사랑의 매로 다스려 왔다. 내가 부모로부터 받지 못했던 교육과 풍요로움을 내 아이들에게만큼은 충분히 만들어 줄 수 있도록 최선을 다했다.

다양한 교육 환경을 만들어 주기 위해 노력했고, 아이들이 좋은 교육 환경에서 공부할 수 있도록 하기 위해 큰아이가 초등학교 6학년 때 강남구 도곡동으로 이사를 했다. 언어 개인교습을 시켰고 방학 때가 되면 해외로 영어연수를 보내주었다. 아이들에게 훌륭한 사람이 되어 자기 자신이 먹고사는 것에 급급해 하지 말고 이 사회를 통해 받은 만큼 베풀며 살라는 교육을 시켰다.

또한 아이들에게 "세상은 넓고 할일은 많다"는 전 대우그룹의 김우중 회장의 말을 자주 인용했다. 비록 지금은 대우그룹이 해체되어 김우중 회장은 시련의 세월을 살아가고 있을 테지만 역동하는 한국의 국가적 이미지를 세계 속에 심어 놓은 애국자라고 생각하면 안타까운 마음이 든다. 그 역시 사람들을 너무 쉽게 믿고 맡기며 살아오지는 않았을는지….

나는 이 세상에는 얼마든지 노력하면 성공할 수 있는 부분이 널려 있다고 늘 생각해 오던 터였다. 아이들이 다양한 세상을 체험하고 학문으로 무장한다면 훗날 우리 나라의 큰 일꾼이 될 수 있으리라는 확신에는 지금도 변함이 없다.

우리 일행은 캘리포니아 15번 North Free Way를 타고 먼저 샌프란시스코로 향했다. 도로 주변 곳곳에 우리를 맞이하는 캘리포니아주 꽃인 파피꽃이 바람에 손을 흔들고 있었다. 파피꽃을 배경으로 사진도 찍고 비디오도 찍었다. 실로 오랜만에 만끽하는 행복이었다.

딸아이의 해맑은 웃음을 바라보면서, 문득 XX의 그 여사장이 마지막 통화에서 한 말이 생각났다. 아이들 학비를 만들어 1억 정도는 보내 준다면서, "사장님! 그래도 제가 체면이 있지, 애들 학비는 어떻게 해서든지 만들어 보내 드릴게요. 걱정하지 마세요."

그러나 그 이후로 연락이 두절되고 말았다. 마지막까지 나를 기만한 것이다. 그때까지만 해도 그녀는 나의 아이들에게만큼은 큰 죄를 짓고 있음을 깨닫고 있다는 것을 느꼈다. 그런데 결국 그녀는 우리 자식들에게까지도 큰 상처를 남겨준 것이니 어찌 부끄럽지 않을 것인가? 어른으로서 아이들에게 최소한의 성의만큼은 보여줘야 했다.

우리 일행은 저녁이 다 되어서야 비바람이 몰아치는 샌프란시스코에 도착했다. 약 7시간이 걸렸다. 전에 내가 여행 중에 투숙했던 일본인 호텔에 여장을 풀었다. 그리고 한국인이 운영하는 한국식당에서 저녁 식사를 하기로 했다. 그날 밤 우리는 밤이 새는 줄 모르고 이야기꽃을 피웠다.

어느새 아내와 딸이 잠이 들었다. 잠든 딸의 모습을 바라보고 있자니 지난날 도곡동 우리들의 집에서 세상 근심 걱정 없이 잠자던 모습이 떠올랐다.

나는 가끔씩 딸아이의 방을 들여다보는 습관이 있었다. 영이는 아빠를 닮아 책을 참 많이 읽는 편이었다. 항상 책을 곁에 두고 자는 습관이 있었고, 책가방을 챙겨 방문 앞에 놓아야 안심하고 잠자리에 들었다. 항상 모든 일에 철저하게 준비하고 대비하는 딸이 대견스러웠다. 무엇이든지 한 번 시작하면 중도에 포기하는 일이 없었고 결과야 어떻든 지속적으로 도전하고 열심히 하는 모습을 지켜보노라면 아버지로서 가슴이 뿌듯했다.

그런 딸이 지금은 마음에 큰 상처를 안고 불안하게 살아갈 것을 생각하니 가슴이 메어 왔다. 영이는 어릴 때부터 우는 모습을 보기 힘들었던 딸이었다. 갓난아기일 때도 졸리면 보채지도 않고 담요와 젖꼭지를 찾아 물고 그대로 잠을 자던 순하고 사랑스런 아이였다.

나는 딸아이의 머리를 쓰다듬으며 마음속으로 다짐해 보았다.

"내 딸 영아! 아빠가 다시 굳건하게 일어서는 멋진 모습을 보여 줄게."

다음날 아침 우리는 샌프란시스코의 차이나타운에서 쇼핑했다. 그리고 영화에서 많이 등장하는 샌프란시스코의 명물 트롤리버스(무궤도 전차)도 탔다. 차이나타운의 화려한 상품들을 돌아보면서 중국 화교들의 저력을 느꼈다.

그들의 경제력이 어느 정도인가를 실감케 했다. 상상할 수 없는 부를 누리며 중국인으로서 당당하게 살아가고 있는 그들을 통해서 과연 우리 가족들은 어떻게 살아야 할 것이며 내 나라를 위해 무엇을 할 수 있을 것인가 하는 의문을 던져 보았다. 분명 내가 이루어야 할, 그리고 국가를 위해 내 인생에서 해야 할 일들이 기다리고 있을 것이다. 그것은 내가 다시 일어섰을 때의 일이므로 기필코 재기하겠다고 다시 한 번 굳게 주먹을 쥐었다.

나는 지난날처럼 딸에게 사주고 싶은 것을 마음대로 사줄 수 없어 마음이 아팠다. 아내와 딸아이 또한 그러한 나의 심정을 헤아렸는지 작은 액세서리조차 사지 않으려 했다. 그래서 내 마음이 더욱 아파왔다.

우리는 산호세에 있는 스탠포드대학을 방문했다. 서부에서도 명문으로 꼽히는 스탠포드대학은 설립자가 자녀를 하버드대학에 보낼 수 없음을 안타까워하며 세웠다는 전설적인 학교였다. 드넓은 캠퍼스에 수많은 학생들이 자유를 만끽하며 대학생활을 하고 있었다. 대학 구석구석을 견학하면서 우리 아이들도 좋은 대학에 들어가 훌륭하게 성장하기를 기원했다.

우리는 사진과 비디오를 찍고 노트와 간단한 기념품을 사고 1번 해안 도로를 따라 남쪽으로 향했다. 아침부터 띄엄띄엄 비가 내리기 시작했고 태평양 바다 위로 새까만 먹구름이 드리워져 있었다. 우리는 중간중간 바닷가를 배경으로 사진을 찍으며 지난 아픈 기억을 잠시 잊고 그렇게 즐거운 여행을 하고 있었다.

하나님께서 그동안 우리 가족에게 많은 축복을 주셨다. 가끔 번잡한 도심을 벗어나 사색을 위해 조용한 산사의 절을 찾았지만 그때에도 나는 하나님의 존재를 부인하지 않았다. 부처님도 인간으로 태어났기 때문이라는 단순한 논리를 가지고 있었기 때문이다. 부처님도 하나님의 자손이 아니란 말인가?

저녁이 되면서 빗줄기는 거세어졌다. 어두컴컴한 도로는 비좁았다. 왕복 2차선의 도로 위는 차량이 눈에 띄게 줄어들었고, 특히 우리가 향하는 남쪽으로는 차량이 거의 없었다. 나는 더욱 거세지는 빗속을 헤쳐 조심스럽게 남쪽을 향해 운행했다.

태평양 바다는 검은 먹구름에 뒤덮여 그야말로 암흑의 세계였다. 살아생전에 그와 같은 먹구름은 처음 보았다. 새까만 먹물로 뒤덮여 어디가 하늘인지 바다인지 구분도 안 되었다. 비바람이 휘몰아치고 빗줄기는 더욱 굵어져 자동차 앞 유리를 세차게 때렸다.

문득 "태초에 하나님이 천지를 창조하시니라. 땅이 혼돈하고 공허하며 흑암이 깊음 위에 있고 하나님의 신은 수면 위에 운행하시니라"라는 창세기 1장 1~2절의 구절이 떠올랐다(중학교 시절 창세기 구절을 무척 흥미 있게 읽었다).

오가는 차량도 뚝 끊기고 오로지 우리가 탄 차만이 조심스럽게 앞으로 전진해 가고 있었다. 자동차의 헤드라이트마저도 앞길을 희미하게 비출 뿐이었다. 아내와 딸이 무섭다고 했다. 사실 나도 두렵긴 했지만 가장으로서 담대해야만 했다.

암흑의 세계! 그렇다. 지금 이 곳은 날씨나 현재 내가 처해 있는 상황이나 전혀 다를 바가 없었다. 나 스스로가 두 암흑의 세계로부터 빠져나와야만 한다고 생각했다. 그때 딸아이가 잠자리 걱정을 하며 물었다.

"아빠, 우리 어디 가서 자고 가요."

아내도 잔뜩 긴장한 듯한 목소리로 말했다.

"여보, 무서워요. 사고 나면 어떻게 해요."

"하하하, 뭐가 겁난다고. 그냥 먹구름 끼고, 바람, 불고 비가 올 뿐인데…."

나는 애써 태연한 척 대답했다.

"아빠, 운행하는 차가 한 대도 없잖아요."

"그래, 어디 모텔이 나오면 쉬어 가기로 하자."

그러나 인적이 드문 해변도로여서인지 쉽게 모텔이 보이질 않았다.

길모퉁이에 승용차 한 대가 헤드라이트를 켠 채 옆으로 벌러덩 누워 있었다. 빗길에 전복된 것이다. 손에 땀이 났다. 사이렌을 울리며 경찰 순찰차가 서둘러 지나갔다. 길옆에 누워 있는 승용차를 구조하기 위해서일 것이다.

조심스럽게 약 1시간을 지나 조그마한 모텔을 발견했다. 산모퉁이에 달랑 하나밖에 없는 허름한 모텔이었다. 내키지 않았으나 우선 차를 주차하고 아내와 딸에게 차 문을 잠그고 있으라 했다.

모텔로 들어갔다. 모텔 안은 비좁고 퀴퀴한 냄새가 났다. 모텔이라기보다는 낡은 오두막집이나 다름이 없었다. 희미한 전등빛 아래 비좁은 로비에 험상궂고 허름한 차림의 남자들 대여섯 명이 히죽이며 갑자기 들어온 이방인을 바라보고 있었다.

순간 나는 겁이 났다. 우리 가족이 묵을 곳이 못 된다는 판단에 밖으로 뛰어나와 급히 차를 몰고 그곳을 빠져나왔다.

"아빠, 나 저런 모텔에서는 잠을 잘 수가 없을 것 같아요."

"그래, 괜히 큰일 날 뻔했어. 들어가니까 이상한 사람들이 모여 있는데 겁나더라."

"그러게 말이에요. 모텔 겉만 봐도 심상치가 않더라고요."

"아무렴, 내가 이제부터는 우리 가족을 철저히 보호할 건데 저런 곳에서 어떻게 잠을 재워."

우리는 하루 묵을 곳을 찾으러 다시 운전하기 시작했다.

"아빠, 힘드시지요? 힘내세요."

"그래, 아빠는 우리 가족을 위해서라면 무엇이든지 할 수 있어. 그리고 옛날처럼, 아니 그보다 더 행복한 가정을 만들 거야."

"그래요, 서두르지 마시고 천천히 우리 같이 잘 해봐요. 저도 힘 닿는데까지 도와드릴게요."

"응, 여보 고마워."

나는 아내의 격려에 순간 목이 메었다.

"아빠, 울지 마세요."

내가 목이 메어 말끝을 흐리니까 딸아이도 목이 메는지 울먹였다. 우리는 그렇게 한동안 아무 말도 하지 않았다. 침묵 속에서 빗속을 뚫고 약 2시간을 더 남쪽으로 향했다. 비로소 우리가 쉬어갈 만한 마을이 나타났다. 주변에 여러 곳의 모텔들이 휘황찬란한 네온사인을 밝히고 있었다. 빗방울도 가늘어졌다.

우리는 바닷가에 깔끔하게 잘 정돈된 2층짜리 모텔 방에 여장을 풀었다. 숙박비는 하룻밤 40불로 비교적 싼 편이었다. 피곤이 밀려왔다. 꽤 먼 거리를 긴장 속에서 운전한 까닭이기도 했지만 앞으로 우리 가족이 헤쳐 나가야 할 길이 너무 험난하게 느껴졌기 때문이다.

용기 내어 도전한다는 것이 두려웠다. 내 나이 벌써 50이지 않은가? 우선 영어공부를 하면서 길을 모색하기로 했지만 구체적으로 생각해 둔 것은 없다. 그러나 분명한 것은 자식들의 학비만큼은 벌어야 한다는 사실과 반드시 대학을 졸업시킬 것, 재기를 위해 브랜드를 만들 것, 그것만이 길이라 생각했다.

문득 아이들이 어릴 때 방학을 맞아 경주로 가족여행을 갔을 때가 떠올랐다. 포항공항을 경유해서 렌터카를 빌려 타고 바닷가 해변도로를 따라 경주로 향해 나아갔다. 중간중간 어촌 횟집에 들러 싱싱한 회도 먹고 사진도 찍어 가면서 우리는 시간가는 줄 모르고 동해바다를 바라보며 천천히 경주로 향했다.

해가 지고 어둠이 깔리기 시작하면서 우리는 경주로 향하는 어느 산길을 운전해 가고 있었다. 꽤 높은 산악도로를 넘기 위해 도로 입구에 진입했을 때, 갑자기 자동차의 모든 라이트가 작동이 안 되었다. 계기판은 물론 스몰라이트마저도 들어오질 않았다. 자동차 시동은 걸려 있고 운행도 가능했지만 캄캄한 밤이라서 불빛 없이는 한 치도 나아갈 수가 없었다. 인적도 마을도 없는 곳에서 우리는 오도 가도 못하게 되었다.

보닛을 열어보고 이것저것 만져 보았지만 컴컴해서 아무것도 보이질 않았고 고장의 원인을 찾을 수가 없었다. 아내와 아이들이 당황하고 있었고 나 또한 어찌할 바를 몰랐다. 당시만 해도 휴대폰이 없었기에 연락할 길이 없어 지나가는 차량이 나타나기만을 빌었다.

약 30분이 지나서 덤프트럭 한 대가 우리를 향해 달려오고 있었다. 지체 없이 나는 웃옷을 벗어 흔들며 트럭 앞에 나가 차를 세웠다. 그리고 기사에게 렌터카의 모든 라이트가 작동이 안 되어 진행할 수 없으니 도와 달라 부탁을 했다. 트럭 기사는 친절하게도 자기 차를 천천히 운행할 테니 자기를 따라 오라고 했다. 다행히 목적지도 같은 경주 시내였다. 우리는 천천히 앞 트럭을 따라 조심스럽게 뒤따라갔다. 철부지 아이들은 먹통 차가 밤길을 달린다고 킥킥대며 장난을 치고 있었다.

그렇게 얼마쯤 가다 보니 뒤에서 또 다른 덤프트럭 한 대가 우리 차를 바짝 따라붙었다. 뒤의 트럭은 우리를 추월할 생각이 전혀 없는 듯 보였다. 오히려 우리 차의 라이트가 꺼져 있는 상황을 감지하고 우리를 위해 라이트를 비춰 주며 천천히 따라오고 있는 것이었다. 참으로 감사했다. 얼굴도 이름도 모르는 사이지만 누군가가 곤경에 처해 있을 때 도와주는 그 마음이 너무 아름답고 감사했다. 가슴이 뭉클해 왔다.

아내와 아이들 또한 그러했으리라. 아이들은 참으로 좋은 배움의 현장을 목격하고 있었고, 사람과 사람의 사이가 말은 안 해도 작은 것에서부터 얼마나 많은 정이 오가는 것인지를 깨달았을 것이다. 전혀 알지도 못하는 사람들을 통해 우연한 기회에 값진 경험을 한 우리 가족은 작은 행복을 경험하게 되었다.

그렇게 우리 가족은 약 30여 분을 그들의 보호를 받으며 경주에 도착하게 되었다. 경주 시내의 밝은 가로등 밑까지 안전하게 우리를 안내한 운전기사들은 감사의 뜻을 전하기도 전에 작별의 뜻으로 뒤 범퍼의 비상등을 깜박이며 쏜살같이 사라져 버렸다. 그들이 그렇게 멋져 보인 까닭이 무엇이었을까?

그들은 지금 복 받고 잘 살아가고 있으리라. 그리고 그때의 흔치않은 현장에서 그들의 선행으로 인해 상대가 얼마나 고마워했는지 알고는 있을까? 더군다나 자라나는 어린 새싹들이 감사드렸다는 것을…. 그 이후로 우리 가족은 트럭 운전사들에 대한 좋은 감정을 가지고 있었다. 요즈음 계속되고 있는 화물차 파업이 잘 타결되어 그들의 적정수입이 보장되어 행복해 하는 모습을 보고 싶다.

우선 나는 포항 렌터카 회사에 전화를 걸었다. 정비 불량을 지적했고 자칫 산속에서 고립될 수도 있었을 상황을 설명하고 강력히 항의했다. 렌터카 회사 직원은 정중히 사과를 했고 경주의 어느 정비공장을 소개시켜 주었다. 자기들이 모든 비용을 부담할 것이고 보상의 뜻으로 렌트비용을 10% 할인해 준다고 했다. 우리는 정비를 마치고 미리 예약해 놓은 콘도에 여장을 풀었다. 우리 가족은 그날 있었던 경험을 이야기하며 즐거운 하루를 마무리했다.

다음 날 우리는 경주 불국사와 석굴암 등을 관광했다. 유구한 역사를 간직한 신라의 찬란했던 문화유산이 우리에게 다시금 우리 민족의 우수성을 일깨워 주었다. 불국사 주변으로 많은 음식점과 관광상품이 진열되어 있었지만, 외국인들에게 우리 것이라고 크게 내세울 만한 자랑스러운 상품이 없어 보였다. 음식점은 한결같이 청결하지 못했고, 화장실 또한 지저분하고 냄새가 역겨웠다. 외국인들에게 부끄러운 수준이었다. 그때 나는 우리의 얼이 담긴 관광상품을 개발하고 우리 문화의 우수성을 알려야겠다는 생각에 관광 상품을 개발하기로 다짐을 했다. 그러나 의욕만으로는 안 되는 것임을 후에 깨달았다.

나는 관광상품 개발팀을 만들어 사람을 뽑아 2억 원을 투자했다. 그러나 준비 부족과 급조된 인원으로서는 시행착오를 겪을 수밖에 없었고, 상품 개발의 한계를 느껴 2억 원이라는 손실을 보고 1년 만에 철수를 하고야 말았다.

주위에서는 돈이 남아돌아 돈 가지고 놀고 있다고 비판을 했다. 돈을 소중히 여기고 관리를 잘해야 하는데, 그 당시 나는 무엇이든지 할 수 있다는 오만과 허세로 가득 차 있었던 것 같다. 나는 지난날의 일을 회상하면서 쓸쓸한 미소를 지으며 꿈속으로 빠져 들었다.

다음날 아침, 비온 뒤의 캘리포니아 날씨는 참으로 청명했다. 세상이 유리알같이 빛나고 있었다. 끝없이 펼쳐진 태평양 바다를 끼고 우리는 남쪽으로 향했다. 우리는 지도를 펼쳐 보면서 저녁나절에 솔뱅이라는 덴마크 마을에 도착했다. 낮은 상가와 모텔로 이루어진 작은 마을이었다.

우리는 비교적 유럽풍으로 그린 파스텔컬러가 잘 어우러져 예쁘게 지어진 피터슨 빌리지에 여장을 풀고 덴마크 마을의 밤 야경을 돌아보았다. 조그마하면서도 아기자기하게 잘 꾸며진 숍들이 정말 유럽에 와 있는 기분이 들었다. 밤이라서 동화 속의 나라처럼 작은 거리에 가로등과 꽃등이 어우러져 참으로 아름다웠다. 우리는 호텔 정원에 앉아 이다음에 기회가 된다면 한국에 돌아가 예쁜 호텔을 지어 외국인들이 가족처럼 묵을 수 있도록 하자며 밤이 늦도록 이야기꽃을 피웠다.

딸아이는 온순하면서도 분위기를 중요하게 여겼다. 새로운 환경에서도 적응을 잘했고 감성이 풍부한 아이였다. 우리가 묵고 있는 호텔이 마음에 드는 모양이었다. 화려하지도 않고 수수하면서도 어딘가 모르게 격이 있어 보이는 호텔이었다. 호텔 복도와 로비에 화려한 미술품이 진열되어 있었고, ㄷ자로 설계된 호텔 주변에 작은 분수와 잘 정돈된 청동색 철제와 엔틱 나무로 만들어진 벤치 그리고 가로등 위에 꽃장식이 아름다웠다.

캘리포니아 기후가 사시사철 꽃을 피우기에 좋은 환경을 가지고 있어 감각이 있는 사람이라면 꽃을 활용한 데커레이션을 얼마든지 연출할 수 있겠다는 생각을 하게 했다. 우리는 이 호텔 주인이 아마도 건축 예술을 하는 사람일 것이라고 생각했다.

우리는 호텔 레스토랑에서 식사를 했다. 물론 식사비용은 숙박비에 포함되어 있었다. 작은 로비 라운지에 약 30개의 테이블이 하얀 식탁보로 덮여 잘 정돈되어 있고, 레스토랑 입구에 그랜드 피아노가 자리 잡고 있었다. 딸아이는 피아노를 보자 연주하고 싶어 했지만 나는 조용히 식사만 하자고 달랬다. 식사를 끝낸 우리는 내일 새로운 여행의 기대를 안고 일찍 잠자리에 들기로 했다.

비록 지금은 힘들고 모든 것을 버려두고 떠나와 아쉬움도 많았지만 가족이 함께 있어 행복했고, 또 다른 에너지를 느낄 수가 있었다. 아들은 지금쯤 꿈나라로 가 있겠지? 동부 시간은 서부 시간보다 3시간 빠르니까. 그 녀석, 작년 여름방학 때까지만 해도 한국에 돌아와 친구들과 어울리며 즐거운 방학을 만끽했었는데…. 아직도 엄마, 아빠에게 응석부리던 아이었는데…. 아버지가 힘들게 되면서부터 부쩍 성숙해진 아이들이 나를 슬프게 했다.

다음날 아침 우리는 일찍 일어나 거리를 돌아보았다. 호텔 주변으로 가로등마다 걸린 꽃바구니에서 형형색색의 꽃이 아침이슬을 머금어 눈부시게 아름다웠다. 캘리포니아는 겨울이 없으니 산천이 사시사철 푸르고 항상 꽃이 핀다. 나는 모든 시름을 잊고 사진 찍기를 좋아하는 모녀를 위해서 연신 셔터를 눌러댔다. 딸은 분위기에 취해 탄성을 연발했다. 오랜만에 딸아이가 즐거워하는 모습을 바라보며 잠시 시름을 잊을 수 있어 좋았다.

우리는 아침 식사를 간단히 하고 체크아웃을 하기 위해 로비로 내려갔다. 딸이 못내 아쉬운 듯 하루쯤 더 묵어갔으면 하는 눈치였다. 그러나 나에겐 옛날처럼 여유가 없질 않은가? 딸은 내 눈치를 보더니 조금 서운한 투로 체크아웃을 하자고 했다. 내게는 아무런 신용카드가 없었다. 이미 모든 것이 정지된 상태였기 때문이다. 다행히 딸이 현금카드를 가지고 있어 딸아이의 카드로 결제를 하고 체크아웃을 했다. 아버지 입장에서 미안하기도 하고 창피하기도 했다. 그러나 어찌하랴, 이것이 현실인 것을….

잠시 로비에 앉아 이야기를 나누던 중 딸아이가 피아노 한 곡만 연주하고 가면 안 되냐고 물었다. 어제도 거절했는데 또 거절하면 서운해할 것 같아 매니저에게 가서 허락받고 쳐보라고 했다. 호텔 매니저는 흔쾌히 승낙했다. 딸은 일본의 유명 피아니스트인 유키 구라모토의 피아노 연주곡인 'Lake Louise(루이스 호수)'라는 곡을 연주하기 시작했다. 잔잔한 뉴에이지 장르의 곡이었다. 나는 피아노 치는 딸의 모습을 열심히 비디오에 담았다. 아내는 딸의 피아노 연주에 지그시 눈을 감고 뿌듯하게 미소 짓고 있었다. 그런 아내의 모습을 보면서 행복한 미소를 다시 찾아주어야겠다고 마음속으로 다짐했다.

연주가 끝나갈 즈음에 비디오를 열심히 찍고 있는 내 곁에 누군가의 인기척이 느껴졌다. 연주가 끝나자 누군가가 힘찬 박수를 보내며 원더풀을 연발했다. 꽤 세련되어 보이는 노신사였다. 그는 우리에게 어디에서 왔느냐고 물었다. 우리는 한국인으로 딸아이는 보스턴에서 고등학교를 다니고 있으며 가족여행으로 샌프란시스코에 다녀오는 중이라 했다. 그는 연회장에 더 훌륭한 피아노가 있으니 자리를 옮겨 다시 한 번 연주를 해줄 수 있겠냐고 정중히 요청했다. 딸은 어깨를 으쓱해 보이며 좋다는 제스처를 보였다.

딸아이는 영어가 유창했기 때문에 노신사와 간단히 이야기를 주고받더니 연회장으로 이동했다. 딸은 검정 그랜드피아노 앞에 앉아 연주를 하기 시작했다. 몇 곡의 연주가 끝이 나고 노신사는 우리와 대화를 요청했다. 그는 이 호텔의 오너라고 자기소개를 했다.

우리는 그와 함께 음악 이야기와 가족에 대해서 대화를 했다. 그는 바쁘지 않다면 하룻밤 더 머물러 주기를 원했고 우리 가족을 정중히 초대하겠다고 했다. 물론 하루 추가되는 모든 비용과 숙식 일체를 무료 제공하겠다는 뜻과 함께…. 그리고 저녁 시간에 연회장에서 손님들과 함께 식사하면서 중간 중간 간단한 연주를 부탁했다. 우리야 봄방학 중이라서 시간의 구애를 받고 있지 않았기 때문에 흔쾌히 승낙했다.

우리는 다시 짐을 호텔 룸에 옮겨 놓고 아직 시간이 남아 있었기에 솔뱅 주변을 더 여행했다. 그리고 산타바바라 등 말로만 듣던 곳을 여행하면서 부자들이 모여 산다는 여러 곳을 둘러보았다. 수천만 달러의 저택들을 바라보며 역시 미국은 뭔가 다르다는 것을 느낄 수가 있었다.

딸아이는 저녁 때 연주할 악보가 필요하다고 했다. 몇 군데 악기점을 통해서 간단한 악보를 구입할 수가 있었다. 저녁 7시에 연회장에 도착하기로 했는데 우리는 약간 늦은 시간에 도착했다.

호텔 정문 바로 앞 로비 중앙에 "No Vacancy(빈방 없음)"이라 적혀 있는 것을 목격했다. 호텔방과 식당이 이미 예약이 다 되어 있다는 말인데, 그렇다면 이 호텔의 오너는 천재적인 비즈니스맨일 것이라고 추측되었다. 우리를 하루 더 머물게 하면서 신비스러운 동양 여학생의 특별 피아노 연주를 상품으로 만들어 호텔에 묶어 달라는 광고를 했으리라. 좋은 아이디어라고 생각했다.

미국의 이민자들이 아메리카 드림을 이루기 위해서는 창조적인 아이디어를 개발해야 하며 자기만의 독특한 방법으로 비즈니스를 성공적으로 일으켜 세워가는 길만이 치열한 경쟁 속에서 살아남는 것이리라.

사실 나는 오래전부터 구라파는 물론 많은 유럽의 나라 등을 여행하면서 동양 사람들, 특히 검은머리의 젊은 여성들을 신비스럽게 바라보는 현지인들을 보게 되었다. 인기도 만점이었다. 딸아이도 그러한 인기를 누리고 있는 것일까? 괜히 어깨가 으쓱해졌다.

우리가 연회장에 들어설 때는 이미 홀 테이블이 입추의 여지없이 꽉 차 있었다. 거의가 가족 동반이나 부부 혹은 연인끼리인 듯해 보였다. 회장님께 지시를 받았다며 검은 정장의 세련된 중년의 여성 매니저가 우리에게 다가와 정중히 인사를 했다. 그녀는 우리를 홀 앞쪽 정중앙 테이블로 안내했다. 순간 나는 너무 진지한 분위기에 압도되어 덜컥 겁이 났다. 이 정도로 철저히 준비하고 우리를 기다릴 것이라고는 상상도 못했기 때문이다. 그러나 정작 당사자인 딸은 담담해 보였다.

홀을 가득 메운 손님들! 그들은 천천히 식사를 하며 우리의 등장을 기다리고 있었다. 그들은 우리에게 미소 지으며 손을 흔들어 주었다. 기대가 된다는 표정이었다. 우리는 매니저가 안내해 준 테이블에 착석해 먹고 싶은 음식으로 주문했다. 매니저는 회장님의 지시라면서 안심 스테이크와 양고기, 와인도 곁들여서 직접 가져다주었다.

나는 딸이 잘 해낼까 걱정하고 있는데 아내 또한 걱정하는 모습이 역력했다. 딸은 식사 도중에 간간히 연주를 했고, 홀 가득한 손님들은 한 곡 한 곡 끝날 때마다 큰 박수로 원더풀을 연발했다. 엄지손가락을 위로 치켜세우며…. 우리 딸이 이렇게 용감하게 대중 앞에서 연주를 할 수 있다는 것이 대견스러웠다.

호텔 회장은 아내와 더불어 우리에게 눈인사와 손을 들어 답례하면서 앙코르 곡으로 'Amazing Grace(어메이징 그레이스, '나 같은 죄인 살리신'이라는 제목의 찬송가)'를 요청했다.

"나 같은 죄인을 살리신 주 은혜 놀라와 잃었던 생명 찾았고 광명을 얻었네. 거기서 우리 영원히 주님의 은혜로 해처럼 밝게 살면서 주 찬양하리라."

딸은 한 박자도 놓치지 않고 연주했으며 우리 부부의 체면을 세워 주었다. 딸이 대견하고 가슴이 뭉클해 왔다. 애절한 피아노 선율에 가슴이 벅차올라 남모르게 눈가에 맺힌 눈물을 닦았다. 두고 온 내 나라, 사랑하는 어머니, 형제들이 떠올랐다. 어머니께서도 지금 이 자리에 계신다면 얼마나 흐뭇해하실까.

어느덧 식사가 끝나갈 무렵, 딸은 일어나 감사 인사를 하면서 우리 가족은 서울 코리아에서 왔으며 한국의 민요와 가요를 몇 곡 더 선사하겠다고 했다. 그들은 박수로 열렬히 응답해 주었고 딸은 '아리랑'과 패닉의 '달팽이'를 연주했다. 느리면서도 낯선 높낮이의 애절한 음률에 그들은 아낌없는 박수로 환영해 주었다.

식사가 끝이 나고 그들은 한결같이 우리에게 다가와 악수를 청하며 포옹을 해주었다. 훌륭한 연주와 좋은 추억을 만들어 줘 고맙다는 말과 함께….

연회가 끝나고 우리는 오너 부부와 그들의 친구 부부, 그리고 우리 가족과 함께 깨끗이 정리된 테이블로 옮겨 약 3시간 동안 시간가는 줄 모르고 대화를 했다. 다행인 것은 그들과의 영어 대화가 낯설다는 생각이 들지 않았다. 물론 딸이 중간 중간 통역을 해주는 탓이기도 했지만 호텔 오너의 친구 분이 주한미군에서 근무한 경력이 있었다며 어느 정도 대화가 가능했다.

그러면서 한국 사람들을 아직도 이해하지 못하는 부분이 많다고 했다. 미군이 주둔하고 한국의 안보를 위해 많은 고생을 하고 있는데, 왜 학생들은 미군을 물러가라고 데모를 하는지 모르겠다며, 그리고 아직도 한국은 북한과 대치하고 있는 불확실한 나라이고 극복해야 할 일들이 너무 많다며 우리 가족을 걱정해 주었다.

호텔 회장은 우리 딸이 대학생인 줄 알았던 모양이었다. 30대인 자기 아들이 변호사인데 우리 딸을 며느리로 맞이했으면 좋겠다고 진지하게 말했다. 맏며느리 역시 아르헨티나 사람인데 며느리의 친정을 많이 도와주고 있다면서 은근히 우리를 도와주고 싶다는 의중을 내비쳤다. 딸은 아직 고등학교 2학년생이며 10대라는 사실을 알고 그는 깜짝 놀랐다. 하지만 음악 하는 며느리를 맞고 싶다며 나이 차이가 무슨 상관이며 아들을 소개시켜 주겠다고 했다. 그렇지만 우리는 정중히 사절했다.

우리 가족은 모처럼 좋은 사람들을 만나 즐거운 시간을 보냈다. 그는 우리들이 어려운 처지에 놓여 있을 것이라 생각했는지 언제든지 기꺼이 스폰서가 되어 주겠다면서 어려운 일이 있으면 찾아오라고 했다. 또한 영이가 아르바이트하고 싶으면 언제든지 환영하겠다고 했다.

자정이 다 되어서야 그들과 작별을 하고 호텔방으로 돌아왔다. 참으로 소중한 경험을 한 하루였다. 알고 보니 호텔 회장은 건축가이며 지금 이 호텔도 자기가 직접 설계하고 지었다고 한다. 왠지 호텔 구석구석이 예사롭지 않게 잘 꾸며지고 정리되어 있다는 생각을 했었다. 능력 있는 오너였다. 그의 호텔 홈페이지를 들어가 보니 그는 골프장과 몇 개의 극장도 소유하고 있는 꽤 성공한 덴마크 이민자 갑부였다.

이튿날 아침 식사를 하고 있는 우리 가족에게 종업원들이 다가와 어제 저녁 연주가 즐거웠다며 특별서비스를 해주었다. 우리는 호텔 회장 부부와 아쉬운 작별을 하고 다시 남쪽을 향해 달렸다. 어젯밤 특별했던 경험을 이야기 하며 그들의 삶을 잠시 엿볼 수 있었던 좋은 추억을 간직한 채, 우리는 산타크루즈대학을 방문했다.

UC계열이고 상위권 대학이라는 말을 들은 적이 있어 특별히 대학 캠퍼스를 견학하기로 했다. 대학 캠퍼스를 돌면서 입학 안내문과 대학의 전통과 역사 등을 살펴보았다. 그 후 백만장자들의 별장이 즐비하다는 '말리부'를 끼고 서부의 또 다른 신흥 명문 페퍼다인대학을 방문했다. 완만한 언덕 위에 자리 잡은 대학 캠퍼스 아래로 드넓은 잔디밭이 펼쳐져 있었다. 1번 해안 도로를 가로질러 태평양 바다가 한눈에 들어왔다. 탁 트인 전망이 마음에 들었다.

하지만 딸은 보스턴을 선호했다. 보수적이면서도 교육의 도시인 그곳에서 고등학교를 다니고 있으니 우선 시간을 가지고 검토하기로 하고 우리들의 여행은 산타모니카 해변을 거니는 것으로 끝이 났다. 짧은 기간의 여행을 통해 우리 가족이 함께 있으므로 행복을 느낄 수가 있었다.

그렇게 우리 딸의 봄방학이 끝이 나고, 우리 또한 봄방학이 끝이 났다. 이제 일상으로 돌아가면 열심히 직장생활을 하면서 하루하루를 숨 가쁘게 살아가야 할 것이다.

우리는 일주일을 함께 보냈다. 그리고 오래간만에 많은 대화를 했다.

지금 생각하면 하나님이 우리들에게 귀한 시간을 주신 것 같다. 훌륭한 방학 선물을 말이다. 방학이 끝나가면서 딸은 보스턴으로 떠났다. 마음이 허전했다.

그러나 우리에겐 허전한 마음을 느끼는 것조차도 사치였다. 고난의 협곡을 지나며 오늘의 삶에 지치고 힘들어 하면서도 불평을 할 수도 없었다. 그리고 그 길이 숙명적으로 내게 허락된 길이라 생각을 하게 되었고, 그 길의 끝자락에 그분께서 계획하신 것이 기다리고 있을 것이라는 확신 속에서 두 주먹을 불끈 쥐었다.

"하나님이여 나를 판단하시되 경건치 아니한 나라에 향하여 내 송사를 변호하시며 간사하고 불의한 자에게서 나를 건지소서." (시편 43장 1절)

나의 구세주

나는 사업 경험이 있다고는 하나 자금이 없어 무엇을 할 수 있는 입장이 못 되었다. 시간이 지나면서 위기를 느낀 아내는 나도 모르게 직장을 구했다. 젊은 시절 의상실을 경영한 경험이 있어 일손을 놓은 지 20년이 넘었는데도 아내의 솜씨는 그대로였다. 나 또한 직장을 구할 수 없어서가 아니라 새로운 아이템을 개발해 한국에 나간다는 생각에 웬만한 직업을 선뜻 가질 수 없었다. 사업하는 사람들을 찾아다니며 그들과 대화하고 미국을 알아가는 것, 그리고 재기하기 위해서는 어떠한 방법으로든 사업을 해야만 한다는 생각으로 새로운 사람들을 만나고 다녔다.

아내가 벌어오는 돈이 크지는 않았지만 그나마 우리 가족에게 큰 힘이 되었고, 우리가 버텨낼 수 있는 동기부여가 되었다. 아들은 아르바이트, 딸은 장학금 혜택을 받고 있어 당장은 버텨낼 수가 있었다. 이러한 모습을 지켜보는 가장으로서의 슬픔은 상상할 수 없이 컸다.

나는 열심히 신문광고를 찾아보았다. 당장은 한국으로의 귀국보다는 미지의 세계 미국 땅에서 나와 나의 가족이 살아남기 위해서 나 자신이 무엇인가를 하지 않으면 안 되었기 때문이었다. 한국의 형제들이나 지인들은 한결같이 나에게 등을 돌렸고, 나에게 빚지거나 도움을 받은 자도 모두가 나를 외면했다. 참담했다. 인생을 헛살아 왔음을 뼈저리게 느끼고 있었다.

우리나라도 그러하지만 미국 교포사회에서도 많은 구인 · 구직이 신문광고에서 이뤄지고 사기 광고도 많았다. 나는 그림 관련 광고를 목격하고 전화를 걸었다. 위탁으로 고미술품을 제공하고 사업을 맡아줄 사람을 찾는다고 했다. 미술감정사라는 그 사람은 나의 사업 경력을 높이 산다며 밴 차량 한 대를 가지고 참여한 후, 계약금 1,000불만 걸고 사무실을 공동으로 오픈하자고 제안했다. 나에게 판매 등 모든 운영권을 주고 자기가 소장하고 수집하는 미술품을 판매하는 상품에 대해서는 원가에 구애받지 않고 이익금을 반분한다는 조건으로 계약을 체결했다. 나에게는 좋은 기회라고 생각을 했다. 한 푼이라도 벌어야 한다는 강박관념에서 일단 무엇이라도 시작하고 봐야 했기 때문이었다.

그러나 그러한 나의 생각과는 달리 고가라던 미술품들은 거의 모조품에 지나지 않았다. 알고 보니 60이 넘은 그는 지속적으로 신문광고를 통해 한국에서 갓 건너오는 사람이나 기반 없고 돈 없는 사람들을 상대로 사기를 치는 사람이었다. 계약이야 파기하면 그만이지만 그는 나를 상대로 협박하기 시작했다. 한국에서 어려움이 있어 이곳에 머무르고 있다는 사실을 안 그는 나를 미국 땅에 발붙이지 못하게 한국으로 쫓아내겠다고 협박을 가했다. 은근히 권총을 자랑하고 실탄을 장전해 보이며 노회한 미소를 지었다.

슬프고 무서웠다. 이것이 인생인가? 이렇게 추악한 모습들이 진정 우리 인생들이란 말인가? 힘들고 곤궁에 빠진 사람에게 이럴 수는 없는 것이었다. 교포사회가 무서웠다. 나는 영주권자도 시민권자도 아니었다. 그렇다고 해서 불법체류자도 아니었다. 학생비자를 가지고서는 취업 자체가 불법이니 나의 신분은 그야말로 최악이었다. 결국 나는 한국에 있는 형제들과 지인들을 통해서 사업 자금을 구해 보려고 온갖 힘을 써 보았지만 무모한 짓이었다.

나는 왜 미국행을 선택한 것일까? 청춘을 바쳐 이루어 놓은 사업을 오기와 객기로 몽땅 그대로 남겨 두고 떠나온 나는 누구인가? 아니 남은 자들을 위해서 그들이 헤쳐 나가길 바랐던, 그리고 훗날을 기약하리라 했던 나는 이 세상에서 가장 어리석은 자였는지도 모르겠다. 나 자신을 타고 넘어 그들이 건재할 수 있기를 바랐던 나의 바람은 끝내 허망과 배신으로 바뀌어 씻을 수 없는 오명으로 남아 오랫동안 분노의 시간을 보내야만 했다. 그것이 내 방식의 사나이다운 기백이라고 당시는 생각했었는지도 모른다. 아니 그보다도 나로 인해 고통 받고 실망하는 사람들을 차마 바라볼 수 없어 그냥 바람같이 홀연히 떠나온 것인지도 모르겠다. 나의 심신은 지쳐만 가고 있었다. 바보처럼….

그러던 어느 날, 광고란에 "고난과 슬픔에 빠진 자들이여 나에게 오라. 그리하면 구원을 받을 것이니…"라고 쓰여진 글을 보았다. 전화를 걸었다. 광고를 낸 분은 여자 목사님이었다. 이민사회가 복잡하고 고통받는 사람들이 많아서 다소 위안의 안식을 주기 위해 광고를 내셨다고 했다. 그분은 나에게 구세주와 같았다.

나는 며칠 전에 있었던 그림과 관련되어 협박받은 사실을 말씀드렸다. 목사님은 그 자를 오히려 법적으로 대응할 수 있고, 사기 협박죄로 고발할 수 있는 사안이니 너무 걱정 말라고 했다. 교포사회가 그러한 일들이 빈번하다 하시면서….

그것이 내가 하나님 앞에 서게 된 동기가 되었으니 어찌 감사하지 않을 수가 있을까?

내 인생의 안식처를 찾아 나는 주일예배를 하루도 빠짐없이 나가게 되었다. 그리고 나는 삶의 평온을 찾기 시작했고 하나님에게 인도되어 새로운 삶의 원동력을 찾아가게 되었다. 그러고 보면 지나간 삶과 성공이 절대로 내 자신이 능력 있어서 살아온 세월이 아니었다. 분명 보이지 않는 힘에 의해 덤으로 얻어진 행운이 나에게는 있었던 것이다. 그것을 비로소 깨닫게 되었고, 계속되는 시련이 왠지 행복이라는 것을 느끼게 되었다.

내가 어려워지면서 가장 가까운 주변에서부터 나를 외면하기 시작했고, 시간이 지나면서 이 세상에 나 홀로 존재한다는 사실을 깨달아 가고 있을 때 하나님은 나를 외면하지 않았다. 하나님 앞으로 나와 성경을 가까이 하면서부터 마음의 안식이 찾아왔고, 틈틈이 성경책을 읽으며 기쁨을 맛보았다. 특히 잠언을 수없이 읽어가며 지혜로운 삶을 배워가기 시작했다.

'God Mission!' 돌아가신 아버지가 꿈속에 나타나 가리킨 곳에 황금으로 씌어진 글이다. 교회를 다니기 시작하면서 처음으로 나는 신앙적인 꿈을 꾼 것이다.

"할 수 있거든 너희로서는 모든 사람으로 더불어 평화하라."

(로마서 12장 18절)

귀국을 서두르며

그렇게 무심한 시간은 흘러가고 캘리포니아의 여름은 깊어만 가고 있었다. 그러던 어느 날, 타운 서점 앞 분수대 난간에 앉아 사색하고 있을 때였다. 내 시선을 멈추게 하는 한 권의 책이 있었다. 제목이 『CEO』라는 책이었다.

그런데 표지 인물이 어딘가 낯이 익었다. 바레이션 흑백으로 된 표지 인물은 나와 사업 관계로 꽤 인연이 깊은 사람이었다. 한국에서 등지고 떠나온 인연들 중 한 사람인데, 낯선 땅에서 책으로 그의 모습을 만나게 된 것이다. 나는 표지의 인물을 다시 확인하기 위해서 서점 안으로 들어갔다. 그는 한국 사회에 능력 있는 CEO로 명성을 날리고 있는 사람이었다.

순간 자존심을 버리고 한국의 어머니와 지인들에게 연락을 끊지 말라고 수차례 권고해 오던 목사님의 말이 떠올랐다. 그래서 나에게 실망을 하고 계실 그분께 우선 편지로서 내 안부를 전해야겠다는 생각을 굳히고 몇 권의 책과 함께 『CEO』라는 책도 샀다.

그분은 미국의 막강한 자금을 끌어들여 이탈리아 브랜드인 유명 의류회사를 인수했다고 한다. 3억5천만 불! 당시 환율로 4천3백억이란 막대한 자금이었다. 이탈리아 본사를 매각한다는 소문은 몇 해 전부터 돌았다. 그는 오래전부터 브랜드 인수에 열정적으로 움직이고 있었고, 성공적으로 인수를 마무리한 것이다. 그의 탁월한 능력이 돋보이는 내용의 기사는 지난날 왕성하게 활동하던 시절의 잠재되어 있던 기억들을 끄집어내게 했다.

그동안 그의 성공스토리는 LA의 모 일간지에 몇 개월 동안 연재되었지만 당분간 한국 소식을 외면했던 나는 알지 못했다. 한국을 떠나오면서 한국에 관련된 신문이나 방송 등의 언론매체를 가급적 멀리했기 때문이다.

나는 즉시 편지를 썼다. 편지 내용에는 한국에서 의류를 들여와 이곳 한인타운에서 판매를 할 수 있도록 도와달라고 썼다. 아니면 일정 기간 가방 라이선스를 주면 다시 재기하는 데에 큰 도움이 되리라 간곡히 부탁의 편지를 써서 보냈다. 그러나 응답이 없었다.

그렇게 시간이 흐르고 아내와 나는 다시 그분께 차라리 한국에 돌아갈 터이니 오더를 주시면 열심히 하겠노라고, 그리고 재기해 은혜를 꼭 갚겠다는 메일을 보냈다. 곧바로 응답이 되어 돌아왔다. 무리하지는 말고 한국시장 상황도 안 좋으니 일단 한국에 나오면 사장에게 연락을 해 놓을 테니 상담을 하고 다시 시작해 보라는 메일이었다.

성헌모를 기억하고 계시는 그분께 감사했다. 나의 자존심을 버려라. 모든 과거를 버려라. 그리고 나 자신이 하찮은 인생임에도 온갖 교만을 떨면서 살아온 것이 부끄러웠다. 밑바닥부터 다시 시작해 보리라. 그때부터 나는 한국에 나갈 준비를 하고는 있었지만 얽히고설킨 이해관계로 법적인 문제 때문에 신분이 자유롭지 못한 처지였다. 그래서 많이 망설였다. 그렇지만 두려울 것은 없었다.

우선 아내와 함께 귀국하는 것으로 결정하고, 신분의 문제로 자유롭지 못할 것에 대비한 구도를 짜기 시작했다. 물론 작은 공장을 만들어 아내와 함께 열심히 일한다면 좋은 기회가 오리라는 믿음으로….

막상 한국으로 돌아가기로 결정을 하고 나니 자존심보다는 오히려 담대한 마음이 생겨나기 시작했다. 그러나 막연하게 마음만 먹을 것이 아니라 좀 더 구체적인 사업 아이템과 그와 관련된 시장조사를 꼼꼼히 해야 할 필요가 있었다.

나는 분명 꽤 오랜 세월 동안 사업을 운영해 오면서 최선을 다했고, 지역사회와 국가에 미약하나마 기여해 왔다고 자부해 왔다. 그리고 기업을 통해 나의 가족이 지금까지 풍족한 삶을 영위해 왔다. 그런 만큼 우리 가족은 국가와 사회에 큰 사명을 가지고 살겠다는 생각을 해왔다. 살아오면서 부자와 가난을 동시에 체험했고 진정한 인생의 길을 보았다. 무엇보다도 우리는 하나님을 만나 우리가 존재해야 할 이유를 찾았다.

내가 서울을 떠나와 미국에 머문 지도 1년여 시간이 흘러가고 있다. 그 기간 동안 새로운 삶의 지혜를 깨달았고, 실질적인 미국사회를 경험해 오면서 진정한 삶의 의미와 사람과 사람의 관계가 얼마나 중요한 것인지도 배웠다. 실패를 통해 더욱 강해질 수 있는 또 다른 교훈을 받았다. 결국 돌아가야만 할 내 조국을 왜 떠나온 것일까?

미국 체류 기간 동안 진실하고 정이 많은 몇몇 사람들과 친분을 맺어왔다. 그들은 우리가 돌아간다니까 못내 아쉬워하며 눈물을 보였다. 물질적인 것보다는 따뜻한 마음을 우선으로 여기는 사람들이었다. 조국을 떠나 이국땅에서 열심히 살아가고 있는 그들과 다시 만날 기약을 하며 우리 부부는 케이블 방송과 전화를 반납하고 이삿짐센터에 견적을 받았다. 하루라도 빨리 한국에 돌아가야만 2004년 오더를 받을 수 있기 때문이었다. 마음이 설레기도 하고 급해지기도 했다. 나는 하루 속히 귀국한다는 생각에 인천행 대한항공 티켓을 예약했다.

아내와 함께 떠나는 것으로 계획 세웠으나 결국 나 혼자 귀국하기로 결정했다. 한국에 귀국해서 오더를 받는다 해도 자금 확보가 쉽사리 되지 않을 뿐더러 설사 사업을 조기에 시작한다 해도 최소한 6~7개월이 지나야만 자금 회전이 되는 구조에서 당장 유학 중인 아이들의 학비며 생활비 조달이 어려울 것 같았다.

그나마 미국에서 아내의 수입으로 아이들 학비나 생활비에 큰 보탬이 되었기 때문에 아내가 미국에 남아서 직장에 다녀야만 했다. 우선 내가 먼저 귀국을 하고 최대한으로 빠른 시일 내에 회사를 만들어 틀을 갖춘 후에 아내가 귀국하는 것으로 계획을 변경하고 아내의 비행기 티켓을 취소했다. 당시 우리의 탁월한 결정으로 자식들의 학교 중단 사태를 막을 수가 있었음을 훗날 깨달았다.

사실 나는 귀국해 마땅히 머무를 곳이 없었다. 시골 어머니 댁이 있으나 쉽게 들어갈 수 있는 처지도 아니었다.

2003년 12월 24일, 내가 미국을 떠나오던 그날은 아침부터 궂은비가 내렸다. 캘리포니아의 겨울은 그리 춥지는 않았다. 나는 아내와 함께 그동안 신세를 많이 졌던 친구 집에 작별을 고하기 위해 찾아갔다. 그 친구는 우리 가족에게 많은 도움을 주었다. 궂은일을 도맡아 해주었고, 부족한 우리 아이들 등록금도 대납해 주었으며 차량 문제, 전화요금 등 모든 어려운 문제들을 말없이 처리해 주었다.

그 친구도 어렵게 이민생활을 해오면서 아메리칸드림을 이루었다. 그러한 친구가 있었기에 우리 가족은 희망의 불씨를 지필 수 있었다.

그 친구와 이별을 해야 한다는 것이 몹시 슬펐다. 아내와 친구의 아내는 목이 메어 흐느끼고 있었다. 인생의 깊이를 조금 더 일찍 터득했더라면 우리는 이와 같은 슬픔을 맛보지 않았으리라.

"임마, 빨리 가. 꼴도 보기 싫어!"

친구는 나를 외면하면서 큰소리로 말했지만 그 말 속엔 떨림이 있었다. 친구의 눈가엔 이별의 슬픔이 배어 있었다.

"그래, 임마. 너 보기 싫어서라도 빨리 갈 거다."

나 역시 흐르는 눈물을 억제할 수가 없었다.

"그래, 헌모야. 너는 다시 일어설 수 있을 거다. 몸 건강히 꼭 성공해서 미국에 다시 돌아와 우리하고 함께 살자."

"그래, 열심히 할게. 우리 와이프 좀 잘 보호해 주라."

"너무 걱정 마세요. 친동생처럼 잘 보호해 줄 테니까요."

친구의 아내도 살며시 포옹해 주었다. 그녀의 눈가에도 눈물이 흘렀다. 나의 아내 또한 말없이 흐느끼고 있었다.

그동안 친구는 나를 위로하기 위해 적잖은 술을 샀다. 울적할 때마다 친구 부부는 우리를 위로해 주었고, 아내를 직장으로 출근시켜 주었다. 나는 학교를 다니면서 틈틈이 시장조사와 더불어 친구 회사 사무실에 들러 이국생활의 외로움을 달랠 수가 있었다.

친구 부부와 헤어지고 우리 부부는 목사님을 만났다. 목사님은 우리 부부를 위해 기도해 주셨다. 카랑카랑하신 목사님의 음성이 내 가슴속을 파고들었다. 나와 우리 가족들이 가야 할 길이 멀고 먼 것을 알고 계시는 목사님은 우리들을 위해 축복해 주셨다.

밤 11시 30분 대한항공 인천행 비행기를 타기 위해서 나는 평소보다 일찍 서둘렀다. 9·11테러 이후 공항 검색이 까다로워졌고 기왕 떠나려면 일찍 나서는 것이 나을 것이라 생각했기 때문이었다. 아침부터 내리기 시작한 비는 아직도 내리고 있었다.

아내가 굳이 공항까지 태워 주겠다고 했다. 하지만 밤길이 위험하기도 하고 공항에서의 이별이 왠지 서글플 것만 같았다. 우리 부부는 미리 예약해 둔 택시를 기다리느라 말없이 아파트 정문 앞에 서 있었다. 따라나온 아내는 헤어짐에 어찌할 바를 모르며 끝내 울음을 터트렸다. 나는 아내의 들썩이는 어깨를 살며시 껴안아 주었다. 아무것도 할 수 없는 아내를 홀로 남겨 두고 떠나와야만 하는 나의 마음 또한 형용할 수 없이 슬펐다.

얼마나 외롭고 무서울까? 결혼을 하고 특별한 출장 말고는 부부가 떨어져 살아본 적이 없었다. 가끔 투정도 부리고 싸움도 했었지만 어려운 일을 당하고 보니 서로에게 정말 소중한 존재라는 것을 다시 한 번 느꼈다. 우리는 어두움이 깔리기 시작한 타국 땅에서 포옹하면서 오랜 이별의 시간을 준비하고 있었다.

나는 택시를 타고 LA공항으로 향했다. 아내의 모습이 점점 어둠 속으로 희미해져 갔다. 이 나라에 언제 다시 오게 될는지 나는 모른다. 미국에서 나는 만 1년을 보내며 미국에 대해서 많은 것을 보고 느끼게 되었다. 여행하기 위해 잠시 스쳐 가던 미국과 생존을 위해 살아가야 하는 미국은 엄청나게 달랐다. 세계 최대 강국이며 일등국가라 자부하는 이 나라에는 갖가지 모순이 존재하고 있었다. '미국이 참으로 살기 좋은 나라일까'라는 의문을 가져보기도 했다.

10년 전의 미국과는 괴리감이 있었다. 현재 살아가는 사람들의 모습은 많이 각박해졌고 힘들어 보였다. 미국이 기회의 나라라고는 하지만 사람마다 각자 살아가는 방식이나 환경에 따라 가지고 있는 꿈의 크기와 살아온 환경으로 인한 만족의 척도는 다를 것이다. 하지만 내가 예전에 맹목적으로 동경해왔던 미국은 아니었다.

공항에 도착했다. 비행기 출발 시간은 아직도 3시간이나 남았다. 라운지에 올라가 아내에게 전화를 걸었다. 아내는 아직도 흐느끼고 있었다. 홀로 남아 어찌할 바를 모르겠다며 걱정을 했다. 나는 우리 가족 모두가 열심히 살다 보면 곧 좋은 시절이 올 것이라고 위로해 주었다.

그렇게 나는 불확실한 한국 땅으로 향했다. 자본금도 없고 어렵게 오더를 받아 시작하는 사업이기 때문에 험난한 길이 되리라 각오는 되어 있었다. 그러나 막상 비행기가 이륙하고 나니 겁도 나고 현실이 두렵게 느껴졌다. 인천공항에서는 아무 일이 없을 것인지, 법적으로 아직 불안전한 상태이니 순조롭게 입국할 수 있을 것인지 걱정이 앞섰다.

만약에 자유롭지 못한 상태가 된다면 과연 어찌해야 할 것인가? 아내가 들어와 사업을 한다 해도 쉽지만은 않을 것이고, 당장 수입마저 끊긴다면 아이들 교육은 불가피하게 중단될 수밖에 없는 최악의 경우가 발생하게 될 것이다. 내년이면 두 아이 모두 대학생이니 학비도 만만치 않을 것이고 아파트 임대료, 기초생활비 등 최소한 10만 불은 있어야 하는데 어떻게 해결할 것인가? 다가올 위기에 나는 가슴이 답답했다.

나는 공항에서 아무런 문제가 발생하지 않게 해달라고 간절히 기도했다. 하나님께서 우리 가족을 굳게 지켜 주시리라는 믿음이 생겼다. 왠지 공항 검색대를 무사히 통과할 수 있을 것이라는 확신이 들었다. 말로 표현할 수 없는 확신!

사실 내가 한국으로 돌아갈 수 있었던 힘이 어떻게 만들어진 것인지 나 자신도 몰랐다. 무엇보다도 법적인 문제로 인해 당분간 돌아갈 수 없는 상황이라 생각했기 때문이다. 그러나 어느 순간 나는 하나님께서 함께 하신다는 믿음이 생겨나기 시작했고, 아무 두려움 없이 한국행을 결정하게 되었다.

> "보라, 내가 너를 연단했으나 은처럼 하지 아니하고 너를 고난의 풀무에서 택했노라." (이사야 48장 10절)

나는 마음을 진정시키기 위해 와인 한 잔을 시켜서 들이켰다. 비행기 창밖으로 태평양 상공 하늘의 별들이 반짝이고 있었다. 앞으로 내 가족의 운명은 어떻게 될 것일까?

서서히 피곤이 밀려오기 시작했다. 어렴풋이 옛날 가족끼리 함께한 태국 여행이 떠올랐다. 지금처럼 미국 여행에서 서울에 도착하자마자 떠나게 된 여행이었다. 우리 가족을 포함해 4인 가족이 함께 오래간만에 여행을 한 것이다.

태국 방콕 새벽시장에서 보트를 타고 새벽바람을 가르며 마냥 즐거워하던 아이들, 가족과 함께 하는 여행은 언제나 행복이라는 것을 느끼게 했다. 강물 위에 새벽시장이 서고 상인들은 보트 위에서 갖가지 과일, 야채 등 관광상품을 팔고 있었다. 한국말을 할 줄 아는 여자 가이드는 유독 우리 가족들에게 친절을 베풀었다. 우리 가족에게 노래도 시키고 "사랑해"라는 가요를 불러 앙코르도 받았다. 특히 딸아이가 가장 즐거워했다.

우리는 방콕의 새벽 사원과 박물관을 여행하고 휴양지 파타야로 향했다. 그곳 해변에서 보트를 타고 산호가 깔려 있는 바다 밑을 관광하고, 고속 보트를 타고 낙하산 모양의 기구에 매달려 신나게 날아 보기도 했다. 즐거워하던 딸아이의 모습이 떠올랐다. 그곳 바닷물은 물놀이를 하고도 샤워를 하지 않아도 되었다. 분명 바닷물이 짠데도 몸에 소금기가 남질 않았다. 당시 가이드의 말로는 그것 또한 불가사의한 일이라고 설명해 주었다.

호텔로 돌아와 후덥지근한 더위를 피하기 위해 파타야 시내를 산책했다. 시내 야경 코스를 도는 픽업트럭을 1시간 코스로 예약했다. 우리는 파타야 시내를 달리는 픽업 위에서 그날의 즐거웠던 관광에 대해 이야기했다. 우리가 바닷가에서 나오니까 언제 찍었는지 우리 가족의 모습을 찍은 사진들을 기념품으로 만들어 놓고 사주기를 원했다. 다른 가족에 비해 우리 가족사진이 가장 많았다. 다른 가족들이 부러워하는 눈치였다. 사진기사는 너무 행복한 가족 같아서 많이 찍었다고 했다. 장삿속이었지만 기분이 나쁘지는 않았다.

픽업 관광트럭은 우리를 싣고 파타야 시내를 벗어나 어둡고 좁은 산길로 접어들었다. 약간 경사지고 비포장도로에다가 가로등도 없었다. 갑자기 우리 가족은 서로 말없이 주시하면서 두려운 표정을 지었다. 앞좌석에 운전사를 포함해 남자가 두 명 있었다. 아들과 나는 서로 눈짓하며 만약에 이 사람들이 강도라면 우리가 싸워보자고 신호를 보냈다.

잠시 우리는 아무도 말을 하지 않았다. 그러나 괜한 걱정이었다. 그들은 파타야 시내를 한눈에 바라볼 수 있는 산 언덕에 있는 사원으로 우리를 안내했다. 사원 입구에 대형 불상이 서 있었고 사원 경내에는 수십 마리의 개들이 컹컹 짖으며 꼬리를 흔들어 댔다. 나중에서야 그들이 부부라는 것을 알게 되었다. 여인을 남자로 오인한 것이다.

호텔에 돌아와 우리는 그들에게 관광 가이드비를 후하게 주었다. 그곳에서 한국 원화도 사용할 수 있다는 것을 안 나는 한화 5천 원짜리 한 장을 기념으로 주었다. 그들은 감사하다는 표현을 하고 손을 흔들며 사라졌다.

그렇게 아이들 방학을 맞이해서 새해를 태국 방콕, 파타야에서 보내게 되었다. 나는 아내와 아이들이 만족하는 것 같아 좋았고, 내 자신이 가장으로서 가족들에게 무엇인가 선물을 줄 수 있는 능력이 있다는 것에 기분이 좋았다. 보람 있었던 여행이었다. 이런 행복을 앞으로도 누릴 수 있을 것인가!

인천공항에 도착을 알리는 스튜어디어스의 안내방송이 나왔다. 그리고 비행기는 사뿐히 안전하게 활주로에 안착했다. 드디어 나의 사랑하는 조국의 품에 다시 돌아온 것이다. 정확히 365일 만에….

기내에서는 경음악으로 비틀즈의 'Let it be'가 흘러나오고 있었다. 가늘고 긴 높낮이의 음률이 나의 가슴을 아리게 했다. 이제부터 나의 운명은 어찌 흘러갈 것인가?

나는 입국심사대를 무사히 통과했다. 법적으로 자유롭지 못했으므로 입국심사대 통과에 어려움을 예상하고 있었다. 나는 그 순간 이 모든 것이 하나님의 은혜라 여겼다.

"그가 나를 푸른 초장에 누이시며 쉴 만한 물가로 인도하시는도다."

(시편 23장 2절)

나와 나의 가족이 어떤 큰 힘에 의해 지배되고 있음을 다시 한 번 확인하는 순간이었다. 자식들의 대학 교육을 마칠 때까지는 그 힘이 우리 가족을 지배할 것이라는 믿음도 생겨났다. 그리고 나의 조국 대한민국에 감사했다. 어리석은 내가 지혜로움을 터득했고, 그 지혜로움과 경험의 토양 위에서 새로운 삶, 새로운 사업을 전개해 나간다면 이전과는 전혀 다른 가치 있는 자로 변화될 것 같은 자신이 생겼다.

내 자신이 이 세상에 태어나서 남보다 열악한 환경에서 성장해 왔고, 내 스스로 성장해야 하는 그러한 척박한 상황에서 다시 한번 기회를 주시는 하나님께 어찌 감사하지 않을 수가 있겠는가. 나는 다시 일어서리라! 그리고 반드시 이 나라에 보답을 하리라. 나는 이렇게 마음을 가다듬으며 빠른 걸음으로 공항을 빠져나왔다.

먼저 애타게 기다리고 계실 어머니께로 향하기로 했다. 아무런 연락도 없이 미국으로 떠나간 불효자식으로 인해 가문이 하루아침에 풍비박산이 되었으니 얼마나 당혹스럽고 놀라셨을까? 어머니는 그동안 병원에 수차례 입원하셨다고 했다. 큰 충격으로 정신까지 흐려지셨다는 소식에 나는 며칠 동안 죄책감에 사로잡혀 괴로워해야만 했다. 어머니의 상처를 어떻게 치유시켜 드릴 것인가? 나는 다시 한 번 다짐을 했다. 다시 재기해 어머니께서 웃으시는 모습을 꼭 되찾아드릴 것이라고.

형에게 전화를 걸었다. 미리 연락을 했기 때문에 형도 나의 전화를 기다리고 있었다. 리무진 버스를 타고 공항을 빠져나가 독산동 노보텔 호텔 앞에서 형을 기다렸다. 노보텔 헬스클럽 법인회원으로 근무시간 틈틈이 수영도 하고 체력단련을 하던 곳이었는데…. 그곳 법인 회원권 역시 이미 우리의 것이 아니었으니 나는 착잡했다. 무모하게 살아온 나의 업보일 것이다.

형은 예전의 당당한 모습이 아니었다. 우리는 말없이 눈인사를 나누었고 한동안 말을 잇지 못했다. 마음이 아려왔다. 형의 오래된 포텐샤를 타고 어머니 댁으로 향했다. 엔진 소리가 꽤 요란했다. 이제 폐차시켜야 할 차를 형은 아직도 타고 있는 것이다. 그만큼 형편이 안 좋다는 증거였다. 우리 형제는 금전적인 문제로 꽤 오랫동안 서먹서먹했던 사이였다. 필요 이상의 대화는 서로가 꺼려왔고 여러 가지 복합적인 것이 나로 하여금 불만을 가지게 했다.

지금 생각해 보면 나의 위치에서 형제들에게 조금 더 이해하고 아량을 베풀었다면, 미국으로 나가기 전에 형제들과 진지하게 상의했더라면 일처리를 현명하게 했을 수도 있었을 텐데 하는 아쉬움이 남았다. 그러나 이것이 나의 운명이니 어찌하겠는가. 이미 다 지나간 일들인 것을….

어머니를 뵈었다. 어머니는 예상보다 담담해 하셨다. 어머니의 위대함을 다시 한 번 느낄 수 있었다. 아버지 묘소에 가서 슬픈 마음으로 기도를 드리고 돌아가신 아버지께 마음속으로 용서를 빌었다. 다시는 이런 어리석은 아들이 안 되겠다고….

"주여, 나는 외롭고 괴롭사오니 내게 돌이키사 나를 긍휼히 여기소서."
(시편 25편 16절)

유년 시절

내가 태어난 곳은 서울 인근 경기도 화성시 향남읍 상신리 '제암리 3 · 1운동 순국유적지'에서 약 4km 떨어진 곳이다. 일명 '제암리 학살사건'이라 불리는 이 유적지는 1919년 3 · 1운동 당시 인근 발안 장터에서 주민들과 교회 청년들이 만세를 부르며 시가행진을 한 것이 발단이 되었다. 일본 경찰의 무차별 사격과 매질에 격분한 군중들이 일본 경찰 부장을 죽여 일어난 사건이다.

일본군의 만행 사건은 그해 4월 15일 오후 2시경 '아리타도오시' 일본 육군 중위 지휘 하에 다수의 일본 군경이 나타나 기독교도와 천주교도 약 30명을 제암리 교회에 몰아넣고 문을 잠근 다음 무차별 집중사격을 가하고 교회에 불을 질러 22명 이상의 대한민국 양민을 학살한 사건이다.

1982년 문화공보부는 제암리 학살 현장의 유물 발굴과 조사에 착수해 동년 10월 21일자로 이 지역을 사적 제299호로 지정했다.

나의 조부께서는 인근 지역에서 꽤 유명한 훈장선생님이셨고, 나는 농사일과 수로 관리를 하시는 부모님의 7남매 중 둘째로 태어났다. 굴곡 많은 내 인생 여정의 피할 수 없는 서막이 그곳에서 그렇게 시작되었다.

어느 봄날, 5살 때쯤인가? 나는 동네 친구, 형들과 함께 청가래*라는 곤충을 좇다가 버스가 다니는 큰길가까지 나왔다. 생전 처음 나온 길가에서 나는 곤충을 잡는 데 한눈이 팔려 해가 지는 줄도 몰랐다. 동네 친구들과 형들은 어디론가 사라지고 나만 홀로 남게 되었다. 덜컥 겁이 났다.

땅거미가 지기 시작하고 주변에 어둠이 깔리기 시작했다. 겁에 질려 큰소리로 그들을 불러 보았지만 돌아오는 것은 메아리뿐 주위에는 아무도 없었다. 이미 서산에 해는 떨어졌고 주위는 점점 더 어두워만 갔다.

나는 초행인 대로에서 어느 쪽으로 향해야 할지 몰랐다. 마을로 돌아가는 방향을 도저히 찾을 길이 없었다. 울부짖으며 누군가 구세주가 나타나기를 고대하며 외쳐 불러 보아도 소용없었다. 행길가에 주저앉아 엉엉 소리 내어 울고 있을 때 뽀얀 먼지를 일으키며 버스 한 대가 달려오고 있었다. 순간 나는 저 버스만 따라가면 되겠다는 마음으로 까만 고무신을 벗어 양손에 쥐고 버스를 따라 달렸다.

그러나 아무리 기를 쓰고 달려도 버스는 흙먼지만 뽀얗게 날리며 사라지고 말았다. 나는 눈물 콧물을 흘리며 뛰다가 걷다가 하면서 서서히 지쳐 갔다. 더더욱 캄캄한 밤이라서 공포에 질려 있었고, 어디론가 가야만 한다는 생각에 앞으로 나아가고 있었다.

나는 공포에 질려 얼마를 그렇게 반복하다가 어느 조그마한 마을로 들어갔다. 꼭 우리 마을 입구와 비슷해 보였다. 그러나 그곳은 전혀 낯

---

*빨간색 바탕에 검은 물방울 모양의 날개를 가진 계절 곤충

선 곳이었고, 나는 짚단을 쌓아올린 언저리에 앉아 엄마를 부르며 엉엉 울었다. 여기저기서 동네 개들이 몰려와 컹컹 짖으며 내 주변을 맴돌았고, 동네 어른들이 모여 나를 에워싸고 어디서 왔냐고 물었지만 제대로 대답하지 못했다. 다만 안방에서도 살고, 거름방에서도 산다고 한 모양이다. 당시 가끔씩 건넌방에서 할머니와 함께 자던 버릇을 그렇게 표현했으리라. 내가 태어난 마을의 주소도 몰랐고, 아버지 성함도 모르고 있었으니 그만큼 나는 촌놈이었다.

지금 생각해 보면 부모님 성함 하나도 제대로 몰랐던 이유는 누군가가 관심을 가지고 가르쳐 주어야 하는 것인데, 나는 불행하게도 유・소년기를 지나면서 배움에 대한 충고나 인생을 살아가는 지혜를 느끼도록 이끌어 준 사람이 없었다. 살아가는 지혜를 배우지 못했고, 인생은 그냥 하루하루 운명대로 살아가는 것이라 생각하며 살아왔다.

그날 내가 사라진 이후로 마을이 발칵 뒤집혔다. 나를 찾아 갯벌을 뒤지고 장대로 저수지를 저어 가며 수색도 하고, 온 마을 사람들이 횃불을 들고 나를 찾아 나섰다.

아버지는 물어물어 나를 찾아오셨다. 어린아이가 울면서 뛰어갔다는 목격자들을 통해 밤 12시가 넘어서까지 나를 찾아다니시다가 나의 울음소리를 듣고 찾게 된 것이다. 나는 아버지에게 느끼는 정도 없고 무서웠지만 그때만큼은 아버지가 구세주처럼 믿음직했다.

그날 새벽, 아버지는 자전거 뒤에 나를 태우고 마을에 도착하셨고 마을 사람들은 탄성을 질렀다. 나를 찾았다는 축제 분위기는 새벽까지 이어졌다. 그리고 나에게는 "안방에서도 살고 거름방에서도 산다"라는 싫지 않은 별명이 붙었다.

나는 7살 되던 해에 초등학교에 입학했다. 그 당시 변변한 장난감도 없던 시절이었고, 가난한 농촌에서 우리 형제들이 가지고 즐길 만한 것은 유일하게 윷놀이었다. 겨울이면 건넌방에서 수수깡대로 만든 윷가락으로 윷놀이를 했다. 전깃불이 들어오지 않았던 시절이라 밤이면 석유에 심지를 쓰는 호롱불을 켜 불을 밝혀 사용했는데, 호롱불을 붙이고 타다 남은 성냥개비를 사용했다. 나는 그 성냥개비를 윷놀이 말판으로 항상 애지중지 주머니에 넣고 다녔는데 그것이 나에게 큰 화를 자초할 줄은 꿈에도 상상하지 못했다.

그해 봄날 나는 마을 형들 그리고 친구들과 자치기놀이*를 하고 있었다. 한참 자치기에 몰두하고 있을 때 마을에 불이 났다.

그때는 우리나라 농촌 마을 대부분이 초가지붕으로 지어져 있었고, 볏짚으로 만든 초가지붕은 때마침 세차게 불어오는 바람에 순식간에 이웃집으로 불이 옮겨 붙기 시작했다. 급기야 소방차가 출동하고 다행히 몇 집만 태우고 불길은 잡혔다.

소방관들과 경찰이 방화 원인을 찾기 위해 동네 어린아이들을 조사하기 시작했고, 특히 불이 난 인근에서 자치기놀이를 하던 우리들에게 혐의를 두고 주머니 검색을 하면서 추궁하기 시작했다. 나의 주머니에서 윷놀이 말로 사용하던 타다 남은 성냥개비 네 알이 나오고 말았다. 결국 그것은 방화의 원인이 될 수 있다는 빌미가 되어 경찰관들은 나를 특별 심문하게 되었다. 나는 절대 아니라고 항변을 했지만 경찰관은 나에게 심증이 간다며 윽박지르며 심하게 추궁했다. 무서웠다.

그 시절, 일제 강점기를 거쳐 아직도 잔재하던 '순사'라는 낱말은 어린

---

*작은 나무를 뾰족하게 깎아 멀리 쳐서 날리는 놀이기구

나에게 공포를 느끼기에 충분했고 겁에 질린 나는 결국 누군가가 불을 지르고 재 너머로 뛰어 도망치는 것을 보았다고 허위진술을 했다.

그날! 그 사건은 내 인생에서 수없이 반복되는 누명의 첫 시발점이 되었다. 훗날 이웃의 동생뻘 되는 아이가 불장난하다가 불을 낸 것으로 밝혀졌다. 당연히 나의 혐의는 벗겨졌지만 어린 내 마음의 상처와 공포는 꿈속에서도 악몽이 되어 소스라치게 놀라 깨어 수많은 밤을 지새우게 했다.

그 사건은 꽤 오랜 시간을 두고 나를 괴롭혔다. 방화 원인을 수사하는 그 모든 과정을 주위에서 지켜보고 계셨던 아버지가 나를 얼마나 못나고 어리석은 자식이라 생각하셨는지 몹시 분해 하셨다.

소방관들과 경찰관들이 떠나가고… 나는 못난 자식에게 실망하신 성난 아버지 손에 의해 허공에 번쩍 들려 까만 잿더미 속에 처박히고 말았다(당시는 아궁이에 짚섶이나 나무를 때어 농촌 마당마다 잿더미가 있었다). 암흑의 잿더미 속은 어린 나에게 감당할 수 없는 공포였다. 아무리 허우적대며 빠져나오려 몸부림을 쳐보았으나 부질없는 노릇이었다. 발버둥칠수록 내 몸은 잿더미 속으로 더욱 깊이 들어가고 말았다. 숨이 막혔다. 입속으로, 콧구멍 속으로 악취가 배어 있는 잿가루를 들이 마시며(잿더미가 바람에 날리지 않게 하기 위해 요강에 오줌을 받아 쏟아 부었다), 나는 누군가의 손에 의해 꺼내질 때까지 잿더미 속에서 허우적대며 공포와 싸우며 울부짖었다.

잿더미 속에서 꺼내어진 나는 무섭고 겁에 질려 집으로 달려가 재래식 화장실 구석으로 숨어들어 소리 죽여 서럽게 흐느꼈다. 어린 마음이었지만 참으로 억울하고 서러웠다. 경찰 아저씨와 아버지를 원망하며 오랫동안 소리 죽여 흐느껴 울었다.

나는 7남매 중 차남이었는데 나의 서열은 그리 녹록치 않았던 것 같다. 위로는 형이 있고 밑으로는 연년생인 여동생이 있었으니 그야말로 샌드위치가 되어 아버지로부터 항상 미운 오리 새끼 취급을 받으며 성장했다. 나의 아버지는 마을의 반장 일을 보시면서도 얼마 안 되는 논밭을 팔아 하루가 멀다 하고 도박이나 술에 절어 사셨다. 7남매를 둔 가장으로서 자식들의 교육은 늘 뒷전이었다. 그러나 마을에서 제일 똑똑한 축에 드셨다. 아버지는 할아버지로부터 한자공부를 꽤 터득하셨기 때문이다. 그런 분이라서 나는 더욱 아버지를 이해할 수 없었고, 성장해 가면서 아버지를 원망하기 시작했다.

아무리 어려운 친구들이라도 상급학교에 진학해 교복 입고 뽐내고 다니는데 나는 진학은커녕 어린 동생들을 업어 키우며 궂은일을 겪어야만 했다. 아버지께서는 참으로 엄하고 무서웠다. 어린 동생들을 울리기라도 하면 청천벽력이 따로 없었다. 그렇다고 해서 우리 가족이 잘 먹고 잘 사는 것도 아니었다. 어린 마음에도 가장으로서 능력도 없으면서 왜 아이들은 잔뜩 낳아 가지고 자식들을 고생시키는지 아버지를 꽤나 원망했었다.

그렇게 성장한 나였기에 우리 아이들에게만큼은 절대로 가난을 대물림하고 싶지 않았다. 아니 가장의 입장에서라면 아이들의 교육을 책임져야 한다는 것은 모든 부모들의 당연한 의무라 생각했다. 그런데 많은 가장들이 자식들의 교육비를 감당하지 못해 중도에 포기하는 경우가 있는데 아마도 그들은 능력보다는 교육에 대한 열성이 부족해서일 것이다. 자식들을 가르치려는 의지만 있다면 못할 것이 없을 것이라 생각하기 때문이다. 세상을 비관하고 현실에 안주하려는 그러한 사람들을 나는 이해할 수가 없다.

나는 세상을 살아오면서 공부를 왜 해야 하는 것인지, 왜 학교를 다녀야 하는지, 그리고 왜 성공을 해야만 하는 것인지에 대해 가르침을 받질 못했다. 그러나 성인이 되어 사업을 시작하고 사회생활을 하면서 학문이라는 것이 얼마나 중요한 것인지에 대해 깨닫게 되었고, 좋은 학벌을 가지게 된다는 것은 긴 인생 여정에 절대적으로 큰 프리미엄을 가지고 살아간다는 것을 느끼게 되었다.

나는 인생을 살아가는 방법을 가르쳐 주는 멘토를 만나지 못했다. 아니 환경이 그만한 토양을 만들어 주지 못한 까닭이리라…. 지혜를 가르쳐 주거나 영향을 준 사람이 주변에 없었다는 것은, 곧 나 스스로가 막연히 성공을 해야만 한다는 것을 느끼게 했다. 다만 가난한 촌놈에게 무시만 있을 뿐이었다.

나의 할아버지는 전형적인 선비 타입이셨는데, 반백의 머리에 역시 언제나 한결같이 잘 다듬어진 반백의 콧수염이 잘 어울리는 할아버지는 높은 대청마루에 앉아서 글 읽으시기를 즐겨 하셨고, 흐트러짐 없는 꼿꼿한 자세는 전형적인 우리나라 양반가문의 선비셨다(개화 이후 증조부께서는 초대 면장을 하셨다 한다). 근엄하고 과묵하셨던 할아버지께서는 대부분의 시간을 대청마루에 앉아 글을 읽으셨고, 소낙비가 내려 앞마당 멍석 위에 볍씨가 떠내려가도 미동도 하지 않으시던 분이셨다. 오로지 글만 읽고 계시는 그러한 모습이 나의 할아버지셨다.

그러나 한자공부를 가르치실 때는 엄한 훈장선생님으로 변하셨고, 꽤 자주 학생들의 종아리를 걷어 올리게 하여 회초리질을 하셨던 기억이 새롭다. 할아버지는 학생들이 한자공부를 끝마치시면 종종 동네 뒷동산 돌팍산이라는 곳에 오르셔서는 항상 반듯한 하얀 바위 위에 앉아 계셨다(할아버지께서 늘 앉아 계시던 하얀 차돌바위는 풍화작용으로 지금은 볼썽사납게 패어 있다).

나는 저녁이 되면 어머니의 심부름으로 할아버지를 모시러 가곤 했다. 가까이 가는 것이 꾀가 나서 나는 꽤 먼 거리의 재 너머 언덕에서 "할아버지, 진지 잡수세요!" 하고 큰소리로 외쳤다. 그때마다 할아버지께서는 마치 식사 때를 기다리셨다는 듯이 반갑게 "오~냐!" 하고 대답하시며 뒷짐을 지고 내려와 나의 머리를 말없이 쓰다듬어 주셨다.

나는 할아버지를 생각하면 지금도 의문이 남는다. 인근 마을에서 꽤 유명세를 타신 훈장선생이신 그분은 남들에게는 한자공부를 열심히 가르쳤으면서 왜 정작 어린 손자들에게는 근처에 얼씬도 못하게 하셨을까? 그때 할아버지라도 조기교육의 중요성을 깨달으셨더라면 나의 아버지 또한 그 영향을 받아서 자식 교육에 좀 더 적극적으로 대처하지 않았을까 하는 아쉬움이 남는다.

할아버지는 재물에도 욕심이 없는 분이셨고 남에게 베푸는 것을 즐겨하셨던 분이기에 글방에서 공부하는 어려운 학생들에게는 추수기에 학비로 내야 할 두 말 볍쌀*마저도 감해 주셨다. 나는 아마 분명 할아버지를 닮아서 비열하고 냉정한 세상과는 동떨어진 순진무구하게 살아왔는지도 모르겠다.

초등학교 1학년 겨울방학을 맞이해 나는 마을 형들과 함께 눈이 하얗게 쌓인 앞산으로 토끼를 잡으러 간 일이 있었다. 나는 산에서 포수에게

---

*쌀로 만들기 전의 말린 벼

총을 맞아 상처 입고 피를 흘리며 숨을 몰아쉬고 있는 꿩 한 마리를 주웠다. 꽤 살찐 그놈은 물론 나의 몫이었다.

형들과 함께 마을을 가로질러 할아버지께서 앉아 계신 대청마루를 지나며 주워온 꿩을 자랑하며 높이 들어 보였다. '할아버지, 이거 제가 주운 건데 할아버지 드릴게요' 하는 표정으로 말이다. 그러나 할아버지께서는 별 관심을 주지 않으셨다. 어린 손자가 실망하고 무안해 하는 마음을 헤아려 주시질 않았다.

결국 꿩에 눈독을 들이고 있던 형뻘 되는 누군가에게 빼앗기고 말았다. 나는 그런 할아버지가 무심해 원망스럽기는커녕 남에게는 후덕하신 할아버지가 신기하기도 했다.

이런 할아버지의 피를 이어받아서인지 돈 버는 기술은 뛰어난데 남에게 무조건 주는 것을 좋아했고, 나에게 부탁하며 가까이 다가오는 사람들에게 거절하지 못했다. 물질에 욕심이 없으셨던 할아버지의 유전자를 분명 이어받은 것이리라.

나의 할머니는 나를 각별히 위해 주셨다. 할머니는 약간의 중풍기가 있어 왼손이 불편하셨다. 아직도 어릴 적 나를 재우시던 할머니의 따뜻한 손길이 기억에 남아있다.

나는 유일하게 할머니에게만은 특별한 사랑을 받아 응석을 부리며 어린 시절을 보냈다. 아마 나와 연년생인 여동생으로 인해 어머니의 사랑을 받지 못하는 것이 안타까우셨을 것이다. 내가 가끔 울며 보채면 할머니는 불편한 몸이신데도 나를 번쩍 안아 올려 얼러 주시곤 했다.

"에구 우리 새끼, 에구 우리 이쁜 흔모(헌모를 할머니께서는 그렇게 불러 주셨다)!"

어린 시절 특별히 나에게 정을 주신 분, 초등학교 1학년 가을 운동회에서 달리기에 1등으로 들어온 나를 안고 덩실덩실 춤을 추시던 우리 할머니, 그분이 그립다.

나의 조부모님들은 1년을 사이에 두고 갓 환갑을 넘기시고 돌아가셨다. 내가 초등학교 2학년, 3학년 때였다. 철부지였던 나는 할머니, 할아버지가 돌아가셨는데도 슬픈 것도 몰랐다. 그렇게 세상 물정을 아무것도 모르면서 성장한 것이다. 편찮으시니까 누워계신 것이고, 늙으셨기 때문에 돌아가시는 것으로만 생각일 뿐….

당시만 해도 의학이 발달하지 못한 시대이기도 했지만 많은 사람들이 가벼운 감기에도 돈이 없어 치료받지 못했는데 노환으로 천수를 다하고 생을 마감하는 것으로 생각했으니, 의학이 발달한 시대에 경제적으로도 풍요를 누리며 살아가고 있는 우리들은 얼마나 행복한가?

가난은 그때나 지금이나 죄악이다. 돈이 없다는 것은 곧 선택의 여지가 한정되어 있다는 것이 아닌가? 돈이 없어 공부도 할 수 없고, 아파도 병원에 제대로 갈 수 없어 생명을 잃는 이들이 얼마나 많은가? 최소한 살아가는 데 불편하지 않을 만큼의 물질은 절대적으로 필요한 것이다.

그렇게 몇 해가 흘러 나보다 8살 어린 동생이 태어났고, 그때 내 나이 9살이었다. 우연인지 할머니께서 돌아가시고 그때부터 나는 어린 동생을 돌봐야 하는 처지가 되었다. 사랑하는 할머니께서 세상을 떠나셨으니, 할머니께서 건강하게 살아계셨다면 동생들을 돌보는 일은 나에게는 없었을 것이다. 나의 또 다른 불행이 시작된 것이다.

어머니께서 갓난 동생을 돌보시며 집안일과 농사일을 동시에 하시기엔 너무 벅찬 일이 아닌가? 형은 장남으로 아버지에게 사랑을 받고 있었으며 아버지 일을 도와 드리는 경우가 많아 동생을 돌보는 일에서 제외되어 있었다. 연년생인 바로 밑의 여동생과 내가 서로 번갈아가며 동생을 돌봐주라는 어른들의 말씀이 있었지만 한 살 어린 여동생이 아이를 업어 주고 돌봐 주고 싶어 할까?

그 아이는 장녀라는 이유로 아버지의 귀여움을 받고 있었고, 그 배경을 이용해 수시로 교묘하게 나를 골탕 먹이곤 했다. 여동생은 아이를 돌봐야 할 자기 차례를 무시해버리고 곧잘 나에게 계속 아이를 떠맡겨 놓고 도망갔다. 어린 마음에 공평하지 못한 것이 억울하기도 하고 참을 수 없어서 동생을 때려 주기라도 하면 곧바로 아버지에게 고자질이 되었고 가차 없이 아버지의 회초리가 날아들었다.

분했다. 시간에 맞춰진 내 임무는 끝이 났는데 왜 내가 맞아야 하는 걸까? 덤터기를 쓰고 덤으로 동생을 돌봐준 것이 억울하다는 생각에 살짝 동생을 손봐 준 것인데 왜 아버지께서는 잘잘못도 안 가리고 때리는 것일까? 나는 그것이 도저히 용납되질 않았다. 그럴 때마다 어린 마음에 억울하게 당하는 것이 싫었고, 서서히 반항아가 되어 가고 있었다.

가끔 동생을 잠재우고 잠깐 재 너머 동산에서 친구들과 어울려 빵울치기*를 하는 사이에 동생이 잠에서 깨어 우는 날이면 친구들과 공놀이하는 중에도 아버지께서는 고함을 치시며 다가와 가차 없이 나의 목덜미를 잡아채 끌고 가시곤 했다. 어린 마음에 친구들에게 부끄러운 모습을 보이는 것이 견딜 수 없었고 자존심이 상했다. 특히 여자 또래 아이들에게는 더욱 창피했다.

나는 어린 동생들을 업어 키우며 시간 나는 대로 산에 가서 땔감을 해와야 했고 물을 길어 와야 했다. 키 작은 어린 아이가 양쪽 양동이에 물을 가득 담아 물지게를 지면 땅에 끌리게 되어 있어서, 그것을 땅에 끌

---

*손으로 하는 야구

리지 않고 물을 엎지르지 않으려고 안간힘을 다해 어깨에 지게를 메고 양손으로 양쪽 물동이를 끌어올렸다. 동네 사람들은 그런 나를 두고 툭툭 한마디씩 내뱉으며 측은해했다.

"쟤는 언제 키 크려고 저렇게 무거운 걸 지고 다닐까?"

또래 친구들에게 방학은 설레고 기다려지는 기쁨을 주었지만, 어느새 나에게는 한숨이 절로 나는 맞이하고 싶지 않은 시간이 되어버리고 말았다.

추운 겨울방학, 눈 쌓인 산에 나무지게를 지고 올라가 땔감을 해오는 날이면 남의 산에서 도둑 땔감을 베어 올 때가 많았다. 그러다가 산 주인에게 들키는 날이면 어렵사리 베어 놓은 땔감을 다 버리고 끌리는 지게를 뒤로 움켜잡고 멀리 골짜기로 줄행랑을 쳤다. 대부분 잡히지는 않았지만, 한번은 다른 동네 산에서 땔감을 하다가 주인에게 잡혀 흠씬 두들겨 맞고 다 빼앗기고 돌아온 아픈 추억이 있다. 물론 내 지게에 다시 땔감이 가득 채워진 채로(그 당시 농촌은 연탄도 사용하지 않았고, 마른 짚섶과 산에서 해오는 풀이나 나뭇가지, 장작 등을 땔감으로 사용했다)….

농번기가 돌아오면 학교도 결석하고 동생을 돌보아야 했다. 동네 사람들이 수십 명씩 모여 일하는 들판에 어린 동생을 업고 어머니께 젖을 먹이러 다니는 일은 피할 수가 없었다. 그렇게 창피할 수가 없었다. 남자아이가 학교도 빼먹고 아이를 등에 업고 젖 먹이러 다닌다는 것이 어린 마음에도 자존심이 몹시 상했다. 차라리 어디론가 도망가고 싶을 때가 한두 번이 아니었다.

나는 동네 사람들에게 보이는 것이 부끄러워 논두렁 아래에 몸을 낮추고 숨어 있다가 다시 되돌아올라치면, 그런 나의 마음을 눈치 챘는지 등에 업힌 동생은 배고프다고 울며 보챘다. 동생의 울음소리에 발각되어 동네 사람들에게 오히려 더 큰 웃음거리가 되곤 했다. 젖을 먹이는 어머니 곁에 앉아 일밥을 얻어먹는 나의 모습이 그렇게 자존심이 상하고 처량하게 느껴졌다.

어린 시절 나는 그렇게 흔치않은 경험을 하면서 천덕꾸러기로 성장해 왔다. 어린 동생들 보랴, 심부름 하랴, 학교 숙제를 제대로 할 수 있는 상황이 아니었다. 밤늦게 어머니께서 일이 끝나야만 비로소 자유시간이 주어지는데 이미 몸은 지칠 대로 지쳐 있고 대식구들이 한방에서 잠을 자야 하기 때문에 마음대로 호롱불을 켜고 숙제조차 할 수가 없었다.

가끔씩 제사 때나 특별한 때에 갓이 달린 등을 사용하는데 유리를 닦고 불을 붙이는 심지에 그을음 방지를 위해 까맣게 탄 윗부분을 잘라 낸다. 잘하려 해도 까만 그을음이 심하게 되는 날이면 여지없이 아버지로부터 날벼락이 떨어진다. 그렇게 숨을 죽이고 살아가는 것이 우리 형제들에게 성장해 가면서 나쁜 영향을 끼쳤으리라 생각한다.

아침이라고 해서 편할 리가 없었다. 어린 동생들이 잠이 깨어 울어대고 어머니는 아침을 지으시느라 분주했다. 오히려 우리들이 번갈아가면서 아궁이에 불을 때드려야 했고, 멀리 공동 우물에서 길어 오는 귀한 물을 아껴 써야만 했다. 달랑 세숫대야 하나 가지고 줄을 서서 세면을 해야 했고, 학교 등교 준비하랴 그야말로 매일같이 전쟁을 치러야 하는 우리 가족이었다.

하루 두 끼니도 제대로 먹을 수가 없어서 도시락은 어쩌다가 싸 가게 되는데, 굶주린다는 것에 대해 도저히 이해할 수 없었다.

초등학교 5학년이 되면서 나는 중학교에 입학할 욕심에 또 다른 막내 여동생을 업고 열심히 공부했다. 공부라고 해야 숙제하는 것이 전부였지만 그때는 누군가가 공부하라고 엄하게 다그치는 것도 아니어서 나로서는 숙제가 최선의 공부하는 방법이었다.

사실 나는 초등학교에 다니면서 동생을 돌봐야 하는 입장이어서 어머니께서 집안일을 하실 때 수시로 수업을 빼먹었다. 그리고 형편이 어려워 얼마 되지 않은 사친회비(학비)도 납부하지 못해 선생님으로부터 교실 앞에 불려 나가 손을 들고 서 있던 날도 수없이 많았다. 어린 나이였지만 친구들에게 부끄러워 학교 가는 것도 싫었다.

가난한 가정 형편에도 이유가 있었겠지만 부모님께서 교육에 대한 열의가 많지 않아 등한시 여겼던 것 같다. 학비도 못낸 채 동생 돌보고 집안일 돕느라 헐벗고 굶주린 어린 나에게는 감당하기 힘든 생활이었다.

당시 나에게는 선택의 여지가 없었다. 그것이 살아가는 방식이라 생각했고 때때로 부모가 원망스럽기도 했지만, 그렇게 순응하면서 나는 성장해 가고 있었다.

갑자기 중학교를 진학해야 한다는 욕심으로 열심히 공부하니 성적이 부쩍 올라갔다. 그러나 아버지께서는 그마저 외면하셨고 내가 공부하는 모습을 탐탁하게 여기지 않으셨다.

결국 아버지는 중학교 입학시험조차도 보지 못하도록 하셨다. 5~6학년에 중학교 진학을 꿈꾸며 열심히 공부를 했고, 성적이 부쩍 올라가 담임선생님께서도 칭찬을 해주셨고, 친구들에게도 서서히 소문이 나고 있었다. 하지만 그것이 아버지의 무지인지 나의 운명이 그렇게 짜여져 있던 것인지 모르겠으나 나는 많은 친구들과 신분상으로 격리되어 가고 있었다.

친구들은 새로 맞춘 교복을 입고 배지를 단 모자를 쓰고 자랑스럽게 등하교를 했지만 나는 아이 봐주는 일이 전담이 되었고 집안의 훌륭한 일꾼이 되어 갔다. 슬펐다. 친구들이 교복을 빼입고 재잘거리며 멀리서 나타나면 나는 동생을 등에 업고 몸을 숨겨야만 했다. 또한 산에서 나무를 하다가, 들에서 밭일을 하다가도 그러한 상황은 수시로 반복되었다.

숨 가쁘게 어린 나이에 지금은 상상도 할 수 없는 생활을 한 것이다. 아버지께서도 한 번쯤은 목격하셨음직한 상황인데도 그러한 나의 마음을 헤아려 주지 못하셨다. 결국 나는 아버지께 졸라 독학할 수 있도록 강의록을 사달라고 했다. 아버지께서는 그것만큼은 흔쾌히 허락하셨다.

그 당시에 진학하지 못한 학생들을 위해 독학할 수 있도록 중앙 강의록과 제일 강의록이 있었는데 나는 중앙 강의록으로 결정하고 책을 주문했다. 책과 학생증, 그리고 학생 배지가 함께 도착했지만 정규학교를 다니지 않는 나에게는 별로 중요하지 않았다. 나는 주경야독하며 열심히 공부했다. 동생을 등에 업고 책을 보는 내 마음은 즐거웠다. 작지만 그때 독학을 통해 많은 학문의 기초를 닦을 수가 있었다.

다음해 친구들이 중학교 2학년이 되고 나는 읍내 교회에서 운영하는 재건학교가 생겨나면서 재건학교 1회 입학생이 되어 무료로 중학교 과정을 공부할 수 있게 되었다.

나는 그때 아버지가 교육에 대한 열의가 없어서가 아니라 중학교를 보낼 가정 형편이 안 되어 진학시키지 못했음을 알게 되었다. 그러한 사정을 알고 틈틈이 독학해 온 나는 어느새 학교에서 모범학생이 되어 있었다.

새로운 친구들과 어울리면서 교복을 입고 공부하는 것이 마냥 즐거웠다. 그러나 학교 수업이 끝나면 학교 교실을 짓는다고 전도사님과 학생들은 흙을 나르고 벽돌을 만들곤 했다. 그렇게 학교를 세워 가느라

고달팠지만 즐거운 중학교생활을 해나갔다.

재건중학교 입학은 아버지로부터 받은 최고의 선물이었다. 비록 재건학교였지만 2년 동안 학문을 위한 기초를 더욱 굳건히 세우는 계기가 되었고, 훗날 당당한 사회 일원이 되어 사업을 성장시켜 나갈 수가 있는 계기가 되었다.

당시 나는 아무것도 모르면서 새벽기도를 다녔다. 교회에서 운영하는 학교를 다니고 있었기 때문에 교사 겸 전도사님의 말에 따른 것이었다. 새벽 4시에 일어나 나와 비슷한 친구 또래 5~6명과 함께 10리 길을 재잘거리며 걸어 다녔으니, 교회에 나가 무슨 기도를 드렸는지는 모르나 찬송하고 기도드리는 것이 즐거운 일상이 되었다. 새벽시간 활용의 중요성을 그때부터 배워 가고 있었는지도 모른다.

나는 학교생활도 집안일도 더욱 열심히 할 수 있었다. 공부를 할 수 있다는 것이 얼마나 행복한 것인지를 그때 절실히 느꼈으니까.

1968년 겨울방학이 끝나고 중학교 3학년 시작 무렵, 나는 서울의 어느 먼 친척집의 잡화상 점원으로 취직을 하게 되었다. 나에게 할머니뻘 되는 그분은 이문동에서 잡화상을 운영했는데 난생 처음 서울에 올라온 나는 처음으로 전차라는 것을 타 보았고, 텔레비전과 전화라는 것도 처음 보게 되었다. 물론 내가 살던 시골집엔 아직 전기가 들어오질 않았다.

그곳에서 잠시 일을 하다가 계속 일하게 될 삼양동으로 가게 되었다. 우리 집과는 먼 친척 관계였는데 나는 그곳에서 가게 점원으로 일하며 틈틈이 강의록을 구독했다. 중학교 과정은 물론 고등학교 과정을 반복적으로 공부하며 야간학교라도 다니고 싶었지만 내가 욕심을 낼 수 있는 입장이 아니었다.

주인 할아버지뻘 되는 분은 나에게 오랫동안 착실히 일하면 가게 하나 차려 준다는 막연한 약속과 함께 받는 것이라고는 월급으로 한 달에 한 번 목욕과 이발비가 전부였다. 그때는 잇속을 따질 나이가 아니었고 돈에 대한 욕심이 없었다. 별수 없는 어수룩한 촌놈이었다.

숭인동에 위치한 가게와 삼양동에 위치한 주인 할아버지 댁은 꽤 거리가 멀었다. 잰걸음으로 간다고 해도 40분 이상 가야 하는 거리였다. 가끔씩 나는 그 먼 거리를 저녁식사를 날라야 했는데, 당시 주인 친척집에는 젊은 택시기사 부부가 건넌방에 세 들어 살고 있었다. 그들은 나를 귀여워해 주었고 친절하게 대해주었다.

내가 저녁을 나르기 위해 집에 들어가면 영락없이 그 시간쯤이면 택시기사 아저씨가 저녁식사를 하러 들어오셨다. 나와 비슷한 시간 때에 집을 나섰던 그 택시기사 아저씨는 나와 방향이 같을 때는 종종 나를 숭인동 송천시장 어귀까지 태워다 주시곤 했는데, 이것이 시장 사람들을 통해 친척 할아버지 귀에 들어간 모양이었다(그것은 생애 두 번째로 누명을 쓰게 되는 동기가 되었다). 할아버지는 어린것이 돈이 어디서 나서 택시를 타고 다니는지 모르겠다며 나를 의심하기 시작하셨다.

그리고 이웃 가게에 내 또래의 점원 아이와 다투기라도 하는 날이면 그 녀석은 주인 할아버지가 출타 중에 내가 물건을 많이 팔아 놓았다고 일러바쳐서 나를 골탕 먹이곤 했다. 그 친구는 장난스럽게 거짓말을 한 것이지만 친척 할아버지는 내가 돈을 빼돌린다고 오해를 하고 계셨다. 그리고 시골 고향집에까지 좋지 않은 소문이 나 있었다.

아버지께서는 매우 언짢아하시며 나를 추궁하셨다. 나는 억울했다. 내가 그렇게 나쁜 사람으로 매도되고 있다는 것에 분개했다. 항의를 하고 싶었지만 내가 극복해야 할 운명쯤으로 생각을 하고 잊기로 했다.

가난한 어린아이가 항변을 해본들 무슨 소용이 있을까? 자존심 강한 나는 억울하다는 항의 표시로 한차례 그 집을 뛰쳐나왔다. 결국 다시 돌아가 일을 했지만 이미 돌아선 나의 마음을 그곳에 정착시킬 수가 없었다. 결국 나는 떠나왔고, 아버지께서는 내가 일한 대가로 쌀 7가마인가를 받으신 모양인데 나는 전혀 알지 못했다.

그 집에는 외아들과 딸 둘이 있었는데 큰딸과 작은딸의 성격이 어린 내가 보기에도 너무 달랐다. 큰딸은 매사에 차분하고 남을 배려하고 인정이 많았는데 작은딸은 그와 반대의 성격이었다. 당연히 나는 작은딸에 대한 감정이 안 좋았고 의견 충돌도 많았다. 그렇게 그곳에서 처음으로 사회생활이 시작되었고, 어린 나이에 정을 둘 곳이 없었던 시절에 그들과 부대끼면서 형제 같은 마음을 가지고 살아서인지 그들이 가끔 그립다. 이해심 많아 잘 챙겨주던 큰딸은 중등부 선생님이 되었다.

그 후 나는 청량리 부근 사근동이라는 곳에서 새벽이면 신문을 돌리고 낮에는 학생들 학습지를 돌리며 야간학교 입학 준비를 하고 있었다. 그동안 열심히 공부를 해왔기 때문에 야간 재건학교라도 다니면서 검정고시를 준비하기로 마음먹었다. 내가 벌어 놓았다고 생각되는 쌀 7가마니도 있고 해서 나는 아버지께 쌀 한 가마니 값만 보내 주시면 야간학교 등록하고 검정고시 준비를 할 수 있으니 도와 달라는 편지를 보냈다.

어린 마음에 내가 벌어 놓은 돈의 일부를 보내 달라 부탁을 드린 셈이었다. 아버지의 답장은 단호했다. "미꾸라지 새끼 한 마리가 온 바닷물(강물도 아니고)을 흐려놓는다며, 동생들이 몇이나 되는데 돈은 안 벌고 공부를 하려 하느냐 먹고 살기도 바쁜데 무슨 공부 타령이냐"고 꾸짖는 내용이었다.

어린 마음에도 도저히 이해할 수 없는 내용이었다. 순간 큰 실망과 충격으로 땅바닥에 주저앉아 서러워 아버지의 편지를 쥐어 잡고 통곡했다. 함께 일하던 동료들이 몰려와 아버지의 편지 내용을 읽어보고 나를 위로해 주었다. 나의 심정은 참담했다. 그렇게 서러울 수가 없었다.

그때가 내 인생 여정에서 가장 향학열이 불타올랐던 시기였는데 나는 그 이후로 오랫동안 모든 학문에 대한 열정도, 꿈도 접어버리고 말았다. 아버지에게 그리고 세상에 반항이라도 하듯이….

비장한 각오

한국에 돌아온 지 2주째. 나는 어머니 집 인근 교회에 나가 주일 오전예배를 드렸다. 오늘이 첫 번째 드리는 예배였다. 맨 끝 뒷좌석에 앉아 열심히 예배를 드리고 있는데 목사님이 설교 도중에 갑자기 이 지방 출신인 강남의 어느 유망한 사업가가 하루아침에 알거지가 되었다며 하나님께서 "훅" 불어버리니 망해버렸다고 하셨다. 이마에서 식은땀이 났다.

낯선 이방인이 맨 뒷좌석에 앉아 예배드리는 모습을 발견하고 일면식도 없는 그 장본인인 나를 알아본 것은 아닌지, 아니면 설교시간 도중에 하나님께서 나를 향해 그 말씀을 전하라는 메시지인지는 모르겠으나 나는 지난 과오에 눈물로 회개하고 도망치듯 교회를 빠져나왔다.

그 목사님은 나의 소문을 들은 것일까? 왜 하필 나의 과오를 인용하셨던 걸까? 미국에서 돌아온 지 2주밖에 되지 않았고, 그 사건의 시간은 이미 1년이란 긴 세월의 과거가 되었지 않았는가?

소문이란 그렇게 발도 없이 세상을 떠돌며 알지도 못하는 사람들에게 부풀려져 회자되고 있다는 사실에 경악을 금치 못했다. 그들에게 나는 다시 승리자가 되어 좋은 본보기의 사례를 제공하리라 다짐을 했다. 목사님의 설교에 정말 하나님이 역사하고 계신다는 믿음에 나는 부끄러움을 감출 수가 없었다.

한국에 돌아온 나에게는 많은 장벽이 기다리고 있었다. 우선 나는 기소중지자가 되어 법적으로도 자유롭질 못했다. 내가 떠나 있는 동안 내가 가지고 있었던 모든 재산이 연쇄부도로 인해 턱없이 부족했겠지만 민사상의 채무 관계는 모두 정리된 것으로 알고 있었다. 특히 직원들 퇴직금은 사옥을 매각해 우선적으로 처리된 것으로 알고 있었다. 그런데 직원 대표 명의로 근로기준법 위반과 기타 부정수표단속 등 사기범으로 고발되어 있었다.

나의 실상을 가장 잘 알고 있을 회사 간부 직원들마저도 내가 해외로 수십억을 가지고 도망한 것으로 교묘히 뒤집어씌우고 있었다. 그들은 18년 동안 지척에서 나를 바라보았고 나의 자존심에 대해 누구보다 잘 알고 있을 것이다. 회사가 어려운 상황에서도 수십억에 달하는 C여성복 중국 생산을 위해 동분서주하며 자금을 구해 임가공으로 10억여 원에 달하는 자금을 결제하는 것을 실무적으로 목격했을 것인데, 자신들의 면피를 위해 사장이 미국으로 도망갈 자금을 빼돌렸다는 말을 서슴없이 하고 다녔다.

그것은 그들의 진심이 아니라는 것을 알고 있지만 그것은 곧 사실처럼 부풀려졌고, 미래산업으로 인해 피해를 입은 당사자들로 하여금 나를 파렴치한 사장으로 믿게 했다.

훗날 사실인지는 알 수 없으나 중국 담당 부장이라는 자가 임가공 차익을 속이고 횡령했다는 소문을 듣게 되었다. 나는 하늘을 우러러 부끄러움이 없다. 일고의 가치도 없는 XX의 A사장과의 스캔들이나 중국을 통했든 한국을 통했든 자금을 빼돌릴 만큼 영악하거나 비겁하지도 않다. 그것이 내가 한국에 나와야 할 이유이기도 했다. 그러나 본의 아니게 높게 쳐진 인의 장벽으로 인해 자유롭게 영업활동을 할 수 있는 상황이 아니었다.

나의 입장에서 어떠한 사업도 전개할 수가 없는 상황이었다. 관할 세무서에 가서 나의 신분이 문제가 되지만 다시 사업을 시작해서 나로 인해 피해를 본 개인이나 국가에 반드시 보상할 것이니 나의 이름으로 사업자등록증을 내달라고 사정해 보았다. 그러나 그것은 나의 마음일 뿐이지 법적으로 불가능한 일이었다.

이러한 형국에 K는 나의 과오를 이용해 동정 받아 가면서 미래산업의 맥을 이어가고 있었다. 애초에 나의 동생과 함께 나를 타고 넘어 사업을 이어가 주길 바랐지만 동생은 도태되고 불쌍한 사장의 의도대로 동정 받아 사업하는 것을 넘어, 나를 철저히 배제시켜 놓았다. 당시의 자금 압박을 누구보다 더 잘 알고 있었을 그는 사장이 미국으로 수십억 빼돌렸다는 세상인심에 암묵적으로 긍정해버리고 말았다.

우리 가문의 풍비박산은 그와는 별개의 문제였다. 아무리 사장이 원망스러워도 인간의 탈을 쓰고 그럴 수는 없다. 나는 그에게 수차례 만나자는 전화를 했다. 그러나 그는 단호하고 냉정하게 거절했다. 오히려 나에게 그때 한국에 남아 동정 받으며 사업을 계속하지 왜 소식도 없이 도망갔냐며 비웃었다. 도망이 아닌 것을 누구보다 잘 알고 있을 그가 말이다. 당시 고뇌할 수밖에 없었던 나의 심정은 안중에도 없었다.

슬픈 일이었다. 굳게 믿어 왔던 그는 세상의 인심에 휩쓸려 살기 위해 안간힘을 쓰고 있었다. 애초 생각대로 이 또한 내가 짊어지고 갈 짐이 아니던가? 한편 형제들마저도 나와 복잡하게 얽히는 것을 달가워하지도 않았고 나와 만나는 것 자체를 꺼려했다.

나는 유학 중인 아들을 대표이사로 한 법인회사를 만들었다. 그리고 아들의 명의로 사업자등록증을 내려고 했다. 그러나 유학생 신분이기 때문에 거부되고 말았다. 우리 가족이 뭉쳐서 다시 사업을 일으켜 당당하게 이 사회의 일원으로 살아가고 싶은 나의 바람은 그렇게 쉬운 일이 아니었다. 나의 재도전이 무모한 것일까?

우리 사회 구조는 한번 넘어지면 일어서기가 어렵다는 것을 새삼 느끼게 되었다. 패자부활전 같은 것이 필요하다는 생각을 수없이 해보았지만 현실은 냉정했다. 분명 길은 있을 것이란 생각에 우선 오더 문제도 있고 해서 F사의 G사장에게 전화를 했다. 다음 주에 방문하라는 약속을 받았다.

어머니께서도 모처럼 활기가 도셨다. 영영 다시 못 볼 줄 알았던 둘째 아들이 돌아와서 가진 것 없이 사업을 시작한다니 기쁘신 모양이다. 내가 얼마나 큰 죄인인가? 나의 자존심 하나만 꺾고 한국에 남아 있었다면 어렵게라도 사업을 유지해가고 있었을 텐데 어머니와 많은 사람들에게 추한 모습을 보이지 않겠다고 홀연히 떠나버리고 말았으니 얼마나 기가 막히셨을까? 앞으로 어머니 살아생전이라도 효도하며 지난 일을 속죄하는 길은 다시 일어서는 것밖에는 없다고 다짐했다.

어머니 연세가 금년에 83세인데 나는 하나님께 어머니가 적어도 10년 이상 더 사시게 해달라고 매일같이 기도를 드리고 있다. 나의 독자적인 브랜드를 만들어 경쟁력 있는 회사로 키워 어머니를 회사에 모시고 나갈 수 있도록 열심히 살아갈 것이다.

형님의 낡은 차를 잠시 빌려 타면서 나의 책임이 얼마나 큰가를 절실히 느꼈다. 형 또한 나의 회사에 잠깐 근무하면서 형제라는 이유로 나도 모르게 보증기금에 사인이 되어 있었다. 기 발생한 대출 연장이었다. 큰 금액은 아니었지만 보증을 빼라 했는데 결국 빼지 못한 모양이다.

이미 20만 킬로미터를 달린 차의 엔진 소리는 꽤 요란했다. 가슴이 아팠다. 형제들이 모두 힘들게 살아가고 있는데 좋은 차 타며 폼 잡고 교만하게 살아왔던 날들, 그 모두가 다 부질없음을 알게 되었으니 새롭게 살아가는 나의 날들은 겸손하고 진실한 마음으로 후회를 남기지 않으리라.

약속대로 나는 G사장을 방문했다. 그는 예전처럼 반갑게 맞이해 주었다. 그리고 부사장에게 안내했다. 부사장은 회장께 지시를 받았다며 반가워했다. 이렇게 다들 반가워 해주니 고마웠다. 원래 Y회장은 사람 좋기로 정평이 나 있었다. 다시 사업을 할 수 있도록 용기를 준 Y회장께 감사할 따름이다. 어느 정도 시간이 걸리겠지만 나에게 또다시 펼쳐질 미래에 대해 다시 한번의 성공을 낙관하고 있었다.

무엇이 나의 정신을 그토록 강하게 만드는지는 모르겠다. 그렇지만 그것이 나의 유일한 강점이면서도 단점이 될 수 있음을 나는 깨닫고 있다. 지나친 자신감과 신중하지 못했던 나로 인해 나의 온 가문이 큰 시련의 소용돌이에 휩싸여 있질 않은가? 이제 나에게는 다시 일어서는 길밖에 달리 선택의 여지가 없다.

많은 사람들이 회사의 책임자로서 아무 소식도 없이 사라진다는 것이 무책임한 것 아니냐, 미국에 많은 재산을 빼돌려 놓은 것이 아니냐는 등의 의문을 갖지만 지금은 여러 가지 복잡한 생각들을 할 만한 처지가 아니다. 나를 음해하고 기만하는 자들이 있지만 지금 나는 그들과 부대끼며 옳고 그름을 따질 만한 마음의 여유도 시간도 없다.

그냥 과거는 당분간은 덮어두기로 했다. 진실은 반드시 밝혀질 것이기 때문이다. 비록 내 마음과는 달리 많은 어려운 장벽들이 높게 드리워져 있는 현실 앞에서 비장한 각오가 아니면 살아남기 어려울 것이라 여기고 마음을 굳게 다잡았다.

"주께서 나의 의와 송사를 변호하셨으며 보좌에 앉으사 의롭게 심판하셨나이다." (잠언 9장 4절)

처남 명의로 법인 설립

2004년 1월, 설 명절을 얼마 지나지 않아 지인의 도움으로 법인을 설립했다. 그리고 어렵사리 처남의 명의로 사업자등록증을 발급받았다. 신용불량자가 이 땅에서 다시 살아간다는 것이 얼마나 힘든 것인가를 뼈저리게 느끼며 우여곡절 속에서 삼성동 무역센터 맞은편에 조그마한 사무실을 만들었다. 그리고 2월 초순경 골프웨어 샘플을 받았다.

과거 내 공장을 가지고 있을 때는 조직이 있었고, 개발실도 있어서 자체 샘플을 만들었으나 지금은 외주관리를 하려니 움직이는 것마다 자금이 들었다. 패턴외주, 샘플외주 등 자본금도 없이 시작하는 사업인지라 힘이 들었다.

힘들게 샘플을 만들어 받아든 오더는 회사를 운영하는 최소한의 비용으로 만들 수 있는 구조가 아니었다. 어느 정도 품질과 규모가 있는 친구의 공장을 활용하기로 한 약속을 지킬 수가 없게 되었다. 나와 친구는 서로 실망했고 나는 오더 양의 한계로 인해 또 다른 공장을 찾지 않으면 안 되었다. 계획보다 터무니없는 적은 양의 오더를 진행한다는 것이 무리였다. 나로서는 욕심을 부릴 만한 처지가 못 되었다.

본사 부사장은 '회사 운영비와 직원들의 인건비 정도는 나와야 할 것이 아니냐며 곧 더 많은 양의 오더를 점진적으로 배정할 테니 기다리라'고 했다. 그러나 F사 또한 판매부진과 자금압박으로 고전을 면치 못하고 있었으니 정말 기대했던 오더는 직원 급여와 운영비도 나오지 않는 실망스런 양이었다. 그래도 나는 다시 법인을 만들어 회사를 운영할 수 있다는 것에 감사하게 생각하고 있었다.

오더 받은 제품 원단은 독일과 일본에서 수입했다. 원단을 수입 대행하는 회사들은 탁월한 영업 능력을 가지고 있었다. 자기들이 수입선을 만들어 제시한 원단은 우리가 직접 현금으로 결제하도록 만들고 자기들은 수수료만 챙기는 그야말로 돈 한 푼 안 들이고 영업을 했다.

과거 나는 마음만 먹는다면 수십만 야드의 원단을 외상으로도 들여올 수가 있었다. 나는 그러한 나의 회사를 활용한 사업을 전개하지 못하고 엉뚱한 곳에 손을 대고 투자하며 스스로 나락으로 떨어지는 우를 범하며 살아왔던 것이다. 한국 경제상황이 안 좋으니 의류 회사들마다 매출이 예년 대비 60% 수준을 유지하기도 힘들다고 했다.

당시 전국의 신용불량자가 380만 명이나 되고(2007년 통계 750만 명), 왕성한 경제활동의 축을 이루어 소비를 유발시키던 그들은 나와 같이 신용카드는 물론 현금을 사용할 만한 입장이 못 되었다. 고유가와 부동산 경기침체 등으로 내수 시장이 꽁꽁 얼어붙은 상황에서는 어떠한 기적도 바랄 수 없는 처지였으니, 시간이 흘러가면서 2005년 시즌의 오더를 어느 정도 받지 못한다면 또 다른 각도에서 수익 모델을 창출할 수 없었기에 끊임없이 연구하지 않으면 안 되었다.

오더를 부탁할 만한 곳은 여러 곳이 있었다. 하지만 나에겐 솔직히 자본금이 없었다. 나의 사업 특성상 적정 자본금이 투자되어야만 한다. 그러나 나를 믿어주는 사람이 없었다. 아니 그보다 많은 사람들이 보기와는 달리 어렵게들 살아가고 있다는 것을 깨닫게 되었다. 사업하는 친구들은 그들대로 애로사항이 있었고, IMF 등 경제상황이 안 좋아 그들 또한 겉보기와는 달리 수십억 원의 은행 대출금으로 연명해 가고 있었다.

철옹성 같아 보였던 백화점 명품들조차 세일을 하지 않으면 안 되는 상황에서 거리엔 저가 의류가 홍수를 이루고 있고, 대도시로 향하는 길목마다 브랜드 아울렛몰이 들어섰다. 웬만한 경쟁력을 가진 브랜드가 아니고서는 정품으로 나가기 전에 애당초 아울렛용으로 제품을 만들어 할인판매 하는 업체가 늘어만 갔다. 생존을 위한 몸부림이었다. 분명 위기였다. 사회 곳곳에서 어렵다고 아우성들이다.

신문을 보면 미국의 LA나 뉴욕으로 한국 자금이 물밀 듯 몰려든다고 한다. 심각한 문제가 아닐 수 없다. 미국에서 1년 체류하는 동안 많은 교포들이 생존을 위해 한 푼이라도 더 벌기 위해 분초를 다투어 가며 투잡(Two Job), 쓰리잡(Three Job)까지 뛰며 열심히들 살아가는 것을 보았다. 한국에 돈 많은 사람들이 그들에게 상대적으로 박탈감과 상실감을 주고 있다는 생각도 해보았다. 결국 돈 많은 그들은 미국이라는 나라에서 별로 존경스럽지 않은 많은 변호사들의 배만 채워주는 형국이었다.

나는 한국에 미국 청바지를 런칭(Launching) 하기 위해 샘플을 가지고 나왔다. 하지만 한국 사람들의 체형에 맞지 않았다. 한국인들은 하체가 짧고 골반이 있어 몸에 달라붙는 청바지는 생소하게만 느껴졌다.

미국의 지인을 통해 꽤 많은 청바지 샘플을 가지고 나와 한국에 상표를 등록시키고 판로를 개척하기 위해 안간힘을 써 보았지만 당분간 보류할 수밖에 없었다. 불황일 때는 시장진입 시기를 늦추는 것 또한 전략이라 생각되었다. 시간을 가지고 브랜드로 키워가는 것을 신중히 연구하기로 했다.

나는 매일같이 사무실로 출근했다. 특별한 일이 있는 것은 아니었다. 그러나 늙으신 어머니께 출근하는 모습을 보여드리고 싶었고 사무실에 나가 신문과 인터넷을 통해 세상 돌아가는 정보를 얻고 싶었기 때문이었다.

그러나 자금난 때문에 힘에 부쳤다. 자금을 만들 길이 없었다. 아무것도 손에 쥐지 않고 하는 사업인지라 참으로 힘이 들었다. 무엇보다 아이들이 미국에서 유학생활을 하고 있으니 유학비를 대는 것이 버거운 상태였다.

나는 지난날 나에게 도움을 받았던 많은 사람들에게 손을 내밀어 보았지만 한결같이 냉정했다. 그 중에 오래전부터 수차례 나에게 도움을 받은 친구가 있어 약간의 도움을 청해두었다. 그 친구는 어려운 시절을 겪으며 어느 정도 여유가 있다고 나에게 자랑까지 했으니 운영자금으로 융통해 줄 수 있겠다는 기대를 했다. 그러나 그는 결국 나의 전화를 피했고 여러 가지 이유를 들어 차일피일 미루었다. 그것이 거절방법이라는 것을 알고 나는 그에게 돈 빌리기로 한 부탁을 접기로 했다.

사업자금을 구하기 위해 수단 방법을 가리지 않고 연결이 되는 많은 이들에게 부탁을 해보았다. 그러나 헛수고였다. 다들 남에게 기죽지 않으려고 적당히 포장하고 힘들게 살아가고 있다는 것을 느끼게 되었다.

비록 그들에게 거절을 당했지만 나는 그들을 원망하지 않았다. 그들도 자기들만의 삶이 있고 자기들 나름대로 삶에 대한 계획이 있을 것이기 때문이다. 자기 살기에 급급한 현실에서 어려운 이웃을 돌볼 수 있는 이들이 과연 얼마나 될 것인가?

하루하루가 피가 마르는 날들이 흘러가고 있었다. 사업도 해야 하고, 아이들 학비 또한 마련해야 하는데 이 위기를 어찌 넘어가야 할지 나는 밤잠을 못 이루는 날들이 많아졌다.

수원의 친구는 계속 운영자금을 만들어 줄 테니 기다리라는 말뿐이었다. 그 친구도 살아가기 만만치 않다는 것을 느끼게 되면서부터 크게 기대하진 않았다. 그러나 지금은 지푸라기라도 잡아야 하는 심정이었기에 그에게 매달려 보기로 했다.

나는 자금을 구하기 위해 자존심 따위는 이미 버린 지 오래였다. 예전에 운영했던 가구 회사 공장장에게도 도움을 청했다. 그러나 여지없이 거절당하고 말았다. 지난날 물심양면으로 도와주었더니 은혜를 모르고 있었다. 빚더미에 허덕이며 셋방에 살던 자가 중형아파트 두 채와 대형 가구점을 운영할 형편이라면 그가 아무리 부정한다 해도 자신의 양심만큼은 속일 수 없을 것이리라. 그러나 나는 더 이상 그에게 부탁하지 않았다. 나의 가족들이 겪고 있는 시련을 생각하면 그를 용서할 수가 없을 것이라는 생각이 들었지만….

어머니께서 요즈음 안색이 안 좋으시고 야위어지신 것 같다. 집에 처남이 와 있으니 식사 때마다 긴장이 되시고 힘이 든다고 하셨다. 연로하신 어머니께서는 나와 처남을 위해 식사를 지으시고 정성껏 아침식사를 마련해 주셨다. 허리도 아프신데 마음 한구석이 편치 않았다. 아니 가슴이 아팠다.

지금쯤은 자식들 중 누군가가 모시고 편히 여생을 보내시게 해야 하는데…. 내가 할 수 있는 일은 우리 어머니가 건강하게 오래 사시도록 해 달라고 하나님께 기도드리는 것이 전부였다. 그리고 어머니를 가까이서 모실 수 있는 날이 속히 오도록 매일같이 기도드렸다. 어머니의 여권이 만기가 되어 5년 더 연장을 해 놓았다. 건강하실 때 해외여행을 단 한 번쯤이라도 더 하실 수 있도록, 그리고 그렇게 되리라는 기대를 가지고….

처남은 밤이면 수시로 말없이 출타를 했다. 그리고 돌아오질 않았다. 전화도 받지 않았다. 어쩌다가 전화 통화가 되면 술에 만취되어 읍내 노래방이라며 새벽에 돌아갈 테니 걱정 말라고 했다. 그리고는 새벽 5시나 되어 술에 만취되어 손수 운전하고 귀가했다. 그런 처남을 보고 있자니 마음이 무척 혼란스러웠다.

처남 또한 어려운 상황에서 나를 도와 함께 사업을 일으켜 보자고 의기투합해 힘쓰고 있는 중이었다. 하지만 자본금이 없고 회사 돌아가는 것이 심상치 않다는 생각에 시도 때도 없이 사라져 며칠 동안 연락이 되질 않았다. 처남의 히스테리를 감당하기가 힘들었다. 더 이상 처남과 사업을 할 수 없겠다고 생각하고 때가 되면 그가 살아갈 방도를 만들어 헤어져야겠다는 생각을 했다.

현재는 처남의 명의로 사업자등록증을 낼 수밖에 없었기에 어떤 비난도 감수해야만 하는 나의 처지가 서러웠다. 처남이 이해할 수 없는 행동을 했지만 그를 위로하고 희망을 주었다. 어머니께서 이 못난 자식으로 인해 망신스런 말년을 보내고 계시니 무척 송구스러웠다. 또한 처남으로 인해 많이 수척해지셨고, 어머니 면전에서도 수시로 나를 윽박지르곤 했으니 잘나가던 자식이 그렇게 수모를 당하는 모습을 보시고 얼마나 가슴이 아프셨을까? 처남은 사업적인 대화를 하려고 하면 일단 나를 무시했다. 그렇게 잘나서 사업을 망해 먹었냐며….

어느 날 새로 이사 온 교회 전도사님 집에 심방한 후 목사님이 근처 삽교호로 나가 식사를 하자고 했다. 그래서 회사차인 밴을 타고 모두 7

명이 식사를 하러 갔다. 그리고 삽교호 유료 주차장 이용료 1,000원짜리 영수증을 받았다. 지난 회사 운영 때의 부실을 생각해서 나는 가급적이면 모든 영수증을 회계 처리하기 위해 모으고 있었다. 집에 돌아와 쉬고 있는데 처남이 차를 살피다가 삽교호 주차영수증을 발견한 모양이었다. 그러더니 괜한 심통을 부리기 시작했다. 아마도 자기 모르게 누군가와 외식을 다녀왔다는 것에 화가 났던 모양이다.

어떠한 상상을 했는지는 모르겠지만 그야말로 처남은 정상인이 아니었다. 무슨 소린지는 모르나 고함을 지르며 차량 문을 부서져라 열었다 닫았다 했다.

참으로 어처구니없고 슬픈 일이지만 지금의 나는 어떠한 수모도 감수할 수밖에 없는 처지라 한없이 서러웠다. 그의 처지가 안타까워 나는 그를 달래 보았지만 소용이 없었다. 그도 아내에게 버림받고 삶의 의욕을 잃어갈 즈음에 내가 미국에서 돌아와 다시 도전하려는 모습에 감명받아 돕겠다고 나선 것이었는데, 오더는 예상대로 진행이 안 되고 자금은 한계가 있으니 나에게 감정을 가지기 시작했던 것이었다.

결국 그는 이웃 6촌 형과 함께 저녁 늦도록 집에 들어오려 하지 않았다. 나의 아내는 곧 자신의 여동생이며, 이곳은 여동생의 시댁이라는 생각은 전혀 안중에 없었다.

"나의 영혼이 주의 구원을 사모하기에 피곤하오나 나는 오히려 주의 말씀을 바라나이다." (시편 119장 81절)

사랑하는 아이들

2004년 5월 28일, 보스턴에서 유학 중인 딸이 1년을 앞당겨 고등학교를 조기 졸업했다. 아내와 아들이 먼저 보스턴에서 만나 딸의 졸업식에 참석하고 나를 제외한 가족들이 오랜만에 만나 오붓한 시간을 가졌다. 가장인 아버지가 참석은 못해도 우리 가족들은 이제부터 서로가 도와주고 아끼면서 시련의 시간을 극복해 나갈 것이다.

생각하면 가슴 아픈 일이다. 회사가 건재해 있다면 딸아이 졸업식이 얼마나 즐겁고 행복할 것인가? 우리 딸은 한국에 돌아와 친구들과 어울리며 즐거운 시간을 보낼 수 있을 테고, 아들 또한 마찬가지일 것이다. 그들에게 얼마나 소중한 추억을 만들어 갈 시간들이란 말인가? 그것을 이 못난 아버지로 인해 잃어버린 시간이 될 수밖에 없을 테니, 과연 나는 그들에게 어떤 방법으로 보상할 것인가?

그러나 우리 가족은 당분간 힘든 시간을 보내야만 한다. 나는 가장으로서 단지 그 시간을 최대한으로 단축시키기 위해 최선을 다할 것이고, 나의 사랑하는 가족들에게 또 다른 행복을 주기 위해 어떠한 어려움도 극복해 나갈 것이다.

그날이 오면 나의 가족들에게 어느 만큼은 면죄부가 될 것이다. 딸아이는 여름방학 동안 아르바이트도 하고 엄마와 함께 보내다가 오빠가 있는 오하이오로 떠날 것이다.

얼마나 허전하고 슬플까? 딸은 여러 곳에 대학입학 허가를 받아 놓은 터였다. 특히 보스턴에서 대학생활을 하고 싶어 했지만 가정 형편을 감안해 오빠와 함께 대학생활을 하고 대학원은 꼭 원하는 곳에서 다닐 수 있도록 해주겠다고 설득을 시켰다. 미안했다. 우리 딸이 순순히 따라준 것에 감사했고, 오빠와 함께 생활한다는 것이 감사했다.

아들은 남자 아이라서 안심이 되었지만 딸은 그렇지를 못했다. 고등학생 때는 어쩔 수 없었지만 대학생활만큼은 혼자 생활하는 일이 없었으면 좋겠다고 생각했다. 우리 가족은 수시로 서로 연락을 하고 메일을 주고받으면서 이제는 가족이 뭉쳐서 반드시 사업을 일으켜 세우자고 다짐을 하면서 우리들의 꿈을 향해 달려 나갈 수 있었다. 우리는 어렵지만 큰 희망이란 것을 가지고 있기에….

새벽에 전화 벨소리가 울렸다. 나는 잠결에 모닝콜이라 생각하고 순간적으로 전화를 들었다가 끊어버리고 말았다. 다시 생각해보니 모닝콜 벨소리가 아니었다. 순간 딸아이의 전화일 것이라는 생각이 들었다. 미국 시간으로 내일 졸업이니까 엄마와 오빠가 도착했다는 소식을 전하기 위해 전화를 걸었을 것이다. 다시 전화가 왔다. 딸이었다. 학교 졸업식에서 조지부시 미국 대통령상을 받았고, 우수 학생에게 주는 상장도 몇 개 더 받았다고 한다.

가끔 딸은 나를 놀라게 하는 재주가 있었다. 그때마다 나는 살아 있음을 감사했고 살아서 존재해야 할 이유를 발견하곤 했다. 나는 잠결이었지만 또 다른 삶의 욕구가 솟구쳤다.

성적 또한 4.0만점에 3.9의 성적을 받았다고 한다. 얼마나 기특한 일인가? 아버지가 모든 것을 잃고 방황할 때에 딸아이는 나를 위로해 주었다. 미국 아이들은 성년이 되면 대부분 아르바이트 하면서 학비는 스스로 벌어 공부한다면서 나에게 많은 용기를 불어 넣어 주었다.

엄마와 오빠가 공항에 도착해 렌터카를 타고 홈 스테이 하는 집으로 향하고 있단다. 안심이 되었다. 아내가 LA에서 새벽 5시에 출발한다고 해서 미국 시간에 알람을 맞춰 놓았다가 깨워 주었다. 공항 나갈 때 한국인 택시를 타고, 돌아갈 때에도 한국인 택시를 예약하라고 일렀다.

아내는 항상 나와 함께 나들이했기 때문에 아직도 혼자 나들이한다는 것에 대해서 많은 걱정을 하고 있었다. 하지만 아들이 미리 공항에 도착해 엄마를 기다린다고 해서 큰 걱정은 하지 않았다. 오래간만에 가족들이 한자리에 모였다니 마음이 기뻤다. 비록 나는 그 자리에 참석은 못했지만 사랑하는 나의 가족이 이 험한 세상을 헤쳐 나가고 있음을 강하게 느끼게 되었다.

호스트 패밀리에게 너무 감사했다. 딸아이를 많이 돌보아 주었고 친절하게 신경도 많이 써 주었다고 한다. 또한 그들은 딸의 피아노와 바이올린 연주를 연습할 수 있는 기회도 만들어 주었고 보스턴 오케스트라에서 활동하고 있는 사람을 통해 바이올린 교습도 시켜주었다. 그들은 우리 가족이 가장 어려울 때에 우리에게 큰 희망을 가지고 살아갈 수 있도록 많은 배려를 해주었다.

우리 부부는 능력이 되는 한 아이들에게 피아노, 바이올린, 수영 등을 가르쳤고, 영어 교육에도 신경을 썼다. 해외여행을 다니면서 영어가 얼마나 중요한 것인가를 깨달았고 기회가 되면 방학을 이용해 해외 연수도 부지런히 보내 주었다.

우리 가족은 희망을 가지고 있다. 두 아이가 모두 영어권에서 공부하고 있고, 아이들 또한 낙천적인 아버지를 닮아 지금의 환경이 조금 불편할 뿐 낯설어 하지 않아 다행으로 생각하고 있다. 가족이 똘똘 뭉친다면 다시 일어설 수 있을 것이다. 우리는 그렇게 큰 희망을 가슴에 안고 이 절망의 바닥에서 더 높은 곳으로 비상할 것이라는 꿈을 안고 살아가고 있다.

긴긴 삶을 살아가면서 항상 여유 있고 부유한 삶만이 성공한 삶이고 행복할 것이라 생각할 수는 없겠지만, 그래도 가진 것이 있으면 남에게 괄시받지 않고, 살아가기가 조금은 편리한 것이니까….

우리 가족은 역경을 헤쳐 오면서 서로를 격려하고 배려했던 마음같이 지혜로운 가족이 되어 가고 있다. 딸은 태어나면서부터 우리 가정에 행운이었다. 모든 사업이 잘 풀려갔고 물질적으로도 풍요로운 생활을 누렸다. 딸아이가 태어나고 분명 우리는 많은 축복을 받으며 살아왔다. 딸은 울지도 않았고 혼자서도 잘 놀던 아이였다.

오빠 학교 가는 길에 유치원이 있었는데 딸아이는 4살 어린 나이에도 유치원 앞을 그냥 지나치질 못했다. 조숙한 편이었고 유치원 다니게 해달라고 울면서 떼를 썼다. 결국 유치원 원장선생님과 면담을 통해 입학을 허락받고 4살 되던 해에 유치원을 다니게 했다. 그렇게 해서 딸아이는 유치원생활에 잘 적응해 나갔다.

3살 때부터 시작한 피아노 실력도 날이 갈수록 향상되어 갔고, 피아노 교습은 하루도 거르지 않았다. 딸아이는 무엇이든지 한번 시작하면 꾸준하게 열심히 했고, 자기가 해야 할 일은 스스로 준비하는 아이였다.

5살 되면서부터 바이올린에 흥미를 느껴 피아노와 함께 배울 수 있도록 해주었다. 공부와 마찬가지로 무엇이든지 배우는 것에 욕심이 많았다. 우리는 그런 딸이 너무 예뻤고, 많은 신경을 써 주었다. 주변에서는 영재교육을 시켜 보라고 권하는 사람들이 많았지만 우리는 딸아이가 그냥 평범한 아이로 다양한 경험을 하면서 성장하기를 바랐기 때문에 영재교육엔 신경을 쓰고 싶지가 않았다. 그렇게 딸은 지금까지 모범생으로 잘 성장해 주었다.

지금은 비록 힘든 생활을 하고 있지만 그래도 나의 가족이 어리석은 가장을 믿고 용기를 주는 것에 대해 항상 감사하고 있다. 또한 다시 할 수 있다는 용기를 가지고 남은 인생을 지혜롭게 살아갈 것이다.

나는 한량없는 하나님의 사랑으로 재물의 축복을 받아 어린 시절의 궁핍함을 보상도 받았다. 남들이 경험하기 힘든 물질로 봉사할 수 있는 은혜를 받았고, 오랜 시간 물질적인 봉사도 해왔다.

무엇보다도 사랑하는 나의 아이들에게 오랫동안 능력 있는 아버지로 존재할 수 있도록 해주신 것에 대해서 진심으로 감사를 드리고 있다. 흔히 경험할 수 있는 일이 아니지 않은가? 그러므로 오늘도 나는 하나님을 의지하며 진실한 마음으로 담대하게 또다시 도전해 가고 있는 것이다. 우리 가족의 삶을 통해 하나님은 더 큰 봉사의 기회를 주시리라 믿는다.

"네 시작은 미약했으나 네 나중은 심히 창대하리라." (욥기 8장 7절)

오산 스님

추적추적 새벽부터 내리던 비가 하루 종일 그치질 않았다. 나는 밤새 한숨도 못자 퀭한 눈으로 창밖을 바라보고 있었다. 제품 오더를 받고 독일과 일본에서 수입하는 원단의 통관 자금이 우선 4만 불 정도가 되는데 자금이 없으니 걱정이었다. 통관 자금을 마련하지 않으면 오더 진행에 차질이 생기는데 마땅히 부탁할 만한 사람도 없었다. 몇몇 친구들에게 부탁을 해보았지만 다들 어렵다고 했다.

우울했다. 통관을 못해 납품을 하지 못하는 망신은 당하지 말아야 하는데 자본이 없으니 답답했다. 조그마한 임대 사무실을 얻어 쓰고 있는 것도 참으로 불편했고 자존심도 상했다. 내 사옥을 가지고 마음대로 사용할 때와 어찌 비교가 되겠는가? 월세 산다는 것이 이토록 서글픈 것인지 새삼 느꼈다.

옛날 나에게 신세진 또 다른 친구에게 자금 부탁을 했지만 그 친구 역시 이 핑계 저 핑계를 대며 피했다. 그 친구와는 좋은 감정을 가지고 있지 않았지만 나는 그만큼 절박한 상황에 처해 있으니 조금이라도 연이 닿는 사람에게 부탁을 하는 수밖에 없었다. 날짜는 시시각각 다가오고 서서히 통관 자금이 걱정이 되는 것이다.

그러던 중 갑자기 옛날 절에 다닐 때 알고 지내던 주지스님이 떠올랐다. 크리스천이기 때문에 꺼려 왔으나 마음이 문제라 생각하고, 나는 안부가 궁금하기도 해서 스님에게 전화를 드렸다. 반가워 하셨다.

스님은 나의 소식을 대충 들어 알고 있다며 보증 서지 말라고 그렇게 일러주었는데 보증 서준 것이 화근이 되었다며 꾸짖었다. 하지만 지나간 일은 다 잊어버리라며 또 한번의 기회가 있을 것이니 열심히 해보라고 격려를 해주셨다. 그리고 며칠 후 미국 방문을 한다며 우리 가족들 소식도 궁금하니 연락처를 알려 주면 방문차 한번 만나 보겠다고 하셨다. 그러면서 당장 만나자고 하셨다.

다음날 지체 없이 오산 스님을 찾아뵈었다. 스님은 소문으로 나의 소식을 들었는지 나에게 '무에서 유를 창조할 수 있는 능력 있는 사람 아니냐'며 나를 위로해 주었다. 고마웠다.

오산 스님을 알게 된 것은 아버지 장례식에 불공을 드리고 49제를 그 절에 맡기면서부터였다. 그 인연으로 오산 주지스님에게 절을 건축하는 데 쓰시라고 적지 않은 자금을 드린 적이 있었다.

몇 년 동안 그 스님의 절은 많이 번성해 있었다. 조그마한 암자와 2층짜리 대형 절도 건축하셨다. 신도들도 많았다. 그리고 스님은 수시로 해외 방문을 통해 포교활동도 하고 계셨다. 신실하지 않지만 나는 기독교 신앙을 가지고 있었기에 부처님에게 예를 갖출 수 없음을 말씀드렸다. 오산 스님은 이해한다며 마음 편히 대해 주셨다.

오산 스님을 만난 후 얼마 지나지 않아 나의 어려운 처지를 알고 계신 스님은 나에게 적잖은 돈을 쓰라고 주셨다. 오산 스님은 지난날 얼마간의 건축비로 내놓은 것을 잊지 않으셨다며 벌어서 갚아 주면 좋고 아니

어도 괜찮다고 하셨다. 그리고 더 필요하면 몇 천 만원 정도 만들어 주겠다고 하셨다. 나는 스님의 말씀도 있고 자금이 어려운 차에 수입원단비용 관계로 긴급 자금이 필요하니 조금만 더 융통해 주십사 부탁했다. 오산 스님은 꼭 도와주겠으니 일주일 후 다시 방문을 하라고 하셨다.

스님은 미국 여행 중 아내와 딸을 만나 위로와 격려를 해주셨다며 귀국 직후 바로 만나자는 전화를 주셨다. 스님은 몇 천만 원을 추가로 내주셨다. 감사했다. 급한 대로 가족들에게도 체면이 설 수 있고 통관 자금에 보태 쓸 수가 있었다. 비록 스님께서 주신 돈이지만 나는 하나님께 감사 기도를 드렸다. 종교는 달라도 스님께서 주시는 돈을 헛되게 쓰지 않는다면 괜찮을 것이란 생각을 하면서….

스님이 주신 적지 않은 자금은 우선 급한 대로 일본 쪽 수입원단을 해결할 수 있었다. 그리고 아이들에게 약간의 학비로도 송금할 수 있었다. 신앙적인 판단과 해석을 할 수 없는 나였지만 간절히 기도한 후에 하나님께서 응답을 주신 것이라 생각했다. 모든 것이 감사했다.

나중에 안 일이지만 오산 스님은 절을 짓기 위해 남의 돈을 끌어 썼고 적지 않은 빚을 지고 계셨다. 스님 또한 남의 말을 믿고 맡겼다가 그들로 인해 철저하게 이용당하며 어려운 처지가 되어 빚쟁이들에게 쫓겨 다니는 안타까운 현실을 살고 계셨다. 그 모습을 목격하면서 동병상련의 아픔을 느끼며 많은 조언을 해드렸다.

30억짜리 절의 준공을 눈앞에 둔 그 스님은 사기꾼들에게 일을 맡겼다가 결국 횡령당해 몇 년을 고생하신 모양이었다. 스님은 끝내 어디론가 잠적을 하셨고 내가 다시 미국으로 돌아올 때까지 도무지 연락이 되질 않았다.

나는 오산 스님의 처지가 마치 나와 똑같다는 생각이 들어 안타까웠다. 어려울 때 아무런 사심 없이 도와주신 그 고마움을 어찌 잊을 수 있을까.

"평강의 하나님께서 너희 모든 사람과 함께 계실지어다 아멘."

(로마서 15장 33절)

살아간다는 것

새벽 4시 30분, 새벽 기도회에 참석하려고 열심히 자전거 페달을 밟았다. 자전거를 타고 새벽바람을 가르는 기분이 날로 새롭게 느껴졌다. 띄엄띄엄 서 있는 가로등 불빛 아래 하루살이와 모기떼들이 얼굴을 세차게 때렸다. 미물에 지나지 않는 것들이지만 그들 또한 생명이 있어 하루를 살아가기 위해 이토록 몸부림 치고 있다는 생각에 이 세상에 존재하는 어떠한 생명도 존귀하다는 것을 느끼게 되었다.

생명의 가치, 하물며 만물의 영장이라 하는 우리 인간의 생명은 얼마나 소중한 것인가. 스스로를 자학하며 나보다 좀 더 배운 자들을 무조건 존중해 왔던 내가 부끄러웠다. 차라리 배우지 못한 자들에게는 어딘가 순수함이 배어 있질 않은가? 돌이켜 보면 나의 주변에 조금 배웠다 하는 많은 사람들이 영악하게 느껴졌고 교묘히 남을 이용하는 방법을 알고 있다는 사실을 뒤늦게 깨닫게 되었다. 학문의 힘일까?

요즘은 하루하루 새벽기도 드리는 시간이 즐거웠다. 내가 너무 세속적으로 살아온 것으로 인해 나의 사랑하는 가족들을 배신한 것 같아 기도시간에 하나님께 눈물로 회개하고 진실한 마음으로 용서를 빌었다.

그리고 선교활동을 하면서 사업을 병행할 수 있도록 하나님께 간절히 기도를 드렸다. 목사님도 앞으로 내가 장로가 되어 주길 권하셨다. 물론 나 자신도 능력 있는 장로가 되는 것이 꿈이었다. 장로 직분이 아무나 하는 것이 아니기 때문에 다시 재기하는 길만이 하나님께 장로 직분으로 사명을 감당할 수 있으리라.

오늘도 어김없이 동쪽 하늘에 해가 떠올랐다. 교회 유리창 밖으로 태양이 굴절되어 하나의 원으로 형성된 모양이 신비스럽게 비춰졌다. 나는 새벽기도를 드리며 또 다른 삶의 역동을 느끼게 되었다.

새벽기도를 마치고 오래간만에 사우나장으로 향했다. 회사가 잘못되고 사우나장은 처음이었다. 이제 지나간 날들을 잊어버리자는 마음으로 만 원이란 거금을 들여 때를 밀었다.

최근에서야 돈의 가치를 소중히 여기기 시작했지만 오늘처럼 만 원의 가치를 소중하게 여겨본 적은 없었다. 얼마나 많은 날들을 돈의 가치를 모르며 흥청대고 살아왔던 나였던가?

오후에 어머니 집 정원에서 예쁜 네잎클로버를 찾았다. 그것도 두 개씩이나. 기분이 좋았다. 찬송가 안쪽 깊숙이 넣어 보관했다.

며칠 후 자금 문제로 대출을 받기 위해 급히 은행에 가려고 택시를 탔다. 택시 기사는 얼굴에 화상을 입고 있었는데 싱글벙글 웃음을 짓고 있었다. 조금 전에 내린 예쁘고 똑똑하고 자신감이 넘치는 아가씨 덕분에 기분도 상쾌하고 사는 보람을 느낀다는 것이다. 나도 덩달아 기분이 좋았다. 스쳐 가는 낯모르는 사람일지라도 인연이란 이렇게 소중한 것이라는 것을 다시 한 번 느끼게 했다.

친구가 소개해 준 은행에서도 대출이 거부되고 말았다. 어머니 집을 담보로 대출받기로 한 것인데 진입 도로가 지적도상에 나타나 있지 않은 것이 거부당한 이유였다. 응암동 지인이 지점장으로 있어 약간의 대출이 가능해 다음날 어머니를 모시고 인감증명서를 떼어 은행을 방문했다. 가슴이 아팠다. 어머니께서는 내가 다시 일어설 수만 있다면 무엇이라도 해주실 분이었다. 팔순 노모에게 폐만 끼치니 나는 천하에 불효자식이었다. 어머니의 말년을 이렇게 슬프게 만들어 놓다니.

지점장의 지시로 직원들은 어쩔 수 없다는 듯 L/C*를 열어 주었다. 그들 중 한 직원은 전에 우리 회사가 건재해 있을 당시 평사원으로 있던 은행원이었는데 책임 과장이 되어 있었다. 그는 초라해진 나와 어머니의 담보 물건을 가지고 내 가슴을 난도질했다.

일단 어머니 집을 담보로 4만 불이 해결되었지만 온갖 망신살이 뻗쳐 있는 나였다. 자업자득이라 하지만 나의 어머니께서 무슨 죄가 있다고 나이든 자식을 위해 이런 수모를 겪고 계시는 것일까? 그러나 나는 어머니와 나의 가족 그리고 가문을 위해 끝까지 다시 힘차게 일어서는 모습을 보일 것이다. 자존심이 누구보다도 강한 나였지만 처참하게 구겨진 자존심 앞에서도 나약할 수밖에 없으니 이제 바보가 된 것이 아닌가? 하는 생각을 하며 남모르게 피식 웃었다. 정말 바보처럼…. 늙으신 어머니께 큰 불효를 하는 것 같아 몸 둘 바를 몰랐다.

며칠 후 아들이 여름방학을 맞이해 귀국했다. 잠깐 한국에 나와 아버지와 우리 가족의 미래를 심도 있게 의논하자는 것과 병역 문제 등을 알아보기 위함이었다. 악몽의 그날 밤, 보스턴에서 마지막으로 보았으니 기쁘기가 이루 말할 수 없었다. 아들은 말없이 나를 포옹해 주었다. 아

---

*Letter of Credit, 무역 거래에서 대금 결제를 원활하게 하기 위해 수입상의 요청에 따라 개설하는 신용장

버지로 인해 마음고생을 하고 있을 아들을 바라보며 눈물이 앞을 가렸다. 우리 부자는 식사를 하면서 가족 이야기를 했다.

나는 아들에게 "많은 날들을 축복받으며 살아온 아버지가 그 많던 재산을 지키지 못하고 허공에 날린 것이 부끄럽고 가족 모두 힘들게 만들어 미안하다"고 했다. 그리고 아버지가 어려우니 대신 아버지 역할을 해야 한다고, 아르바이트도 좋지만 지혜를 가지고 사업 마인드를 키워갈 수 있도록 노력하라고 일렀다.

무엇보다 하나님을 기만하며 살아온 아버지가 기독교 신앙을 믿으면서부터 많은 체험을 해가고 있으며, 우리 가족이 함께 하나님을 믿었으면 좋겠다는 말과 아들에게 여자 친구가 있었으면 좋겠고 크리스천이었으면 더욱 좋을 것이라는 말도 덧붙였다.

아들은 미국에 돌아가면 즉시 교회에 나가겠다고 약속을 했다. 나는 기뻤다. 우리 가족 모두가 크리스천이 되어 하나님 나라에서 쓰임 받을 수 있는 가족이 된다면 얼마나 좋을까? 아들과 함께 있다는 것이 즐거웠다. 아들은 우리 가족이 다시 뭉치면 못 이룰 것이 없다고 나를 위로해 주었다. 모든 지나간 일들을 잊고 다시 시작하자고 우리는 굳게 약속을 했다.

며칠 후 아들은 다시 미국으로 돌아갔다. 이별이 못내 아쉬웠다. 언제 또 다시 만날 수 있을까? 이번 한국 방문이 아들에게 큰 전환점이 되었으면 좋겠다고 생각했다.

인천공항 라운지에 올라가 커피 한 잔을 시켜 놓고 창가에 앉아 27번 게이트를 바라보았다. 미국 시카고행! 기내 청소 아줌마들이 탑승하고 정비 요원들이 부산하게 움직이고 있었다.

아들은 고교 시절 병역 문제로 많은 스트레스를 받았다. 수시로 바뀌는 병역법으로 인해 선의의 피해를 입었다. 고등학교 유학 갈 때는 문제 되지 않던 법이 바뀌어 18세면 무조건 들어와 고등학교를 졸업하고 나가야만 한다는 것이었다.

시애틀의 영사와 전화 통화를 하고 팩스로 편지를 주고받아 보았으나 병무청에서 파견된 직원은 수시로 아들의 학교에 연락을 해서 한국에 돌아갈 수밖에 없도록 만들었다.

어린 학생을 죄인 취급하는 국가란 말인가? 왜? 개인이 자비로 유학 보내고 선진 교육을 통해 인재를 양성시킨다는 것은 국가를 위해서도 장려할 만한 것이 아닌가? 법해석에 아무런 하자 없는 아이를 유학 당시 법이 아닌, 수시로 바뀌는 법의 잣대를 들이대고 병무청에서 파견된 무관이라는 담당관이 합법적인 어린 유학생에게 공포를 조성해 결국 귀국하게 만들었다.

아들 또한 얼마나 혼란스러웠을까? 급기야 한국에 돌아와 검정고시 준비하느라 밤을 지새워야만 했고 결국 2개월도 채 안 되어 대입 검정고시에 합격했다. 고등학교를 졸업했으니 다시 유학 갈 수 있는 상황에서 또다시 법이 바뀌어 자유롭게 유학할 수 있다는 병무청의 연락을 받았다.

한심스러운 이 나라의 병무 행정이 원망스러웠다. 아들은 약 1년이라는 황금 같은 시간을 허비하고 말았고, 그때 받은 스트레스로 약간의 탈모증세를 보였다. 못내 안타깝고 부모된 죄인으로 아들에게 미안한 생각을 지금도 지울 수가 없다.

방역 요원들이 기내에서 내리고 승객들이 탑승하기 시작했다. 11시 정각, 아들이 모자를 쿡 눌러쓰고 기내로 들어가는 그 모습을 바라보면서 마음속으로 아들에게 한마디 했다.

'사랑하는 아들아, 너는 꼭 성공한 자들의 그룹에서 당당하게 너의 인생을 설계하여라. 그리고 큰 꿈을 품고 성취하도록 해라. 성공한 자의 세계는 교만하지만 않는다면 살아볼 만한 가치가 있단다. 반드시 다스림받는 자가 아니라 존경받는 지도자가 되어라.'

'모든 일이 계획대로 이루어질 수만 있다면 얼마나 좋을까. 우리 인생도 저 비행기 일정표대로 시간에 맞춰 한 치의 오차도 없이 착착 움직여지면 얼마나 좋을까?' 하는 생각이 들었다.

다시 한 번 시간의 소중함을 느끼고 있을 때 아들이 탄 비행기가 서서히 움직이기 시작했다. 머지않아 시카고행 비행기는 활주로를 힘차게 차고 올라 이내 시야에서 사라졌다.

나는 커피숍에서 일어섰다. 아들이 미국으로 떠난 서울의 오후는 적막했다. 나는 또다시 혼자가 되었다. 분주하게 오가는 인파를 뚫고 허전한 마음으로 시골 어머니 집으로 향했다.

> "두렵건데 타인이 네 재물로 충족하게 되며 네 수고한 것이 외인의 집에 있게 될까 하노라." (잠언 5장 10절)

어리석은 사장이 가슴 깊이 간직해야 할 명언이다.

힘든 나날의 연속

한국에 돌아와 다시 사업을 시작한 지도 어언 6개월째. 그러나 적자를 면치 못하고 있었다. 수입원단 대금을 결제하기 위해 여기저기 자금을 지원받아 어렵게 결제하게 되었다. 늦어진 결제로 인해 납기일이 터무니없이 늦어지게 되었다. 원단을 받았으니 이제 제품을 만들 공장이 필요했으나 이미 예약해 두었던 품질이 안정된 공장은 모두 놓치고 말았다.

바쁜 시즌에 우리 일만 기다리고 있을 수는 없질 않은가? 실장은 몇 군데 알아본 공장이 있으니 걱정하지 말라며 나를 안심시켰다. 운신의 폭이 좁은 나는 실장의 말을 믿기로 했다. 그런데 이런 와중에 실장이 자주 연락이 안 되었다. 본사에서 업무상 실무자를 찾는 긴급 전화가 와도 자리에 없으니 난감했다.

아무튼 그렇게 일이 또 꼬여 가는 것 같아 불안했다. 본사와의 가격 협상에서도 마진이 없었다. 이미 많은 의류 업체들이 원가절감을 위해 협력 업체에 출혈을 요구하고 있었다. 그러나 살아남기 위해 어쩔 수 없는 상황이 반복되고 있었다.

나는 차츰 이 사업도 한계에 도달했다는 것을 느끼기 시작했다. 그래서 또 다른 수익 모델을 만들어야 한다는 생각을 하고 있는 중이었다. 우리의 브랜드! 그것을 위해 고민하고 있다.

실무자의 방관된 태도를 다시 보게 되자 지난날과 같은 길을 또 걷고 있는 것은 아닌지 불안했다. 우리와 같은 많은 납품 업체들이 수익을 내기가 힘든 상황에서 막대한 부채에 허덕이고 있다는 사실도 알게 되었다. 빚으로 살면서 거드름 피는 모습도 내 눈에 좋게만 보이지 않았다.

본사에서는 아무리 수평 관계라 하며 듣기 좋은 말로 협력 업체라 하지만 그것은 허울일 뿐 오더를 주고받는 입장에서 단연코 수평 관계가 유지될 수는 없다. 그것은 하청 회사를 운영하는 사람들의 비애로 극복할 수 없는 현실일 것이다.

실장은 복잡한 가정 문제로 인해 수시로 잠적하는 날이 많았다. 새로 시작해 보겠다고 처남 명의로 어렵게 만들어 놓은 회사인데 점점 신뢰가 무너져가고 있다는 것을 느끼며, 긴급상황에도 신속히 대응하지 못하는 것에 대해 본사에 정중히 사과했다.

겨우 실장이 섭외한 면목동 공장과 독산동 공장에 납품할 제품을 의뢰했다. 그런데 면목동 공장에서 작업한 제품 중 불량품이 30% 이상이었다. 집에서 가내공업을 하는 여러 사람에게 나누어 주었으니 제품이 일정하게 만들어질 수가 없었고, 품질 또한 형편없었다. 헛수고였다. 정말 터무니없는 적자였다. 일본에서 어렵사리 수입한 원단이었다. 불량품이라도 제품을 찾아오는 것이 급선무라 생각했다.

독산동 공장은 차라리 오더 진행을 하지 않았어야 했다. 품질은 고사하고 어디에서 작업을 하는지조차도 몰랐다. 하청공장 사장이란 자는 공장도 없이 오더를 받아 놓고 나타나지도 않았다. 일부분 진행 중인 제품 상태는 보기에도 끔찍했다. 그런데 공장 사장이라는 자가 나타나 오히려 임가공비가 작다고 큰소리를 쳤다. 값어치만큼만 한다는 논리였다. 본사에서 받은 임가공을 고스란히 지급하는데도 사장은 그야말로 망나니였다. 오더를 받아 가내공업을 하는 아줌마들에게 나누어주고 가공임을 착취하는 브로커였다. 누구를 원망할 수도 없었다.

실장 또한 나를 속였다. 나에게 윽박지르며 잘하는 공장이라서 계약서도 필요 없으니 아무 걱정하지 말라고 안심시키면서 결국 계약서도 쓰지 않았다. 실장에게 꼼꼼히 확인하고 계약서를 작성하라고 신신당부하며 지시했었다. 전에 미래산업에서 근무했던 직원이라 믿고 맡겼는데 이런 실수를 하다니 아직도 남에게 믿고 맡기는 내 자신이 미웠다. 이런 무능한 직원을 지난날 3년씩이나 근무시켰단 말인가?

또 다른 하청공장을 방문했다. 환경이 열악하고 품질 또한 만족스럽지 못했다. 안정되고 품질 좋은 공장은 이미 물량이 넘쳐 나고, 영세하고 수준 낮은 공장들만이 납기에 쫓기는 오더를 받아 일을 진행하고 있었다. 품질도 엉망인데 오히려 큰소리치며 거래했다.

5층짜리 자가 건물에서 최상의 환경을 가지고 있었던 나는 교만에 빠져 수많은 날들을 직원들에게 맡겨 놓고 돌아다녔다. 제품이 도난당하고 간부들에 의해 빼돌려져 판매 중에 발각되는 일이 간혹 발생했다. 그때마다 나는 본사에 호출되어 머리를 조아리며 각서를 써야만 했다. 나의 어리석음은 그렇게 오랫동안 지속되었다. 이 세상엔 믿을 사람이 아무도 없다는 것을 뒤늦게 깨달았다.

나는 하청 공장장에게 불량품을 지적했더니 그냥 싸 가지고 가라며 오히려 큰소리를 쳤다. 그나마 50%도 넘지 않는 합격품을 납품시키려면 현금을 내놓고 가져가라고 했다. 주객이 전도된 횡포를 어찌 해볼 도리가 없었다.

그렇게 다시 재기해 보겠다고 시작한 사업은 점점 희망을 잃어가고 있었다. 그 와중에도 자금이 끊임없이 들어가고 있었다. 하청 공장은 현금으로 먼저 지급한 후 제품을 찾아가라고 했다. 그것이 요즈음 영세 업자의 현실이라는 것을 알게 되었다. 그들 또한 생존을 위해 어쩔 수가 없는 것이지만 그들이 신뢰를 회복하지 않는 한 지속적인 공장의 존립은 단연코 없을 것이다. 해외 생산! 아이러니하게도 그들 스스로가 바이어를 쫓아내고 있는 것이다.

자금 확보를 해 놓아야만 한다. 아직까지는 정상적으로 납품을 하고 결재받아 온 것이 없다. 어느 정도 자금이 투자되고 약 6~8개월의 시간이 흘러야만 자금이 회전되어 돌아오는 것이다. 미래산업을 운영할 때 자금이 얼마나 잘 회전되었는지 절실히 느꼈다. 그때 그 시절은 어디로 다 날아갔단 말인가?

친구 C가 얼마 안 되지만 긴요하게 쓰라고 480만 원을 송금해 주었다. 카드로 대출받아 수수료를 떼고 보냈다고 했다. 그 친구도 살아가는 형편이 넉넉지 않았다. 나는 그 친구에게 은혜를 갚기 위해서라도 열심히 하겠노라고 전화해 주었다. 특별히 오늘은 많은 지인들에게 자금 부탁을 했다. 다들 힘들어 했다. 사업을 다시 일으켜 세운다는 것이 쉽지가 않다는 것을 느꼈다.

이미 사라져버린 회사지만 오늘이 미래산업 창립 기념일(8월16일)이다. 전 미래산업 경리 담당자에게 수십 번 전화를 해 만나자고 했다. 회사 장부와 직원들 근황, 그리고 거래처와의 법적인 문제 등을 알아서 사전 대비를 해야만 했기 때문이다.

그러나 웬일인지 경리직원은 나를 피했다. 언젠가는 반드시 부딪쳐야 할 운명인데, 피한다고 될 일도 아닌데…. 회사가 정리될 때 경리라는 직분에서 많은 사람들에게 오해나 심증적인 소문을 듣고 있었기에 지금은 그녀를 이해하기로 했다.

일이 뜻대로 되지 않고 현재 처한 내 자신이 초라하게 여겨져 갑자기 서러움이 복받쳐 왔다. 나는 어머니께 전화했다. 어머니 사랑한다고, 그리고 오래오래 사셔야 한다고, 이 자식이 다시 서는 모습을 지켜보셔야만 한다고, 어머니가 이 자식의 희망이라고…. 그리고 나는 마음껏 울었다. 속상한 마음을 받아줄 수 있는 어머니가 계셔서 나는 행복한 사람이라 생각했다.

"우리 아들, 복 받을 겨. 나는 다 알어."

어머니의 짧은 대답이시다. 전화를 끊고서 텅 빈 사무실에서 한참을 더 서럽게 울었다.

밤새 자금 문제와 아이들의 학비 걱정으로 잠을 못 이루었다. 피곤한 몸을 이끌고 점심때쯤 성남시 소상공인* 대출신청을 했다. 지원센터의 상담사는 매우 상냥하고 친절했다. 업무적으로도 정확하면서도 업체의 애로사항에 귀를 기울였다. 비록 2천8백만 원 정도의 보증 추천서를 발급해 주는 것이었지만 진심으로 감사했다. 무엇보다도 공무원으로서의 균형 잡힌 행정 능력에 기분이 좋았다.

다음날, 김 이사(처남)와 실장은 본사 검사와 함께 공장으로 검사받기 위해 떠났다. 하청공장 결제대금을 구하기 위해 친구에게 자금을 부탁했다. 그러나 나 스스로 해결하라며 정중하게 거절했다. 나는 할 말이 없었다. 이미 주변에서 조롱거리가 되어 있다는 사실을 느끼고 있었

---

*상시 근로자수 5인 이하, 제조업체는 10인 이하의 사업자가 대출 받을 수 있는 제도

다. 어떠한 비난과 조롱이 있을지라도 패배자가 지고 가야 할 짐이라고 생각했다.

스웨터 공장을 운영하는 친구에게 부탁을 해보았다. 차량운행 중이니 잠시 후 전화하라고 했다. 그 후 수차례의 전화를 넣었지만 그는 받지 않았다. 다들 힘이 들어 그럴 수 있겠다고 이해하기로 했다.

결국 먼 친척에게 3주만 쓰기로 하고 가까스로 천만 원을 융통했다. 그렇게 나는 피 말리는 나날들을 살아가고 있었다. 오더를 도와주겠다는 본사 Y회장의 말 한마디에 막연한 기대를 하고 귀국한 것인데 신중하지 못하고 급한 마음에 너무 서둘러 귀국한 것이 나의 불찰이라는 것을 뒤늦게 깨달았다.

순수한 마음으로 도와줄 테니 한국에 나와 잘 해보라고 한 것이겠지만 회사를 운영할 수 없는 적은 오더로는 내 운명이 아직 그분의 도움에 부응할 수 있는 때가 아님을 느꼈다. 한국으로의 귀국이 서서히 후회가 되었다.

2002년 중순을 지나며 나는 H사에 중국에서 생산된 상당량의 제품을 납품하고, 물품 대금을 4~5개월짜리 어음으로 받아왔다. 그쪽 H사도 당시만 해도 자금 사정이 어려운 상태였다. 회사가 어려울 때 날짜에 관계없이 외상으로 제품을 만들어 납품해 준 셈이었다. 그래서 그곳 회사 C사장에게 오더 부탁을 해보았지만 나를 가로막는 세력이 있음을 느끼며 그와의 만남을 접었다.

한 번 방문해 차라도 한잔 하자는 C사장은 나에게 매우 호의적이었다. 오더 부탁을 한다는 것은 그를 곤란하게 만드는 일이라 생각했다. 아무튼 나는 C사장을 아직도 좋은 사람으로 기억하고 있다.

사무실에 출근해 제품 납기 연장신청서를 보냈다. 일단 납기 연장을 받았지만 품질 관계로 불안했다. 다시 시작한 사업이 나의 과실로 부끄러운 모습만을 보이는 것 같아 괴로웠다. 받아 놓은 오더를 마무리하고 지속적으로 사업을 해야 할지도 의문이다. 우선 오더가 보장될 수 있는 분위기가 아니었고 수익이 날 수 있는 구조 또한 아니었기 때문이다.

내가 살아가고 있는 날들이 내 의지로 살아가는 것이 아니었다. 하나님께 나의 삶을 맡겨 놓고 하루하루 최선을 다할 뿐이었다. 그러니까 나는 한 치의 앞날을 바라볼 수도, 어느 방향으로 나아가야 할지도 모르고 계획도 서 있질 않았다. 그나마 희망을 가지고 한국에 돌아와 고군분투해 가던 사업이 본사의 급속한 매출 감소로 인해 나는 이미 그들의 보호막에서 멀리 이탈해 있었기 때문이다. 그보다도 좀더 그들이 적극적으로 나를 도와주겠다는 의지가 있다면 재기할 수 있는 길이 전혀 없었던 것은 아니었다.

Y회장의 의지대로 조직이 움직여질까? 무엇보다도 밥그릇을 챙기려는 동료들의 완강한 저항에 간부들은 웬일인지 무기력했다.

사무실에서 실장과 독산동에 위치한 하청공장 사장과의 통화를 엿듣고 있었다. 하청공장 사장이라는 자가 도저히 품질이라 할 수 없는 불량품을 만들어 놓고, 납기일은 이미 1개월 이상 지연되어 납품 불가 클레임의 통보를 받고 있는 입장에서 옷을 다 불살라 버린다고 협박을 했다. 제품이 납품할 수 없다는 판정이 내려졌으니 참담할 뿐이었다. 내 양심에 비추어 보아도 사실 아닌 것은 아니었다.

앞이 캄캄했다. 당장 아이들 학비 걱정이 앞섰다. 4천만 원! 납품할 수 없는 제품의 금액이다. 젊은 시절 업무적인 능력이 뛰어났던 내가 직원들에게 맡기고 세상을 유람하며 유유자적하게 살아온 것이 패인이었는데 아직도 정신 못 차리고 믿고 맡기는 벌을 받고 있었다. 상대방 거래처에 씻지 못할 오점을 남겼다. 누구를 믿을 수 있을까?

믿고 일을 맡겼던 실장에게 무조건 원망만 할 수는 없었다. 실장 역시 가정사로 어려움을 겪고 있었고 암암리에 자기 사업을 병행하고 있었음을 뒤늦게야 알게 되었다. 살아가기 위한 투쟁이리라.

몇 주 후 어렵게 구한 자금으로 하청공장에 송금해 주고 일부 제품을 받아 납품할 수가 있었다. 어려움을 겪고 난 후 처음 납품한 터라 마음이 설랬다. 받을 대금은 4천5백만 원. 적자가 나는 구조였지만 나에게는 참으로 감개가 무량했다.

일주일 후 현금으로 결제를 받았다. 사무실에 출근해 인터넷 뱅킹을 통해 각 거래처에 4천만 원 정도 결제를 해주었다. 사정이 여의치 않으니 결제를 미룰까도 생각했지만 어차피 지급되어야 하는 돈이고 거래처에도 신뢰를 쌓아야 제품 향상에 더 신경 써 줄 것이라 믿었다. 지난날과 비교도 안 되는 수익금이었지만 오래간만에 결제의 기쁨을 느낄 수 있었다.

나는 이렇게 남에게 무언가 주면 기분이 좋았다. 지금껏 남이 어려우면 우선 도와주고 보았다. 지난날 여러 거래처에서 부도가 난다고 긴박하게 자금을 부탁하면 정작 내가 쓸 자금마저도 송금해 주곤 했다. 남에게 허울 좋은 일만 시켰으니 그래서 오늘 같은 결과를 낳았으리라.

어머니께도 모처럼 용돈을 드렸다. 어머니께서 함박웃음을 지으셨다. 어머니는 용돈보다도 아들이 무언가 해 나가고 있다는 것에 기쁘다고 하셨다.

'아직도 나에게 봄은 먼 것일까?' 한국이라는 나라가 곳곳에서 살기 힘들다고 아우성이다. 능력도 없는 영세한 공장들이 일단 오더를 받아놓고 배짱 운영을 한다. '본사 입장에서 보았을 때 나 또한 그들과 무엇이 다를까?' 부끄러움보다도 수치스러움을 감출 수 없었다.

지금까지 힘은 들었지만 한국에 돌아와 지내온 날들이 돌이켜 보면 한 치의 오차도 없이 꿰맞추어져 왔다는 생각이 들었다. 나의 능력의 한계에 부딪힐 때마다 극복해 나가는 나를 발견하고 기쁨을 느꼈다.

지인으로부터 전화가 왔다. 내가 거래하고 있는 회사의 소문이 안 좋으니 신경을 쓰라고 했다. 아무튼 나야 그 회사가 잘되기를 바랄 뿐이었고, 이미 오더 진행 중단을 신중히 고려하고 있는 처지였다. 수익은 커녕 어렵사리 도움 받아 투자한 자금마저 날아가고 있지 않는가?

미국에서 아내가 팩스용 필름을 보내왔다. 아내가 너무 불쌍했다. 우리 가족이 함께 살아갈 날은 언제 다시 찾아올 것인지….

"나의 힘이 되신 여호와여 내가 주를 사랑하나이다." (시편 18장 1절)

빛과 소금이 되어 주시는 주님

새벽 3시 30분, 미국 가족에게서 전화가 왔다. 먼저 아내의 다급한 목소리가 수화기 저편에서 울렸다. 딸아이는 고등학교 졸업을 마치고 대학교에 입학하기 위해 준비하고 있었다. 그런데 F-1비자*가 없으니 입학이 불가하다고 했다. 청천벽력 같은 소리였다. '어찌해야만 할까?' 아내는 어쩌다가 이런 쓰레기 같은 자에게 일을 맡겨 이렇게 고생하게 만드느냐며 나를 원망했다. 바로 그 사기꾼 O변호사를 지칭하는 것이다.

아내는 "아이들과 대학입학 창구 마감시간 20분 전에 그 변호사에게 전화를 한 후 창구직원과 통화하도록 연결하려 했다"고 했다. 그러나 그 자는 우선 250불을 카드결제하고 통화하자며 일방적으로 끊었다고 했다.

결국 마감 시간이 지나고 "아빠, 나 이제 어떻게 해…" 하고 울먹이며 목이 메어 말을 잇지 못하는 딸에게 내가 할 수 있는 일이 아무것도 없었다. 그 파렴치한 사기꾼 변호사가 어렵고 힘든 교포들을 등쳐먹고

---

*학생 비자

살아가는 자라는 것을 뒤늦게 깨달았으나 이미 돌이킬 수는 없었다. 즉각 그 변호사에게 전화를 걸었다. 그런데 그냥 끊었다.

계속 통화하기 위해 시도를 했으나 통화할 수 없었다. 착잡하고 무기력한 내가 딸과 아들 그리고 아내에게 시련을 주는 것이 괴로웠다. 반드시 그를 응징하리라!

그 변호사의 사무실로 팩스를 보냈다. 우선 내 자식이기 이전에 우리들의 꿈나무이고, 나아가 대한민국의 미래를 열어갈 능력 있는 딸이니 최선을 다해 도와달라고….

그리고 그와 어렵게 통화했다. 그 사기꾼 변호사는 다짜고짜 F-1비자를 발급해 주는 조건으로 천 불을 입금하라며 일방적으로 전화를 끊었다. 기가 막혔다. 어린 학생의 삶에 있어서 가장 중요한 일을 가지고 흥정을 하고 있는 것이다. 정당히 계약 이행할 의무를 지닌 자가….

피가 거꾸로 솟았다. 그동안 약속된 금액 이상으로 갈취해 오고 있는 그였다. 그를 통해 미국에서 약한 자의 설움을 수없이 겪었던 나였다. 일단 그의 심판은 하나님께 맡기기로 하고 어렵게 돈을 융통해 천 불을 입금시켜 주었다. 우리 딸의 입학만이 최우선이었기 때문이었다.

나는 하나님께 우리 사랑하는 딸을 꼭 입학시켜 주십사 하고 간절히 기도드렸다. 반드시 입학이 되리란 믿음이 마음속 깊이 자리 잡았다. 딸아이는 여러 대학에서 입학허가서를 받아 놓은 터였다. 성적이 우수해 고등학교 졸업 때는 미국 대통령상을 받는 우수 학생 그룹에 뽑혔다.

하지만 보스턴의 명문 대학을 포기하고 오빠가 다니는 오하이오주립대학에 다니도록 어렵사리 설득을 시켰다. 오빠와 함께 생활하면 생활비는 물론 학비를 절감할 수가 있었기 때문이었다. 우리에게 그 이상의 비용을 감당할 수 있는 능력이 없었다. 학비를 예치해 놓은 상태도 아닌지라 한 푼이라도 줄여야만 했다. 그런데 대학 입학마저도 안 된다면 딸에게 큰 상처를 주는 것이었다.

뜬눈으로 밤을 새며 새벽에 일어나 기도를 드렸다. 하나님께서 우리 딸을 반드시 입학시켜 주실 것이란 믿음을 다시 한 번 확인하게 되었다. 아침에 출근한 사무실 창밖으로 까치가 날아들었다. 이곳 건물 구조상 까치가 날아든 것이 신기했다. 약 25층이 넘는 정사각형의 오피스텔 구조로, 사각 평면의 돔 중앙홀 4층 아래까지 날아든 것이다. 아무튼 까치는 길조라 하니 딸의 일도 잘 해결될 것 같아 기분이 좋았다.

다음날 아침 새벽기도를 마치고 집에 돌아와 잠깐 잠이 들었는데 꿈속에서 아들이 전화를 해 딸이 입학되었다며 가족 모두가 기뻐했다. 꿈속이었지만 너무 생생했다. 이틀 후면 입학식인데 시간은 점점 다가오고 있었다. 그러나 나는 꿈을 믿고 아이들에게 전화하지 않았다. 분명 꿈을 통해서 입학 확인을 받았고, 또한 기도 중에 전도사님과 함께 응답을 받고 있었던 터였다.

이틀 후 새벽, 아들로부터 전화가 왔다.

"아빠, 영이 학교 체크인 되었어요!"

며칠 전 꿈속에서 들었던 말과 토씨 하나 다르지 않았다. 순간 내 입에서 "할렐루야!" 하는 소리가 튀어나왔다. 얼마나 마음 졸이며 애타게 기다리던 입학이었던가? 눈물이 내 두 볼을 타고 흘러 내렸다. 그리고 우리를 도와주시는 하나님께 감사드렸다.

기적을 만들어 주시는 하나님! 얼마나 절묘하게 하나님께서 우리를 일깨워 주시는가? 다시 한 번 하나님이 살아계신다는 사실을 믿게 되었다. 그러한 믿음이 생기면서 이제는 아무리 어려워도 우리 자식들의 대학 교육만큼은 마무리시킬 수 있다는 자신감을 가지게 되었다.

"눈물을 흘리며 씨를 뿌리는 자는 기쁨으로 거두리로다." (시편 126장 5절)

며칠 후 딸과 통화를 했다. 오빠가 가이드가 되어 인터내셔널 학생 파티에 참석 중이라 했다. 교수님과 면접을 보고 국제외교정치학과와 부전공으로 심리학을 들었다고 했다. 오리엔테이션이 끝나고 캠퍼스 투어도 했다는 딸의 목소리가 밝았다. 학생들 대부분이 나이가 많다고 했다. 한국 나이로 갓 18세이니 딸아이 나이가 적은 것이리라. 그 중에 일본인 학생과 친해졌다고 했다.

딸은 한국에 있을 때 일본어 개인교습을 받은 적이 있었다. 뿐만 아니라 초등학교 시절부터 딸아이는 영어 연수를 보내 달라고 졸랐다. 개인 교습을 통해 일찌감치 영어에 자신감을 가지고 있던 터라 조기 언어 교육을 시키기 위해 방학 때마다 호주, 영국, 캐나다, 미국 등지로 열심히 영어 연수를 보내 주었다. 그곳에서 세계 각국의 아이들과 사귀게 되었고, 지금도 그들과 메일을 주고받으며 교류를 해오고 있다. 외국 학생들을 스스럼없이 사귀며 거침없이 영어로 대화했다. 그 덕분인지 학교에서 여러 친구들을 사귀며 잘 적응하는 것 같았다.

딸이 노트북을 가지고 싶어 했지만 옛날 가지고 있던 것을 고쳐 사용하라고 했다. 이제부터 절약의 미덕을 실천해야 한다고 일러주었다. 통화가 끝나고 우리 딸이 하나님의 특별한 사랑을 받고 있다는 생각에 가슴이 벅찼다.

빛과 소금이 되어 주시는 하나님! 어려운 상황인데도 딸을 입학하게 해주시고 즐거운 대학 생활을 허락해 주신 것에 다시 한 번 하나님께 감사했다. 지금쯤 행복하게 미소 지으며 여러 나라에서 온 학생들과 교류하고 있을 딸을 상상해 보며 잠시 시름을 달랠 수 있었다.

나는 다시 달려 나갈 수 있는 새로운 에너지를 얻었고 딸의 앞날을 위해 또 다른 세상을 열어 가리라 다짐했다. 이제 최선을 다할 것이지만 잠시 접어 두었던 브랜드 사업의 꿈을 서서히 구체화해 나가기로 정하고 우선은 현실에 충실하기로 했다.

다음날 아침 식사를 하고 정원에 깎아 놓은 풀을 버렸다. 저녁 내내 내린 비에 젖은 풀은 꽤 무거웠다. 어제 예약한 정원사들이 도착했다. 몇 년 동안 나무 정리를 하지 않아 집 주변이 어수선했다. 주인 정원사는 열심히 일을 하는데 함께 온 인부들은 주인 눈치만 살피면서 꾀를 부렸다. 짧은 순간이었지만 주인과 종업원이 왜 다른가를 다시 한 번 생각하게 했다.

하얀 점박이 토끼가 새끼를 낳았다. 힘도 없이 항상 재색 수토끼에게 쫓겨 다니던 점박이 수놈 토끼가 드디어 자기 새끼를 낳게 된 것이다. 암컷 한 마리를 두고 혈투를 벌이던 놈들이 결국 재색 수토끼에 굴복하고 쫓겨 다니던 점박이 수놈이 용케도 2세 번식에 성공한 것이다.

하얀 바탕에 까만 점을 가진 새끼 토끼들이 귀여웠다. 새 생명의 탄생으로 인해 오랜만에 맛보는 즐거움이었다.

우울한 추석

몇 주 후면 추석이어서 아버지 산소에 가서 벌초를 했다. 무성한 풀을 깎고 갈퀴로 긁으니 보기가 좋았다. 아버지께서 시원하다 하시는 것 같아 기분이 좋았다. 이슬비가 내리고 바람도 적당히 불어왔다.

지켜보시던 어머니께서 하나님이 착한 우리 아들을 도와주신다고 해맑게 웃으셨다. 땀을 한 말이나 흘린 듯 더웠지만 기분이 좋았다. 찬물로 목욕을 다섯 번이나 했다. 육체적인 노동이 이렇게 힘들다는 것을 비로소 깨달았다. 맥주를 몇 잔 마셨다. 멕시코전 축구를 보다가 잠이 들었다. 벌초를 해서 피곤했던 모양이었다.

며칠 후 할머니, 할아버지 산소도 벌초를 했다. 그러다가 수천 마리가 있는 벌집을 건드렸다. 순식간에 벌들이 날아들어 사정없이 덮쳤다. 나는 벌에 3방을 쏘였다. 눈두덩이가 심하게 부어올랐으나 오래간만에 조상님의 산소를 깎으면서 보람을 느꼈다. 그동안 돈이면 다 되는 것으로 생각하고 남에게 맡겼었는데 돌아가신 할머니, 할아버지께 죄송하다는 생각이 들었다. 수천 마리의 벌 떼가 지키고 있는 나무숲만을 남기고 시원하게 깎여져 있는 두 분 산소를 바라보며 내 마음 또한 시원함을 느낄 수 있었다.

땀에 흠뻑 젖은 채 벌에 쏘여 부은 얼굴을 하고 나타난 아들을 보신 어머니께서는 깜짝 놀라셨다. 자초지종을 들으신 어머니께서는 대견스럽다는 듯 목욕물을 마련해 주셨다. 목욕 후 어머니께서는 벌에 쏘인 부위에 된장을 발라 주셨다.

몇 시간 후면 우리 딸이 오하이오로 출발한다. 엄마와 함께 오전 10시 비행기라 했다. 우리 딸 학비 문제가 또 걱정도 되었다. 이제 우리 딸도 어엿한 대학생이 되는 것이다. 내가 할일이 참 많다. 전쟁하듯이 자금을 구하는 것도 지쳤다. 그러나 나는 생존을 위해, 또 가족을 위해 내가 해야 할 일이 있다는 것이 한없이 즐거웠다.

드디어 오늘은 추석날이다. 그러나 나에게는 당분간 잃어버린 추석이 될 것이다. 슬프지만 슬퍼하지도 않을 것이다. 아니 그러한 시간조차도 나에게는 사치일 뿐이다. 일찌감치 집을 나와 사무실로 향했다. 어머니께서는 마음이 아프신 모양이었다.

친구와 통화를 했다. 골프장이라고 했다. 부러울 것도 없었다. 그동안 나는 하나님의 축복을 받아 부와 명예를 한껏 누려 왔지 않은가? 싱글 실력의 골프도 이미 나에게는 관심이 없다. 다 부질없는 것이기 때문이다. 지금은 쉽게 누릴 수 없는 삶이지만 여한이 없었다. 다만 하나님께 감사드리지 못하고 살아온 것이 억울할 뿐이었다.

지금 겪고 있는 나의 시련이 당연한 것이라고 생각하고 어차피 나의 남은 인생은 하나님에게 맡기기로 했으니….

나는 홀로 〈꽃피는 봄이 오면〉이라는 영화를 보았다. 상처를 지닌 트럼펫 연주자 현우(최민식 역)가 탄광촌 관악부 아이들을 가르치면서 삶의 희망을 찾아가는 가슴 후련한 감동이야기였다. 그런대로 수작이라 생각하면서 생맥주 한잔으로 외로움을 달랬다.

추석 다음날 어머니 댁으로 내려갔다. 셋째와 넷째 내외가 왔다. 그나마 명절이라고 어머니를 찾아뵈러 온 것이다. 우리 형제들은 마음이 어진 것 같다. 그래서일까? 몇몇을 빼고는 다들 어렵게 살아가고 있다.

조상님들 산소에 들러 기도드리고 집에 돌아와 닭을 잡았다. 닭을 잡아보는 것은 평생 처음인지라 쉽지 않았다. 어머니는 집에 모처럼 손님이 오니 기분이 좋으신 모양이었다. 내가 잘못되고서부터 낙이 없으셨을 텐데 그나마 위안이 되었다. 어머니께 큰 죄를 지어 몸 둘 바를 모르겠다. 더군다나 늙으신 어머니께 얹혀살고 있으니….

새벽에 형에게서 전화가 왔다. 술이 잔뜩 취한 목소리였다. 나로 인해 가문이 패가망신 당했다며 원망을 했다. 내가 형제들을 도와준다고 한 것이 많은 오점을 남기고 말았다. 형수가 전화를 낚아채 나로 인해 형이 괴로워하며 밤새워 술 마시고 들어오셨다며 또다시 책망했다. 사면초가에 사로잡혀 나는 말을 이을 수가 없었다. 그냥 수화기에서 흘러나오는 넋두리를 힘없이 듣고만 있을 뿐. 이렇게 우리 형제들은 서로가 반목하며 슬픈 나날을 살아가고 있었다.

다음날 기분도 풀 겸 오래간만에 남대문시장에 들렀다. 활기가 넘쳐났다. 일본인 관광객들이 생각보다 많았다. 나는 여기저기 구경을 하면서 새로운 아이템을 구상했다. 그리고 며칠 후 액세서리 회사를 방문했다.

우선 적은 자본금으로도 시작할 수 있겠다는 생각으로 인터넷 정보를 수집하던 차에 알게 되었던 회사였다. 마침 지인의 동생이 그 회사에 갓 입사해 근무 중이라서 쉽게 방문할 수 있었다.

미팅을 하고 K실장이라는 팀장을 소개받았다. 우선 미국에 있는 아들에게 샘플을 보내 주기로 했다. 가족이 힘을 합해야만 했고, 아들 또한 일정한 부분을 감당할 만한 능력이 있을 것이란 생각으로….

"마른 떡 한 조각만 있고도 화목하는 것이 육선이 집에 가득하고 다투는 것보다 나으니라." (잠언 17장 1절)

더 멀리 뛰기 위한 움츠림

다시 시작해 보겠다는 마음과는 달리 현실은 냉혹했다. 나는 잠시 휴업신고를 했다. 그때로서는 그것이 현명한 방법이라 판단이 들었다. 본사에서는 직거래 아니면 오더를 더 이상 줄 수 없다고 했다. 나로서도 수익이 없는 사업을 지속시킬 수 없는 것이니 더 이상 지탱할 수 없었다.

나의 제안이 거부되었다 해서 그들을 원망하고 싶지 않았다. 아쉬움은 남았다. 오더를 소개하고 수수료를 받는 브로커가 근본적으로 나의 체질에도 안 맞았다. 우리나라 경제사정이 최악이라서 대다수 업체가 힘든 상황인데 누구를 원망하고 앉아 있을 수만은 없었다. 세무사를 방문해 자초지종을 설명하고 사업자등록증 원본을 반납했다. 나는 의류 사업 말고 새로운 수익 모델을 찾아야 한다는 생각을 했다.

인근 교회에 나가 새벽기도를 드렸다. 약 40여 명의 신도들이 모여 열정적으로 기도를 드리고 있었다. 기도실이 아담하고 따뜻해서 좋았다. 이제 내가 가야 할 길이 한 치 앞도 보이질 않았다. 사업자등록증을 반납했고 한국에 돌아와 1년여 동안 다시 시작한 사업이 세상 사람들에게 조롱거리가 되어 그들의 또 다른 볼거리를 제공한 기분이라며 눈물로 하소연했다. 어디로 가야 할지 몰랐다.

새벽꿈이 떠올랐다. 단정하게 정장을 차려입은 여인이 나타나 나에게 한 권의 까만 책을 공손히 건네주며, "이 책에 비밀이 있으니 열어 보십시오. 그리고 항상 곁에 두고 읽으십시오"라고 하더니 나를 향해 미소 지으며 사라졌다.

책을 받아 든 순간 사무엘 17과 5라는 숫자가 보였다. 순간 나는 눈을 비비며 일어나 거실로 나와 전등을 켰다. 어머니께서 깜짝 놀라 무슨 일이냐며 따라나오셨다.

"어머니, 들어가세요. 꿈에 성경책과 말씀을 받았네요."

"아이구, 하나님이 우리 아들을 도와주시려나 보네."

어머니는 신기하신 듯 나를 쳐다보며 기뻐하셨다. 사실 어머니께서도 요즈음 나와 함께 집에서 기도를 드리고 계셨다. 교회는 봄부터 나가시기로 약속하셨다.

나는 성경책을 폈다. 사무엘은 상하로 구분되어 있었다. 아직 초보 신앙인인 나는 사무엘이 성경책에 기록되어 있는지도 몰랐을 뿐 아니라 더욱이 상과 하로 구분되어 있다는 사실을 알고 있을 까닭이 없었다.

처음 본 숫자 17은 사무엘상 17장으로 그리고 나중에 보인 숫자 5는 사무엘하 5장으로 풀이하고 읽어 내려갔다. 사무엘상 17장에 기록되기를 다윗이 등장하고 만군의 여호와 이름으로 나아가 골리앗을 쓰러뜨리고 이스라엘 백성을 구한다는 구절과 다윗이 사울왕으로 하여금 영문도 모르고 죽음의 고비를 수없이 넘기며 쫓겨 도망 다니는 장면, 그리고 사무엘하 5장에는 온갖 역경을 딛고 결국에는 다윗이 이스라엘 왕에 오른다는 장면들이 기록되어 있었다.

나에게 항상 성경책을 가까이 두고 읽으라는 메시지라 풀이했다. 그리하면 복을 주시겠다는 말씀으로….

점심때 지난날 내가 2억 5천만 원을 투자해 준 여행사의 사장을 만났다. 그 또한 어려운 형편이라지만 특정 관계를 떠나 모진 녀석이란 생각이 떠나질 않았다. 동생과 둘이 여행사 사업을 하면서 내가 그렇게 어렵다 하소연해도 단 일 전도 도와주질 않았다. 오히려 돈 많을 때 더 투자해 주지 않았다며 원망했다. 사람이 무섭다는 것을 알게 되었지만 이 정도까지인가? 하는 생각에 마음이 무거웠다. 이런 자들에게 투자해준 나는 과연 얼마나 바보란 말인가?

오후에는 금촌을 방문했다. 아울렛 등 시장조사를 겸해서였다. 지인을 통해 의류 위탁판매 도움을 받아 매장을 입점한다 해도 수익을 내기가 쉽지 않을 것 같았다. 무엇보다도 곳곳에 널려 있는 개점휴업 상태인 의류 아울렛 상권이 나로 하여금 쉬어 가며 때를 기다리라는 것도 방법일 것이라는 생각을 하게 했다.

저녁에 집으로 돌아와 메일로 보내 온 딸의 사진을 보았는데 많이 야위어 보였다. 안 보는 사이에 훌쩍 커 버린 것 같았다. 딸에게 전화를 했다. 딸의 목소리를 듣는 순간 목이 메어 왔다. 우리 딸은 잠시 말이 없었다. 아버지의 목멘 소리를 감당하기가 힘든 모양이었다.

전화를 끊고 잠시 생각에 잠겼다. 아이들이 무슨 잘못이 있어 이렇게 마음 고생을 시키는 것일까? 어찌해야 아이들에게 용서를 받을 수가 있단 말인가? 생과 사! 살아가는 것이 고통임을, 그리고 죽음이라는 것 또한 쉽지 않다는 것을 느꼈다.

파울로 코엘류의 『베로니카 죽기로 결심하다』라는 책을 샀다. 죽음을 떠올린 것은 아니다. 평소 『연금술사』를 통해 수작이라 느꼈던 작가가 '죽음'이라는 단어를 등장시켜 어떻게 이야기를 풀어 가고 있을 것인지 궁금했다. 분명 책 내용의 결말은 해피엔딩일 것이라는 상상을 했고, 세상을 긍정적으로 살아가고 있는 내가 그곳에서 '희망'이라는 단어를 찾고 싶었다.

바람대로 그곳에 죽음은 없었다. 그러나 전에는 상상조차 못했던 단어들이 나를 압박해 왔다. 나의 어처구니없었던 과거와 덤으로 살아온 날들이 참으로 하나님께서 연단하지 않는다는 것도 이상한 것이라 생각되었다.

미래산업을 창업할 당시 나는 열정을 가진 부지런한 자였다. 매일매일 꼼꼼히 기록하고 성장해 가는 회사를 바라보며 큰 보람을 느꼈는데….

작은 회사에서 조직의 중요성을 깨닫지 못하고 어느 순간부터 나는 적당히 인원을 배치하고 오랜 세월을 그들에게 믿고 맡겨 놓고 밖으로 돌며 허세 부리며 살아왔으니.

패인이 무엇인가를 뒤늦게 발견한 나는 나 자신에게 큰 실망을 하지 않을 수가 없었다. 세상 사람들에게 조롱 받으며 살아도 나는 할 말이 없다. 어리석은 자가 마땅히 받아야 할 비난이므로…. 그것을 만회하기 위해 나는 하나님 앞에 나와 무릎을 꿇었다.

오늘은 크리스마스이브! 사무실에 출근해 법인카드를 해지했다. 어머니 댁 보일러 기름값도 독촉이다. 처남에게 미안했다. 그도 신용불량자가 되어 있다. 얼마 안 되는 금액이었지만 곧 회복시켜 주리라 다짐했다.

그런데 갈등하고 있는 내 앞에서 처남은 라벨을 떼어냈다. 그리고 재고 비품을 팔았다. 학비를 걱정하고 있는 나를 위한 처남의 결단이었다. 사랑하는 아이들의 학비를 더 이상 미룰 수가 없기에 그나마 팔아서 급한 대로 이천 불을 송금해 주었다. 처남의 마음이 극과 극이라서 헤아릴 수가 없다.

그런 후 저녁 일찍 교회로 갔다. 어제 카페에서 가지고 온 성냥으로 성찬식 촛불을 붙였다. 무심코 가지고 온 성냥이 이렇게 소중한 곳에 사용될 줄은 몰랐다. 하찮은 것의 소중함이 나를 또 겸손하게 만든다.

집에 돌아와 딸에게 전화를 했다. 송금한 것을 이미 알고 있었다. 아마도 돈이 없어 가슴 졸이며 기다리고 있었을 테니까. 어렵게 생활하고 있을 아이들을 생각하니 가슴이 아프다. 그 많던 재산을 허공에 날려 버리고 이 못난 아버지로 인해 받았을 상처를 생각하니 나는 죄 많은 아버지였다. 가장 한 사람이 잘못되니 온 가족이 혼돈의 연속이다.

주님! 다시 한 번 일어나 당당하게 걸어가게 해주시옵소서!

2004년 마지막 일요일이다. 한 해가 저문 것이다. 나로서는 참으로 길고 긴 터널을 뚫고 지나왔다. 시련과 고난으로 점철된 한 해였지만 드디어 나는 오늘 정식으로 집사 직분을 받았다. 하나님 말씀 속에서 살아가는 나의 인생길이 힘은 들겠지만 그리고 아직 지나간 날들의 기억 속에서 온전히 빠져나오지는 못했지만, 오로지 하나님께 의지하며 살아가는 방법과 내가 행하며 살아가야 할 조건들을 배우며 살리라. 아무것도 남은 것이 없지만 건강하게 살아 있으니 이보다 더 큰 재산이 어디 있겠는가.

귀국해 다시 써내려 간 1년 동안의 삶을 가차 없이 지워 버리기로 했다. 그리고 마지막 남아 있는 한 장의 백지 위를 어떻게 채워나갈 것인가? 그것은 나와 동행하시는 그분에게 맡기기로 했다. 그리고 그분께서 또 다른 기적을 주시리라는 기대와 함께 최선을 다할 것이다. 지금 움츠리고 있는 것은 결코 낙오가 아니라 더 멀리 뛰기 위한 준비인 것이다.

오늘은 이 해의 마지막 날이다. 가까스로 지인을 통해 5천 불을 만들어 학비로 송금했다. 주변 사람들이 다 내 곁을 떠나간 것은 아니었다. 자존심을 꺾으니 도와주겠다고 기다리는 사람이 있었다. 모든 것이 감사했다.

십수 년 전 회사 창업 당시, 지금은 고인이 된 거래처 L이라는 분이 어려운 처지에 있을 때 내가 선뜻 적지 않은 돈을 도와준 적이 있었나 보다. 미래산업이 부도 나고 내가 미국으로 떠나갔다는 사실을 안 그가 지병이 있어 죽음을 눈앞에 두고 나를 찾았다고 한다. 못내 나와의 인연을 잊지 못하고 나에게 도움을 주기 위해 백방으로 찾았다 한다.

'그가 얼마나 안타까워하며 슬퍼했을까?'

지금은 천국에 계실 그분께 고개 숙여 감사드린다. 그들, 나를 신뢰하고 진정으로 사랑해 준 그들에게 보답하는 길은 단 하나, 반드시 꿈을 이루는 것이다.

어머니 집 수돗물이 얼어서 물이 나오질 않는다. 지하수를 돌리는 모터를 열어 그 위에 장작불을 피웠다. 물이 나오지 않으면 큰일이다. 수원 셋째 딸 집에 가신 어머니께서 돌아오시기 전에 뚫어 놓아야만 한다.

약 30분쯤 지나자 뜯어 놓은 파이프에서 순식간에 물이 하늘 높이 솟구쳐 올랐다. 고스란히 물벼락을 맞은 나는 흠뻑 젖은 옷과 추위보다도 어머니의 활짝 웃으시는 모습이 떠올랐다. 어머니를 위해 무엇을 할 수 있다는 것, 예전에 나는 이런 것은 꿈도 못 꾸었다. 모든 것을 돈 주고 사람을 사서 해결해 왔으니까…. 이제 나도 서서히 철이 들어 인생의 깊이를 알아 가고 있나 보다.

어둠이 깔리기 시작한 저녁 무렵, 나는 앞마당에 모닥불을 피워 놓고 젖은 옷을 말렸다. 내일이면 또 다른 새해의 태양이 떠오를 것이다. 그리고 나는 오늘과 다른 모습으로 어머니의 환한 웃음을 바라보며 또 다른 행복의 모닥불을 피우리라.

"사람이 마음으로 자기의 길을 계획할지라도 그 걸음을 인도하는 자는 여호와시니라." (잠언 16장 9절)

금식기도

2005년 1월 9일, 3일 작정 금식기도를 드리기 위해 청평기도원을 향하는 셔틀버스에 올랐다. 버스가 출발하면서 기사는 부흥회 테이프를 틀어 주었다. 그런데 이게 웬일인가? 부흥회 목사님이 사무엘상 17장을 가지고 집회를 하고 있는 것이 아닌가?

작년 12월 6일 꿈에서 받은 성경 구절 일부 내용이었다. 나는 기뻤다. 어떤 뜻이 있는 것일까? 다윗이 골리앗을 죽이고 이스라엘 사울왕의 군대에게 승리를 안기는 구절이었다.

> "다윗이 달려가서 블레셋 사람을 밟고 그의 칼을 그 집에서 빼어 내어 그 칼로 그를 죽이고 그 머리를 베니 블레셋 사람들이 자기 용사의 죽음을 보고 도망하는지라." (사무엘상 17장 51절)

나의 꿈과 어떤 관계가 있지 않을까? 생각했다. 같은 좌석에 동행한 30대 중반의 어느 여성은 기도원에 도착해 친절하게도 이부자리 등 모든 수속을 도와주었다. 감사했다. 그녀는 신앙심이 깊은 듯 보였다. 나는 수백 명이 합숙하는 강당 기둥을 머리 곁에 두고 자리를 잡았다. 금식기도를 드리는 것이 배고픔보다도 하나님께 찬양드린다는 사실이 기뻤다.

그리고 하루에 새벽기도까지 5번씩 진행되는 예배시간을 한 차례도 빠지지 않았다. 앞으로 내가 가야 할 길, 지난날들의 허황된 삶, 세상 속에서 알게 모르게 지었던 모든 죄를 기억 속에서 하나하나 끄집어내어 눈물로 회개했다.

그리고 한국에서 자본금도 없이 사업할 수 있는 여건이 안 되어 오더를 반납했으니 차라리 미국으로 다시 들어가 기회를 엿볼 수 있는 시간을 달라고 간절히 기도를 드렸다. 또 유학생인 자녀들이 대학을 마칠 수 있도록, 때가 되면 우리만의 고유 브랜드를 만들어 한국에 돌아와 하나님의 이름으로 성공시킬 수 있도록 기도를 드렸다.

미국에 1년을 체류하면서 학생 신분을 유지했기에 한국에 나오면 2년 내에는 다시 입국할 수 없다는 사실을 알고 있었지만 금식기도 2일째 되는 날 미국으로 무사히 들어갈 수 있다는 메시지를 받았다.

"너의 마음 가는 대로 담대하게 행하라!"

나는 주변 사람들로부터 수시로 협박을 받으면서 희망도 없는 한국에 머무르지 말고 미국으로 돌아가라는 메시지로 생각했다. 그런데 나는 아직도 책 출간에 대한 응답을 받지 못했다. 사실 먹고 살기 급급한 판국에 내가 유명인도 아니고 내 주제에 무슨 책을 출간한다고 이렇게 하나님께 매달리는 것일까 하는 생각도 들었다. 그러나 이미 나는 2004년 9월에 글을 기록해 나가라는 응답을 받았기에 다시 한 번 확인을 받고 싶었다.

더 이상 수익 구조가 나지 않는 오더로 인해 갈등을 느끼며 나는 깊은 상심에 빠져 들었었다. 미래에 대한 아주 깊고 깊은 기도의 시간을 가지게 되었고, 눈을 떠서 바라본 그곳에 모 일가지 박스란에 『빛과 어둠(알로 안다리)』이라는 책을 소개하고 있었다. '인도판 조앤 롤링(해리 포터를 쓴 영국 작가)'이라 불리는 "바비 할다르"에 대한 이야기였다.

기구한 삶을 살아가던 인도의 어느 가정부가 유명한 작가의 집에서 식모로 일하면서 작가인 주인의 권유와 도움으로 글을 쓰기 시작했고, 책으로 만들어져 순식간에 베스트셀러가 되어 인생역전을 이루고 하루아침에 유명인사가 되었다 한다. 인생이란 그러한 것이다. 비록 오늘은 힘에 겨워도 희망찬 내일이 있으므로….

이날! 비로소 나의 삶, 나의 치부를 이 세상에 꺼내 보이리라는 생각을 하게 된 것이다. 그리고 기도를 드리기 시작했다. 성공한 자만이 자서전이라는 것을 쓰는 것이 아니다. 좌절하지 않고 성공을 향해 달려나가는 자들의 책도 이 세상에서 얼마든지 한축을 이루어야 한다고 생각했다.

응답이 없어 아직은 때가 아니지만 진솔한 삶의 이야기는 계속 써내려 가리라는 생각을 했다.

새벽 4시 30분! 3일 금식기도 마지막 새벽예배를 드리기 위해 잠자리에서 일어났다. 그런데 잠자고 있던 머리맡에 스포츠 신문이 한 장 놓여 있었다. 어젯밤 11시 30분 예배를 마치고 새벽 1시경 잠자리에 들 때까지만 해도 없었던 것이다. 무심코 집어 들어 신문을 훑어보는 순간, 조그만 박스 기사에 『별을 쥐고 있는 여자』 김순지 씨의 자전적 소설책 소개와 함께 그녀의 간략한 인생 역정이 쓰여 있었다.

어느 날 갑자기 뒤바뀐 운명으로 인해 시련과 고통의 나날을 살아온 그녀의 책이 출판되면서 베스트셀러가 되었고 그것을 계기로 인생역전을 이루었다는 내용이었다.

그 기사를 읽으면서 이는 분명 하나님의 응답이라는 믿음이 왔다. 숨기고 싶은 나의 모든 지나온 삶을 담대하게 꺼내어 쓰라는 하나님의 응답! 베스트셀러를 기대하는 것도 아니고 그저 나에게도 그 책 속의 주인공처럼 이제껏 살아온 날에 대해 기록하라는 그러한 응답이었다. 그러나 나는 책을 만들어 가는 단련의 시간이 필요할 것이라는 것을 알고 있었다.

나는 마지막 새벽기도와 아침기도 시간을 통해 이토록 사랑하시는 하나님께 통곡의 감사기도를 드렸다. 나는 인생을 살아오면서 교회라고는 철부지 소년 시절에 아무것도 모르고 교회에서 운영하던 재건중학교를 다니면서 약 2년여 동안 접한 것이 전부였다. 새벽기도도 그때 꽤 열정적으로 다녔었다. 신앙심이 깊어서도 아니고 전도사 겸 담임선생님의 권유로 말이다.

그러나 그 시절 나는 분명 즐거운 마음으로 새벽기도를 다녔다. 매일 새벽 10리 길을 걸어서 친구들과 함께…. 순수했던 소년 시절의 기도를 하나님께서 기억하시고 계신 것일까?

돌이켜 보면 사업을 해오면서 교만하고 가증스러웠던 나에게 하나님께서 수없이 많은 사인을 주셨지만 그 사인을 알고도 모른 척한 것인지, 나는 세상 사람들과 어울리기에 바빠서 하나님을 외면했던 것이다. 아니 신앙이라는 것 자체를 모르며 살아왔다.

나는 분명 이번 금식기도를 통해 많은 은혜를 받았다. 나약해지려는 믿음이 다시 회복되었고 하나님과 가까워지는 시간이 된 것 같아 마음에 형언할 수 없는 기쁨이 찾아왔다.

"환난 날에 나를 부르라. 내가 너를 건지리니 네가 나를 영화롭게 하리로다." (시편 50장 15절)

다시 미국으로 떠나던 날 밤

요즘 처남의 눈에 살기가 돌았다. 기회만 되면 나를 죽이겠다는 표정으로 입에 거품을 물고 대들었다. 처남은 거의 미치광이처럼 온갖 행패를 부려 댔다. 어머니가 계셔도 의식하지 않았다. 도저히 숨을 쉴 수 없을 정도로 압박을 해왔다.

무엇보다도 어머니 앞에서 이유도 없이 당해야만 하는 나의 마음은 어머니에게 또 다른 상처를 드리는 것이어서 참을 수 없는 분노가 가득 치밀어 올랐다. 나는 처남의 말에 대꾸하고 싶지 않았다. 나는 끝까지 살아남아서 비굴하지 않았음을 나를 오해하고 있는 사람들에게 알려야만 하고, 다시 사업을 일으켜 세워서 해야 할 일들이 너무 많았다.

처남과 말씨름이나 하며 그의 시비를 받아줄 만한 시간과 마음의 여유가 없었다. 도대체 처남은 무엇을 말하려는지 무엇을 원하는지 대화로 풀 수 있는 상황이 아니었다. 자칫 나에게도 인내의 한계가 다가오고 있음을 느끼고 있었고 그것이 또한 두려웠다. 그가 나를 해하기 전 내가 그를 해칠 수도 있다는 두려움이 엄습해 오기 시작했다. 살인! 내가 아니면 처남으로 하여금 끔찍한 살인사건이 발생할 수도 있겠구나 하는 생각에 소름이 끼쳐 왔다.

늙으신 어머니 앞에서 일어나는 처남의 추태를 더 이상 감내할 수 없어, 순간 나는 처남으로부터 멀리 달아나 자유로워지고 싶었다. 그러기 위해서는 다시 미국으로 가는 길밖에 없었다. 이러한 생각을 굳히고 어머니께 조용히 나의 계획을 말씀드렸다.

어머니는 내심 놀라는 표정이었지만 처남의 행패가 심상치 않다고 여기셨는지 역시 나와 같은 생각을 하고 계셨다며 미국으로 다시 떠나는 게 좋겠다고 하셨다. 그러면서 처남이 아내에게 버림받고 나에게 의지하며 새롭게 시작해 보려 한 꿈이 사라져 버리는 것 같아 그러는 것이니 처남을 이해하라고 하셨다. 그렇게 말씀하시는 어머니 눈가에 이슬이 맺혔다.

어머니는 당신의 나이가 80인데 이제 가면 살아생전에 다시 볼 수 있을까? 하시면서 나의 손을 꼭 잡고 말없이 눈물을 흘리셨다. 가슴이 아려왔다. 이내 복받쳐 오르는 슬픔을 억누를 수 없어 어머니의 주름진 얼굴을 어루만지며 소리 죽여 흐느꼈다. 나는 어머니께 지난 1년간 어머니와 생활한 날이 나의 생애 최고의 날이었고, 늙으신 어머니의 사랑을 가슴 저미도록 느낄 수 있었던 날들이었다고 말씀드리며 반드시 빠른 시일에 건재한 모습을 보여드리겠다는 약속을 드렸다.

그렇다. 지난 1년간 어머니와 함께 한 날들은 이 세상을 다시 산다 해도 얻을 수 없는 큰 행복의 시간이었다. 흔히 노인들을 무시하고 가볍게 대하는 일반 사람들의 모습과 다를 바 없었던 나였지만 늙는다는 것이 이토록 빛나고 아름다울 수 있다는 사실을 어머니의 모습을 통해 느끼게 되었다.

밤이 새도록 어머니와 나는 이별을 준비하는 대화를 나누었다.

"엄마! 자식들을 그렇게 많이 낳으시고 왜 교육을 시키려고 노력하지 않으셨어요?"

내가 묻자 어머니는 한숨을 쉬며 대답하셨다.

"노력했지, 근데 쉽지가 않더구나…."

"저 같았으면 콩나물 행상뿐만 아니라 구걸을 해서라도 자식들 공부만큼은 시켰을 텐데요."

"그게 다 돈에 욕심 없는 가족의 내력이란다. 할아버지께서는 돈 많은 집안의 막내셨는데 결혼시켜 논밭 몇 마지기 떼어 주는 대로 받아 나오셨단다. 그리고 서당 훈장을 하시면서 가난한 학생들은 무료로 가르쳐 주셨고."

"그런데 아버지는 재산이 없으시면 소라도 키워서 자식들 교육을 시켰어야지 왜 못시키셨어요?"

"아버지도 노력하셨지. 언젠가는 옷 행상을 하신다며 옷을 도매로 사와 팔려고 다니셨는데 하나도 팔지 못하시고 힘없이 돌아오셨단다. 며칠을 그렇게 허탈하게 돌아오셔서 내가 나섰지. 네 형을 업고 다니며 하루에 다 팔아치웠는데 글쎄 아버지가 더 이상 하지 말라며 말리셨단다. 엄마가 젊었을 때 꽤 미인이었거든."

"하하하! 엄마, 내가 알아요. 엄마 젊었을 때 찍은 사진 봤잖아요. 그리고 지금도 곱게 늙으셔서 너무 아름다워요."

"그래, 우리 아들, 꼭 건강하게 성공해야 해. 애들 대학교는 어떤 일이 있어도 졸업시켜야 되고."

"네, 엄마. 걱정 마세요. 꼭 다시 일어섭니다. 엄마, 그때까지 살아 계셔야 해요. 효도 많이 해드릴게요."

"으응, 그래, 우리 아들…."

어머니께서 목이 메신 모양이었다. 내 가슴도 터질 것만 같았다. 그렇게 침묵이 흐르고, 건넌방에서는 처남의 코고는 소리가 들려왔다.

베개 위쪽으로 손을 더듬어 핸드폰으로 시간을 확인하니 새벽 4시였다. 나는 자리에서 일어나 두 무릎을 꿇고 어머니 손을 꼭 잡은 채 낮은 소리로 하나님께 기도를 드렸다.

"하나님 아버지! 이 불효자식이 속히 성공해 돌아올 때까지 우리 불쌍하신 어머니를 당신께 잠시 맡기고 떠나오니 건강하게 보호해 주시고, 어리석은 저로 인해 패가망신한 이 가문을 제 손으로 일으켜 세워 어머님의 여생을 편히 모실 수 있는 그날을 만들어 주시옵소서!"

어머니는 눈물을 닦아내시며 또 목이 메셨다.

"이제 가면 내 살아생전에 다시 볼 수 있을까?"

나는 어머니 두 손을 꼭 잡아 드렸다.

"어머니, 3년 안에 돌아올 것이니 꼭 건강하게 살아 계셔야 합니다. 어머니께서 든든히 버티어 주셔야 힘이 나니까요!"

내 운명이 기구해서라기보다는 늙으신 어머니께 끔찍한 불효를 저지른 것을 어떻게 용서 받을 수 있을 것인가? 나는 어머니께 작별 인사도 변변히 못 드리고 건넌방에서 잠자고 있는 처남이 눈치 채지 못하도록 꾸려 놓은 짐 가방과 노트북을 어깨에 메고 다친 무릎을 절룩거리며 언제 다시 돌아오게 될지도 모르는 정든 어머니 댁을 나섰다.

매서운 겨울바람을 가르며 잰걸음으로 걸었다. 혹시 처남이 잠에서 깨어 쫓아 나오지 않을까 걱정하며 꽤 먼 거리를 숨 돌릴 틈도 없이 떠나왔다. 몸 안으로 땀이 배어 찬바람과 함께 한기가 느껴졌다. 점점 어머니 댁이 멀어져 거의 보이지 않을 때쯤 부목사님이 봉고차를 몰고 나타나셨다. 어젯밤 늦게 전화로 부목사님과 약속을 했기 때문에 제 시간에 맞춰 나와 주셨다. 이제 진정한 탈출이 시작되는 것인가?

꿈속에서 본 사무엘상 17장 이후를 떠올렸다. 18장 7절에 이르기를 "여인들이 뛰놀며 창화하여 가로되, 사울의 죽인 자는 천천이요, 다윗은 만만이로다 한지라."

그날 이후로 사울은 틈만 나면 다윗을 죽이려 했고, 다윗은 고난의 피난자가 되었으니 나는 씁쓸하게 미소를 지었다. 하루아침에 포기한 부와 명예도 탈출이라는 생각은 추호도 해보질 않았다.

먼저 교회에 도착해 부목사님과 따뜻한 커피를 마시며 미국으로 향하는 나를 위해 중보기도를 부탁드렸다. 그런 내가 안쓰러운지 부목사님은 나를 위해 간증을 해주셨다.

원래 부목사님은 세상을 들끓게 했던 '유전무죄, 무전유죄'의 명언을 남긴 탈주범을 검거해 특진까지 했던 경찰특공대 출신이라 했다. 청와대에서도 근무했던 장래가 유망한 경찰특공대원이었는데, 어느 날 지방의 모 교회 전도사였던 누님이 기도 중에 경찰관인 동생을 목회자로 인도하라는 하나님의 말씀을 듣고 찾아와서 경찰생활을 그만 두고 신학공부를 하라고 당부했다고 한다.

그러나 당시 잘나가던 경찰관이었던 부목사님에게는 어처구니없는 말이니 더 이상 듣고 싶지 않아 자리를 박차고 일어섰다고 했다. 몇 달 후 또다시 찾아온 누님은 다시 꿈속에 하나님의 음성을 듣고 찾아왔다며 부목사님을 꼭 목회자로 인도해야겠으니 자기 뜻에 따라 달라고 간곡히 부탁을 했다고 한다. 하지만 부목사님은 들은 채도 하지 않았고, 그 이후로도 계속된 누나의 전화나 방문을 거부하며 경찰생활을 충실히 수행하고 있었다고 한다.

그러던 어느 날 오토바이를 타고 일상적인 순찰을 돌던 중 오토바이가 쓰러져 오토바이 헬멧 끈이 한쪽 눈을 쳤고, 그 사건으로 한쪽 눈을 실명하게 되어 경찰관으로서의 임무를 수행할 수 없었으므로 퇴직할 수밖에 없었다고 한다.

위로금과 퇴직금을 받아 시작한 사업은 1년도 채 못가 부도가 나고 빚쟁이들에게 쫓기는 신세가 되어 어린 자녀 3남매, 아내와 뿔뿔이 헤어졌고, 세상을 원망하면서 술로 세월을 지새우던 끝에 세상을 살아간다는 것이 무의미하다는 생각으로 세상을 하직하고자 마지막으로 술의 힘을 빌려 가족들과 작별 인사를 하기 위해 아내를 찾아갔다고 한다.

그러나 독실한 기독교 신자이면서 집사였던 아내의 마지막 소원은 부목사님이 죽기 전에 단 한번만이라도 기도원에 들어가 기도를 드리는 것이라며 애원을 했다고 한다. 부목사님은 그 정도 소원이라면 마지막으로 못 들어줄 이유가 있겠는가 싶어 술기운에 청평의 K 금식기도원에 들어가 기도를 했다고 했다.

당시 무신론자였던 부목사님은 그때 기도의 응답과 더불어 하나님의 은혜를 뒤늦게 깨닫게 되었고, 눈물로 회개하며 하나님의 뜻에 따라 목사가 되겠노라고 약속한 후 열심히 신학공부를 해 늦은 나이에 부목사가 되었다는 것이다.

부목사님은 간증을 다 끝내며 내 손을 꼭 잡아 주더니 나에게 하나님께서 큰 뜻이 계실 것이니 용기 잃지 말고 열심히 기도드리며 신앙생활을 하라고 하셨다(K목사님은 현재 면목동에서 개척교회를 세우셨다).

그렇다. 보잘것없는 존재이지만 나는 근래 들어 하나님을 믿으면서 많은 체험을 해가고 있었다. 다윗이 골리앗을 쳐 죽이고 이스라엘 군대를 구하는 구절이 사무엘상 17장이었다. 그런데 그 이후 기도원에 들어가는 기도원 버스기사가 틀어주었던 테이프에서 안산의 모 부흥목사님의 설교가 사무엘상 17장이요, 기도원 도착해 첫 예배시간에 목사님의 설교 내용 또한 사무엘상 17장이니, 우연이라 하기에는 너무 신기하지 않은가?

> "다윗이 블레셋 사람에게 이르되 너는 칼과 창과 단창으로 내게 오거니와 나는 만군의 여호와의 이름, 곧 네가 모욕하는 이스라엘 군대의 하나님의 이름으로 네게 가노라." (사무엘상 17장 45절)

> "만군의 하나님 여호와께서 함께 계시니 다윗이 점점 강성하여 가니라." (사무엘하 5장 10절)

나는 이 성경구절의 의미가 나에게 무엇을 뜻하는 것인지를 어렴풋이 깨달아 가고 있었다.

기도를 드리는 내내 이곳 나의 고향에서 드리는 마지막 기도라 생각하며 간절히 하나님께 부탁을 드렸다. 우리 늙으신 어머님을 하나님께 맡기고 떠나가노라고, 어머니가 건강하게 오래오래 사셔야 하며 이 불효자식이 어머니를 속히 모실 날을 만들어 달라고…. 그렇게 눈물로 하나님께 매달리며 기도드렸다.

1년 동안 한국에 머무르면서 그동안 풍요롭게만 살아왔던 내가 서민들의 생활을 엿보며, 다들 힘들면서도 의연하게 살아간다는 것을 알고 안이하게 살아왔던 삶에 대해 반성했다.

그리고 잘못된 부동산 정책 때문인지는 몰라도 수많은 사람들이 부동산을 중개한다. 그리고 매매자와의 암묵적인 묵인 아래 가격이 터무니없이 부풀려져 전매되는 과정을 목격하면서, 비정상적으로 돌아가는 것에 큰 충격을 받았던 터라 부정부패가 아닌 진실만이 판을 치는 세상이 되게 해달라고 간절히 기도했다.

그랬다. 한탕주의! 땅을 중개하는 중개인들은 입만 열면 억! 억! 하며 몇 십억 원이라는 말을 서슴지 않고 했다. 매매를 성사시키기 위해 최선을 다하는 모습의 이면에는 그들이 땅값을 부풀리고 그 차액을 챙긴다는 발상 자체가 불법적인 전매 행위이고 죄악이었다.

언제 터질지 모르는 팽팽한 풍선처럼 부동산 가격은 인위적으로 사람들에 의해 점점 부풀려져만 가고 있는 것이다. 사회 곳곳에 만연되어 있는 부정이 국부를 갉아먹고 있었다. 그러나 이것 또한 시장경제원리이기도 했다. "꿩 잡는 것이 매"라는 속담이 있다. 주어진 상황을 최대한 이용해 수익을 발생시킨다는 뜻인데 나는 이 말이 무서웠다.

말 그대로 생존경쟁이었다. 의뢰인과 의뢰받는 자 모두 썩은 양심의 냄새를 진동시키는 세상! 한 푼이라도 더 벌려고 핏발 세운 눈들이 사방에서 번뜩이는 세상! 이러한 세상 속에서 그동안 나는 너무 순진무구하게 살아왔구나 싶었다.

언제 다시 돌아올지 모를 내 고향땅에서의 마지막 기도를 그렇게 눈물로 끝마쳤다.

부목사님과 헤어져 서울에 사는 형님 집으로 향했다. 형님 집(분양되지 않은 서민 빌라)에서 1주일간 머물렀다 떠나기로 했다.

나는 러닝머신에서 넘어져 무릎에 심한 타박상을 입었는데 도무지 낫질 않았다. 병원에 찾아가 치료를 받고 1주일분 약을 타왔다. 의사는 매일 통원 치료를 하라고 했지만 속히 미국으로 떠나야 하니 치료를 받지 못했다.

형님 집에 도착한 그날 저녁에 무릎의 상처가 더 심각해졌다. 마음에

곪아터진 상처를 외상으로 보여주기라도 하는 것인지 무릎이 쑥쑥 아려 왔지만 아픈 내색도 하지 못했다. 여러 사람들의 가슴을 아프게 하고 이 정도 아픔으로 엄살을 떠는 것 같아 꾹 참았다.

형님의 처지가 만만치 않음을 느꼈다. 완공된 지 이미 1년이 다 되어가는 빌라가 여덟 가구에서 겨우 1가구만 팔렸다고 했다. 친구와 함께 출자해 지은 33평형 빌라였다. 내부 공간도 꽤 넓은 잘 지어진 집이었다. 그러나 사람들은 부동산 가치를 따져 빌라보다는 아파트를 더 선호했다.

형님과 일주일을 지내면서 형님의 형편도 어렵다는 사실을 알게 되어 마음이 아팠다. 어머니와 형님이 500불을 마련해 주었고, 셋째 여동생 내외도 5,000불을 마련해 주었다. 5,000불은 아이들의 학비로 우선 송금을 해주었다. 모두 어려운 형편인데도 미우나 고우나 형제라고 어렵게 여비를 마련해 주니 감사할 따름이었다.

나는 어머니, 형제들과 언제 다시 만날지, 한국에 언제 다시 돌아올지, 기약할 수 없는 여정을 남겨두고 한국에서의 마지막 밤을 보냈다.

> "너희가 내 안에 거하고 내 말이 너희 안에 거하면 무엇이든지 원하는 대로 구하라. 그리하면 이루리라." (요한복음 15장 7절)

궁핍한 생활

수많은 상념과 앞으로의 삶을 구상하면서 미국 LA공항에 도착했다. 아직 법적으로 안전한 상태가 아닌 나는 출입국에 하자가 없다고 해도, 사업을 포기한 이후부터 나에게는 자유롭지 못하고 불명예스러운 죄목이 붙어 다녔다. 나뿐 아니라 많은 사업가들이 회사가 부도나면 다시 일어서기까지는 수많은 죄목의 사슬에 얽매어 고통을 겪는다는데 나는 비로소 그들을 이해하게 되었다. 그들이 그러한 시련을 극복하기란 쉽지 않을 것이란 것도 깨달았다.

부도가 난 회사의 대표들은 우선 사회와 세상 사람들 그리고 가족, 형제들에게까지도 철저하게 버림받고 외면당하며 살아가고 있다. 그들은 억울해서라도 명예회복을 위해 몸부림을 쳐보지만 이미 그들 주변에는 아무것도 남아 있질 않는다. 스스로 다시 일어서려면 남보다 몇 배의 노력을 기울여야 한다. 나는 이런저런 생각을 하면서 기내를 빠져나왔다.

예상대로 입국 심사대를 누구보다도 신속하고 기분 좋게 통과할 수 있었다. 9 · 11 테러사건 이후 새로 강화된 동공(눈동자를 촬영함)사진은 입국 심사, 서류 심사와 함께 아주 쉽게 끝났다. 사실 미국을 수십 차례 왕래했던 그 어느 때보다 최단 시간에 입국수속을 끝낼 수 있었다. 채 1분도 걸리지 않았으니까 말이다.

이민국 직원은 나에게 특별히 반갑다는 제스처의 인사와 함께 미소를 보내 주었다. 미국 이민법대로라면 나는 입국은커녕 한국으로 돌아가야만 하는 것이 아닌가? 미국 이민법에 의하면 학생 가족 신분으로 체류하던 자가 미 영토를 떠난다면 만 2년이 지나야만 다시 재입국할 수 있었다.

어찌 되었든 한국과 미국에서 모두 출입국이 자연스럽게 처리되었으니 이 또한 하나님의 은혜가 아니고서야 어찌 가능했겠는가? 나는 내심 우려했던 마음을 털고 여유로운 마음으로 공항 출구를 빠져나왔다. 택시 승강장 멀리서 아내의 차인 은색 도요타가 보였다.

겁먹은 모습으로 생활에 찌들어 보이는 아내의 모습을 바라보며 이 모든 시련의 시간을 만든 장본인인 나의 마음이 요동치기 시작했다. 시간을 되돌릴 수만 있다면 나는 이러한 어리석은 선택은 절대로 하지 않았으리라!

타국에 홀로 남아 얼마나 고생을 했을까? 집으로 돌아오는 내내 우리 부부는 서로 형언할 수 없는 무거운 마음을 침묵으로 대신했다. 앞으로 최선을 다하겠지만 당장 아이들 학비가 문제였다. 한국에 돌아갔을 때는 어머니 집을 담보로 아이들 학비는 어느 정도 송금해 줄 수 있었지만 아무런 기반도 없는 미국에서 어떻게 학비를 마련할지 걱정이었다.

일단 자리 잡을 때까지만이라도 몇 명의 지인을 통해 도움을 요청하고 시간을 벌기로 했다. 그러나 그들은 한결같이 나를 외면했다. 나는 그들을 원망하거나 미워하지 않기로 했다. 그들 또한 그들의 삶이 있을 것이고 어려운 환경 속에서 사업을 영위해 가기가 쉽지 않다는 것을 이해하기 때문이다.

내가 한국으로 떠난 후 아내가 새로 옮긴 집에 도착했다. 차고를 개조해서 만든 허름한 800불짜리 셋방이었다. 조그마한 방 하나에 살림살이라곤 취사도구가 전부였다. 겨우 잠만 자고 생활할 수 있는 형편이었다. 눈물이 앞을 가렸다. 무책임했던 내 자신이 부끄러웠다.

지붕은 낮아서 낮이면 뜨거운 캘리포니아의 태양 열기로 인해 방안은 습한 열기로 숨이 막힐 지경이었다. 새벽이면 이슬이 내려 베개와 이불이 축축했다. 방학 때 이곳에 머무르며 생활하고 간 아이들이 얼마나 불편하고 가슴 아파했을까? 못난 가장으로 인해 우리 가족들이 겪어야 했을 마음의 상처를 나는 무엇으로 보상해 줄 수 있을까?

지금 아내의 희생은 분명 우리 가족에게 큰 도움이 될 것이다. 나의 회사가 잘못된 이후 20여 년 동안 직장 한번 안 다녀본 아내가 지금껏 하루도 쉬지 않고 열심히 일을 했다. 미국이라는 나라에서는 하루라도 근무를 하지 않으면 살아가기가 힘들었다.

세계 최강이라는 미국의 현실은 참으로 모순으로 가득 차 있었다. 쉽게 발견되는 거리의 노숙자와 걸인들 그리고 정신이상자들, 반면에 상상도 못하는 부를 누리는 사람들, 그들은 별천지에서 그들만의 세계를 살아가고 있는 것이었다. 불평등! 세계의 경찰을 자처하며 지구상의 가장 강력한 군사력을 가지고 맹주 역할을 하고는 있지만 왠지 힘에 부쳐 보이는 느낌이 들었다.

아내는 요즈음 등과 허리가 많이 아프다고 했다. 그러나 병원에 갈 만한 형편이 아니었다. 급여를 타면 즉시 아이들에게 송금하기 때문이다. 갓 부화한 어린 새끼 새들이 어미가 날라오는 먹이를 향해 입을 벌리고 서로 달려들어 아우성이듯 우리 아이들에겐 송금해 주는 돈만이 절대적인 생명줄이었다.

유학생 신분인 아이들은 사기꾼 변호사를 만나 아르바이트를 할 수 있는 신분이 아니었다. 오히려 변호사 비용이 계속 들어갔다. 체류 신분 유지비용으로 말이다.

아들 또한 오하이오 지역 특성상 한국인이 드물어서 일주일에 고작 20시간만을 일했다. 몇 푼 되질 않아서 아파트 렌트비와 학비, 생활비에 크게 보탬이 되지 않았다. 이러한 생활 여건이다 보니 아내가 아프다고 선뜻 병원에 나설 만한 형편이 못 되었다.

다음날 어머니께 무사히 도착했다는 소식을 알리기 위해 전화를 했다. 처남은 내가 미국으로 돌아온 것을 알게 된 이후 횡포가 더 심해졌으며 어머니를 내몰듯 시위를 했다고 한다. 온갖 횡포에 못이긴 어머니는 평생 살아오신 정든 집을 떠나 시흥 큰딸네 집으로 옮기셨다고 한다.

여러 형제들이 처남을 법적으로 쫓아내려 해도 그 인생이 불쌍해 특별한 조치는 취하지 않았다고 한다. 처남은 잡종 개 여러 마리를 사들여 어머니 집을 점거하고 매일 술에 취한 채 동네를 휘젓고 다니며 나와 어머니, 형제들을 향해 미치광이처럼 욕설을 퍼붓고 다닌다고 했다.

처남과 어렵게 시작한 사업이 잘 진행되지 않아 수습하기 위해 노력했지만, 무엇보다도 처남 스스로 나를 못 견디게 했다. 만만한 매제가 떠나니 그 또한 히스테리 상대가 없어진 셈이니 모든 것을 대화로 풀 수 없었던 상황이 안타까웠다.

"보라 이것이 내 앞에 기록되었으니 내가 잠잠치 아니하고 반드시 보응하되 그들의 품에 보응할지라." (이사야 65장 6절)

두 번째 미국생활

미국에 다시 돌아온 나를 환영이라도 하는지 비가 부슬부슬 내렸다. 나는 신문광고를 뒤적이며 직장을 알아보았다. 미국인이 운영하는 양복 관련 회사를 방문해 면접을 보았다.

나의 경험을 존중해 당장 출근하라고 했다. 87세라는 나이가 믿어지지 않을 만큼 꼬장꼬장한 회사 사장은 나에게 스폰서를 서줄 테니 영주권을 신청할 서류를 준비해 오라 했다. 그 나이에 현역에서 왕성하게 활동하는 사장을 바라보며 존경심을 넘어 경외심을 느끼게 했다.

그리고 나를 흔쾌히 받아 주는 곳이 있다는 것에 기분은 좋았지만 한편으로 걱정이 되었다. 거리도 만만치가 않았을 뿐만 아니라 차량 한 대를 가지고서는 아내와 내가 동시에 사용할 수 없었기 때문이었다. 그렇다고 차 한 대를 더 산다는 것은 도저히 능력 밖의 일이었다. 그러나 이런 나의 우려가 무색하게도 그 직장에 다닐 수 없게 되었다.

첫 출근하기로 한 전날, 그 회사 관계자와 오전에 면담이 예정되어 있었다. 그런데 나는 1시간이나 늦게 도착하고 만 것이다. 서머타임이 시작되는 첫날, 휴대폰 서머타임 전환이 한국처럼 자동적으로 되는 줄 알고 미처 맞추지 않았던 것이 그만 약속시간을 어기고 만 것이다. 회사 관계자는 1시간여 동안 나를 기다리다가 자리를 뜨고 말았다. 지키지 못했던 약속시간이 빌미가 되어 결국 나는 그 회사 근무를 접을 수밖에 없었다. 그렇지만 차라리 마음이 홀가분했다.

그러나 이제부터라도 고정적인 수입이 필요했다. 무엇보다 아이들의 다음 학기 학비를 만들어 놓아야만 했다. 중국에 공장을 가지고 있는 지인으로부터 스웨터 판매에 대한 긍정적인 언질을 받아 놓은 터이기도 해서 속히 사무실을 내어 기계를 갖추고 샘플을 만들어 무역을 시작해야겠다는 생각이 들었다.

그러나 역시 자금이 문제였다. 몇몇 지인과 목사님에게 상의를 드렸다. 자바 시장에서 장사를 하고 있는 소피아와 목사님은 강하게 밀어붙이라고 했다. 특히 목사님의 신용으로 사무실을 얻게 해주고 렌트비 일부를 도와주시겠다며 특별히 나를 신뢰해 주셨다. 그분들의 도움으로 우선 1년 계약을 했다. 1개월 선금과 보증금으로 1,800불을 선납했으나 기계를 어떻게 들여야 할지 난감했다.

나는 2003년부터 알고 지내던 사장님을 찾아뵈었다. 그리고 사무실을 만들어 놓았는데 기계 살 돈이 없어 걱정이라는 말씀을 드렸다. K사장님은 어떤 기계가 필요한지 자신이 우선 사줄 테니까 벌어서 갚으라며 즉시 전화를 걸어 기계를 배달해 주라고 했다.

어젯밤 하나님께 매달리며 간절히 드렸던 기도가 응답된 것일까? 하나님의 은혜에 감사드렸다. 3,670불은 지금 나에게 결코 작은 돈이 아니었다. 분명 하나님께서 우선 준비해 주신 것이라 굳게 믿었다.

사실 그분은 그렇게 여유가 있는 분이 아니었다. 그분 역시 12년 전에 한국에서 큰 사업을 하다가 어려운 일을 당하고 미국으로 떠나와 눈물 젖은 빵을 맛보며 살아왔고, 이제 조금 형편이 펴 가는 입장이라고 했다.

그분은 나에게 좋은 인상을 느끼고 있다며 어려운 일 있으면 도와주겠다고 자청하기도 했다. 그러면서 내가 아이들에게 최선을 다하는 모습에 우선 믿음이 갔고, 나와의 대화 속에서 큰 비전을 이룰 만한 능력이 있는 사람이라고 평소에도 생각하고 있었다며, 나에게 큰 용기를 불어넣어 주었다. 모든 것이 감사했다. 죽지 않고 살아 있음을 또 다시 감사드렸다.

기계를 배달받아 제자리에 배치하는데 소피아가 찾아와 팩스라도 사라며 200불을 건네주었다. 기계가 들어오면서 나에게 샘플을 해 달라는 전화가 왔다. 나는 샘플을 할 수 있는 능력은 없었지만 아내가 방법을 알려주면 기초적인 것은 내가 하고 중요한 부분은 아내가 마무리하는 형식으로 적당한 수입을 만들어 갈 수 있었다.

미국이라는 나라가 기술만 있으면 얼마든지 살아갈 수 있는 곳이었다. 또한 적당한 자금만 마련된다면 사업을 통해서라도 성공할 수 있는 부분이 많았다. 나는 단지 자본금이 없기 때문에 좋은 사업 기회를 놓치면서 안타까워하는 것일 뿐이었다. 힘들지만 하루하루 살아가는 것이 감사했다.

아들이 학비 마련을 위해 타고 다니던 차를 팔았다. 11,500불. 얼마나 마음이 아플까? 당장 아이들이 걱정되었다. 차 없이는 그 넓은 캠퍼스를 이동하며 공부한다는 것이 힘이 들었고, 미국이라는 나라는 차가 생활수단이 될 수밖에 없는 구조로 만들어져 있었다. 대중교통을 이용한다는 것 또한 딸아이에게는 안전한 수단이 아니라고 생각했다.

총기 휴대가 허용된 나라에서 총기사건이 빈번했고, 무엇보다도 드넓은 캠퍼스를 도보로 옮겨 다니며 수업한다는 것이 마음에 안 놓였다. 그동안 오빠와 함께 등교하고 오빠가 운전을 해주었기 때문에 안심이었는데….

하나님! 어찌하오리까? 가장으로서 또 한 번의 좌절감을 느끼는 순간이었다. 그러나 목사님께서 보증을 서주시고 소형차를 5년 할부로 다시 살 수 있었다. 나는 목사님께 많은 신세를 졌다. 그 목사님은 우리 가족을 위해 매일 중보기도를 드려주셨다. 그분은 우리 가족의 앞날에 대한 비전을 가지고 계셨다. 앞으로 다시 재기해 하나님 일에 크게 쓰임 받기를 바란다면서 많은 격려를 해주셨다. 비교적 저렴한 학비 혜택을 받는 영주권자나 시민권자의 자녀들도 두 자녀씩이나 대학에 보내는 것이 쉽지 않은 것이라며 우리 부부에게 경외심까지 느끼신다며 과찬해 주셨다.

며칠 후 전에 알던 봉제공장 사장으로부터 전화가 왔다. 납기가 늦어 고생하고 있으니 며칠만 도와 달라고 했다. 거절을 할 수가 없어 승낙을 하고 출근을 했다. 전부터 보아왔던 미국의 봉제공장은 그야말로 형편이 없었다. 현장은 무질서했고 표현할 수 없도록 열악한 환경이었다. 나는 다림질도 해주고 포장도 해주면서 노동이라는 것을 실감하며 열심히 도와주었다.

땀이 등줄기를 타고 흘러내렸다. 일하는 것이 즐거웠지만 20년이 넘도록 사장의 위치에서 온갖 교만을 떨며 살아왔으니 얼마나 힘이 들었겠는가? 종업원 150명이 넘는 중소기업의 사장 신분에서 졸지에 현장 근무자가 되었다. 명색이 임시 매니저라 하지만 그것이 무엇이 다를까? 작은 회사에서 매니저라고 폼이나 잡을 만한 분위기도 아니었지만 나는 젊은 시절과 같이 사회 초년생으로 땀 흘리는 보람을 마음껏 느꼈다.

하나님께서 귀한 시간을 허락하신 만큼 진실한 마음으로 깊은 신앙 속에서 열심히 근무했다. 더군다나 지금은 한 푼이라도 벌어야만 아이들을 교육시킬 수 있었다. 지금 이렇게 고생하는 것이 모두 나의 과오이고 특히 하나님께서 꾸짖으신다고 생각했다.

지난날 한국에서 첫 사업을 시작할 때 나는 3년 동안 밤잠 안 자고 열심히 뛰었다. 그 결과 사업이 어느 정도 안정궤도에 오르면서부터 나는 골프도 치고 여행도 다녔다. 하나님은 바로 나에게 그 많은 복을 주고 물질도 주었는데 돌아보고 회개하지 않았으니 지금이라도 그 죄를 회개토록 기회를 주시는 것 같았다. 그래도 나는 이 모든 것이 감사했다. 하나님께서 거듭 태어나도록 나를 단련시키신다는 믿음이 생겼기 때문이었다.

나는 화장실도 거의 가지 않고 일했다. 대부분이 히스패닉(Hispanic) 사람들로서 분초를 다투며 열심히 일을 했다. 그들은 피스 능력제로 일하는 고용자들이었기 때문에 점심 먹는 시간도 아까워 먹는 둥 마는 둥 10분도 안 걸렸다. 그들의 습관이었다. 나도 그들과 함께 행동할 수밖에 없었다. 그렇게 나는 내 일처럼 열심히 도와주었다. 다리가 부어오르고 눈이 붓고, 온몸이 말이 아니었다. 그동안 편안하게 살아왔으니 이만한 것은 감수해야 한다며 스스로를 위로했다. 녹초가 되어 퇴근하는 나를 아내는 안타까운 눈으로 바라보았다.

나는 4일을 그렇게 열심히 일을 해주고, 하루 55불씩 210불을 받아왔다. 내 자신이 처량했다. 바쁘다 해서 생각 없이 도와주긴 했지만 나의 가치가 이것밖에 안 된다고 생각하니 한없이 슬펐다. 10시간을 죽어라 일하고 시간당 5.5불이라니, 그 회사 사장이 측은했다. 그렇게 착취하지 않으면 살아갈 수가 없는 것이 현실이었다. 이해를 했지만 괜히 그 사장이 괘씸하다는 생각이 들었다.

내 말을 들은 아내와 목사님도 몹시 불쾌해 했다. 집사님은 그렇게 바보같이 도와주고 그만한 대가도 못 받고 이용당했다고 역정을 내셨다. 돈을 바란 것은 아니었지만 내 노동의 대가를 제대로 받지 못한 것 같아 마음이 씁쓸했다. 나는 내 자신이 노동의 가치를 느껴 가는 과정이라 생각하자고 스스로 위로했다.

다음날 사무실에 출근하는데 마음이 무거웠다. 우리 부부가 본격적으로 영업한다면 어느 정도 수입이 될 것이지만 우선 사업을 통해서 다시 일어서야 할 이유가 있었고 그러기 위해서는 한국에 나가기 전까지 의류 브랜드를 만들어야만 했다. 그러나 모든 일이 계획대로 잘 되리라는 보장도 없으니 불투명한 앞날에 걱정이 앞섰다. 그래도 나는 마음속으로 외쳤다. '도전하자. 그리고 쟁취하자! 나와 나의 가문을 위해, 하나님께 영광을 돌리기 위해!'

이런저런 걱정을 하고 있는데 한국의 친구로부터 200만 원을 송금했다는 연락을 받았다. 그 친구는 7~8년 전에 내게 꾸어간 돈 일부를 송금한 것이었다. 아이들이 생활비가 떨어져 걱정하고 있었는데 그나마 감지덕지했다.

중국의 지인은 결국 미국과 중국의 쿼터 등의 이유로 도움의 손길을 끊었다. 시작도 못한 채로…. 사무실은 결국 우리 부부의 작업실과 교회 기도실로 사용되었다.

"하늘이 주의 것이요 땅도 주의 것이라. 세계와 그중에 충만한 것을 주께서 건설하셨나이다." (시편 89장 11장)

축복받은 창업

긴 세월이 흐른 뒤 한동안 나는 그때 아버지께서 편지에 쓰신 내용대로 "미꾸라지 새끼 한 마리가 되어 바닷물을 흐려 놓은" 자가 되어 내 가문을 패가망신 시킨 장본인이 되어 있는 것은 아닐까? 하는 자책감에 사로잡히곤 한다. 단 한순간만이라도 나에게 바른길로 인도해 주는 이가 있었다면, 아니 그때 나의 아버지께서 나를 믿고 밀어주셨다면 나의 인생길은 조금 더 나은 길로 접어들었을 텐데….

등록금이 없으니 야간학교에 입학할 수 있는 처지가 못 되었고 나에게 활활 타오르던 목표도 사라졌다. 그동안 독학이었지만 나름대로 많은 책을 읽고 공부를 열심히 해 왔으니 이만하면 고등학교 졸업장을 딸 만큼의 실력은 갖춘 셈이니 그것으로 만족하자는 생각을 했지만 돌이켜보니 참으로 어리석은 생각이었다.

선진국에서는 고등학교까지 의무교육을 시킨다고 한다. 적어도 많은 젊은이들이 기본 교육을 통해 공정한 기회를 가질 수 있다는 것이 얼마나 중요한 것인가? 고등학교까지 의무교육을 받고, 동등한 입장이라면 사회생활을 시작하면서 같은 세대들의 경쟁에서 다소 뒤떨어진 삶을 살아간다 해도 자신의 능력이나 의지의 탓이기 때문에 남의 삶을 좀 더 인정하고 존중하게 되는 것은 아닐까 생각한다. 적어도 상대적인 박탈감은 느끼지 않으리라….

나는 사업상 인도네시아를 자주 방문했다. 어느 날 내가 묵고 있는 자카르타 어느 특급 호텔에서 결혼식이 있었다. 그곳에서 꽤나 지위가 높은 집의 자녀라는 생각이 들었다. 하객이 3천 명이 족히 넘는다는 이야기를 들었다.

그들은 성공한 사람들에겐 자신들이 가지고 있지 않은 특별한 능력이 있어 성공한 것이니 그들을 존경하고 그들의 대소사를 축복해 준다는 말을 들었다. 그리고 있는 자들은 그러한 기회에 남에게 음식을 대접하면서 인정을 베푼다고 했다. 그들은 서로의 위치에서 서로를 인정하고 존중하면서 살아간다고 한다. 적어도 남을 비방하지 않고 존중하며 살아간다는 것은 우리가 배워야 할 만한 것이 아닐까?

나는 한 가정의 가장으로서 특히 아버지로서 자식들의 교육만큼은 책임져야 한다고 생각해 왔다. 그러기 위해서는 가장으로서의 능력을 키워야만 하고, 또한 자녀들을 위해 우리 부모가 존재해야 하는 이유인 것이라 생각해 왔다.

대한민국에서 살아가려면 학벌이 얼마나 중요한 것인지를 깨닫게 된 것은 많은 세월이 흘러 사업을 시작하고부터였다. 거래처에서 그리고 은행에서 모두 CEO의 학력 및 경력이 기재되었다. 또한 나이가 들어 검정고시 공부를 한다는 것이 창피하다는 생각이 들었다. 명색이 중소기업의 사장인데….

그러나 기업이 성장해 가면서 사회활동을 해야 할 자신에게 학벌에 대한 욕구가 다시 꿈틀대기 시작했다. 나는 남모르게 틈틈이 학원을 드나들며 천차만별 연령층의 학생들과 어울려 공부를 시작했고 뒤늦게 대학 입학 검정고시에 합격했다.

그리고 내 나이 50세가 되면 외국에 나가 대학에서 경영을 공부하고 돌아오겠다고 친구들에게 수시로 되뇌곤 했었는데, 결국 내 나이 50이 되어 미국에 머무르며 인생 공부를 제대로 하고 돌아왔으니 말이 씨가 되긴 한 모양이다.

결국 아버지는 나를 잠시 영등포 둘째 삼촌댁에 머무르게 하고 경찰 공무원이던 막내 삼촌에게 나의 취직을 부탁했다.

파주 미군부대 주변 경찰서에 근무하던 막내 삼촌은 마지못해 나를 데려가기 위해 둘째 삼촌댁에 오셨으나 공교롭게도 외출 중이었던 내게 연락처 또는 찾아오라는 메시지조차 남기지 않고 그냥 돌아가셨다. 촌티 나는 조카를 남에게 소개시키는 것도 창피했을 것이고, 귀찮게 여길 것을 나는 이미 알고 있었다. 그것이 나의 운명이니 누구를 원망할 것도 아니었다.

인생을 살아오면서 왠지 모르게 내 주변 사람들은 나를 이용하려 했고, 종종 어처구니없는 누명을 씌웠다. 천대를 받아 가며 정에 굶주렸던 나는 한 번 만난 사람이라도 쉽게 정을 주었고 인정을 베풀었다. 그것이 나의 최대 약점이라는 것을 뼈저리게 느끼게 되었지만 지금의 나는 참을 수 없는 또 다른 누명을 쓰고 살아가고 있다. 그러나 정의가 살아 있다고 믿는 나의 믿음대로 반드시 명예가 회복되는 날이 오리라 굳게 믿는다. 다행스럽게도 내게 씌워진 모든 누명은 거짓말처럼 벗겨져 왔다.

결국 나는 이모님을 통해 명동의 어느 양복점에 취직이 되었다. 그때부터 기술을 배워야겠다는 생각을 했고 부지런히 심부름을 하면서 기술을 배워 나갔다. 기술자 아저씨들은 내 총명을 인정해 주며 서로 자기의 제자로 만들겠다고 경쟁을 했다. 결국 나는 기술을 겸비한 힘 있는 L 아저씨의 제자가 되었다.

그렇게 기술을 습득해가며 재미를 느끼고 있을 즈음에 양복점에서 도난사건이 발생했다. 값비싼 원단이 없어졌는데 당시 그 양복점에는 영업사원이 꽤 많았다. 그들은 시간만 나면 화투를 치며 밤늦게까지 가게에 머무르곤 했다.

누군가에 의해 발생한 도난사건은 가게에서 숙식을 하던 나와 내 또래에게 누명이 씌워지고 말았다. 나는 어린 마음에 무섭고 어처구니가 없었다. 나중에 영업사원 중 한 명이 훔쳐갔다는 사실이 밝혀졌지만 나를 가르치던 기술자 아저씨는 그곳에서 더 이상 불쾌해서 일하고 싶지 않다며 나를 데리고 광화문으로 직장을 옮겨갔다.

얼마 후 명동의 양복점 사장은 문을 닫고 알거지가 되었다는 소문이 돌았다. 훗날 우연히 광화문 사거리에서 남루하신 그분을 스쳐 지나가며 바라보게 되었는데 가엽다는 생각이 들었다. 문득문득 스쳐간 인연들이 이미 나에게 큰 교훈을 가져다 주었건만 어리석은 나는 그것을 지혜로 받아들이지 못했다. 지금의 내 모습이 옛 명동의 양복점 사장의 모습이 아닐까 하는 생각에 부끄럽다. 그 역시 직원들을 단속하지 못하고 물건을 도난당해서 실패했을 것이라는 생각에 나와는 동병상련이다.

광화문 양복점 사장은 이북 사람이었는데 자기 자식들은 금이야 옥이야 대하면서 우리들 점원들에게는 하찮게 대해 주었다. 그 집의 여러 형제들 중 나와 동갑내기가 있었는데 나와는 꽤 친하게 지냈다. 그 친구는 공부보다는 패싸움을 좋아했고, 학교에서 매일 싸우고 도망쳐 오곤 했다. 패싸움도 많이 하는 불량 학생이었지만 나는 그 친구가 매우 부러웠다. 결국 그는 학교에서 퇴학을 당하고 말았다. 패싸움에서 쇠사슬을 휘두른 대가였다.

약간의 기초 기술을 터득해 가고 있던 어느 날, 양복점의 형이 항상 공부하고 싶어 하는 나에게 보세공장에 들어가면 일찍 끝나니 야간학교를 다닐 수 있다면서 그곳에 취직시켜 주겠다고 했다. 그곳은 오후 6시에 일과가 끝이 났다.

나는 그곳으로 옮겨 야간학교를 다니기 위해 노력을 했지만 그것은 나의 희망사항일 뿐 이모님 댁에서 버스를 타고 1시간 이상을 다녀야 했고, 학비를 댈 만한 수입이 안 되었다. 나는 내 자신이 언제든지 마음만 먹는다면 졸업장을 딸 수 있는 실력이 된다고 자부하고 있었으니 더 이상 공부에 집착하지 않기로 마음먹게 되었다. 그러나 체력만큼은 단련해야 한다는 생각으로 회사 인근 중국 무술도장을 다니며 심신을 연마해 나갔다.

우리나라가 경공업, 특히 의류와 섬유를 수출해 경제부흥의 기초를 다진 나라임을 기성세대라면 모르는 사람이 없을 것이다. 지금까지 배워왔던 양복 기술이 수제 손바늘로 만들어졌다면 그곳에서는 각종 기종이 다른 수백 대의 기계화된 라인 작업으로(공정마다 분업으로 만들어지는 형태) 양복이 만들어져 나왔고, 생전 보지도 듣지도 못했던 기계들을 접하며 상상도 할 수 없는 신비로운 세계에서 라인 작업의 관리자 교육을 받아 나갔다. 나는 새로 접하게 되는 기계의 특성과 공정을 빠른 속도로 터득해 나갔고, 앞으로 우리나라에도 기성복 시대가 도래할 것이라는 생각에 열심히 배우며 주변으로부터 인정을 받았다.

약 1년쯤 지나 대한민국 곳곳에 보세의류 무역회사가 세워지면서 나에게도 많은 곳에서 스카우트 제의가 들어왔고, 서울과 인접한 경기도 H사의 한 부서를 책임지는 관리자로 근무하게 되었다. 당시 직급에 따라 5급 공무원의 6배가 넘는 대우를 받아가며 수백 명을 관리하는 책임자가 되었으니 운 좋게도 나는 젊은 나이에 성공한 셈이 아니었나 생각한다.

나는 열정을 다해 근무했고, 일본 바이어 회사에서 파견된 일본인 기술자로부터 라인 작업에 대한 선진 기술을 꼼꼼히 메모하며 열심히 배워 나갔다. 사장을 비롯해 임원들로부터도 많은 칭송을 받았다.

당시 회사에서는 지방 여고 졸업반 학생들을 대거 뽑아 품질관리부나 개발실 등에 배치해 교육을 시키고 현장에 투입하는 시스템이었다. 그때 아내 또한 신입사원으로 개발실에서 근무했는데 가녀린, 그리고 상냥한 모습에서 좋은 느낌을 가지게 되었다.

그 후 군 입대를 몇 개월 남겨 두고 프러포즈를 했다. 그렇게 우리는 만나게 되었다. 강원도 지역 포병부대에서 육군 병장으로 군복무를 마친 나는 서울에서 무역회사 관리자 생활을 하게 되었고, 아내는 의상실을 운영하고 싶다며 적지 않은 비용을 들여 여성복 재단 개인교수를 받았다. 어렵사리 서울에 의상실을 개업하고 열심히 일을 했다.

그곳에서 아내는 천부적인 바느질 솜씨를 발휘했고, 의상실 사업은 날로 번창해 가고 있었다. 그러나 어질지 못한 우리는 아내의 사촌 오빠에게 적지 않은 돈을 빌려 주고, 그 일을 계기로 나는 직장을 퇴직하고 부산의 사촌 처남의 사무실에서 채권자 겸 어정쩡한 관리자로 근무하게 되었다.

나의 어리석은 모습을 사람들은 이해하지 못할 것이다. 그것이 성장과정에서 채워지지 않은 그 무엇인가가 나로 하여금 허세를 부리게 했고, 주변에서 부탁하거나 유혹하면 돈 자랑을 하게 되었다. 결국 주변 사람들에게 돈을 빌려 주고 투자하게 되는 동기가 된 것이니 돈을 떼어 먹거나 실수하는 상대방들에게 무슨 잘못이 있겠는가?

생각 없이 건네준 돈은 이미 나의 것이 아니었다. 오직 두 번 다시 실수하지 않고 지혜롭게 살아야겠다는 깨달음을 비로소 얻었으니 오랜 세월을 통해 값비싼 대가를 치른 셈이다. 그러한 나의 모습을 곁에서 지켜보며 묵묵히 이해하며 궂은일도 마다하지 않고 고생해 준 아내에게 가장 미안하고 고맙다.

남에게 준 빚을 받아낸다는 것은 힘든 일이었다. 가지고 있든 아니든 그것은 채무자의 의지와 능력에 관계되는 것이기 때문이다. 대개의 사람들은 자기의 관점에서, 아니 남의 삶에 전혀 관심이 없어 보였다. 오직 자신의 삶, 자신의 세계만이 존재하고 중요할 따름이다. 얻을 것이 없는 사람에게 사람들은 아무도 귀를 기울이지 않았고, 주변에 남아 있고 싶어 하지 않았다.

나는 부자와 가난한 삶을 동시에 경험했다. 이 두 부류 모두가 돈을 탐닉하고 있다는 공통점을 발견했고, 또한 탐욕스럽다는 것이다. 그것은 어쩌면 인간의 본성일 것이라고 생각했다.

그 후 1년 남짓 부산생활을 통해 사촌 처남의 일탈된 생활을 목격하고 실망해 서울로 올라와서는 의상실을 정리하고 동대문 시장과 평화시장에서 의류도매를 시작했다. 양복 기술, 여성복 기술, 더군다나 보세 수출회사에서 쌓아온 기성복 시스템 실력을 겸비한 우리 부부에게 도매시장은 날개를 달아 주었다. 만들어 내는 제품마다 히트를 쳤고, 신이 난 우리들은 지방 상인들에게 외상을 주기 시작했다.

지방 상인들의 외상 거래 방법은 이랬다. 의류도매는 그때나 지금이나 새벽에 문을 연다. 몇 차례 거래로 앞면을 튼 상인들은 물건을 고르고 포장을 시킨 다음, 많은 옷을 구매하느라 돈이 떨어졌다며 우선 탁송시켜 주면 도착하는 대로 송금시켜 주겠다고 약속을 한다. 물론 은행 계좌번호를 적어 달라 하며 명함을 내민다. 그러면 단골을 확보하기 위해 그만큼의 양보를 하게 되는 것이다. 결국 그들은 물건값의 극히 일부만을 송금하고 나머지는 외상으로 깔리기 시작한다.

고단수의 상인들은 구매한 신제품이 히트상품이라며 우리들을 고무시켜 기분을 띄워 주고, 다시 몇 백 장을 주문했다. 그것은 다시 고스란히 외상으로 남게 되었는데 그들의 배만 채워주는 것임을 그때는 몰랐다. 결국 그러한 방법으로 지방 상인들의 외상값은 눈덩이처럼 불어나게 되고, 급기야 자금 압박을 받게 되는 것이다.

외상값이 과다하게 깔린 상인들은 당연히 발길이 뜸했고, 그들은 또 다른 외상 거래처를 터서 같은 수법으로 외상값을 깔아 놓는 것이다. 결국 선의의 도매상인은 외상값으로 인해 단골을 잃게 되고, 외상값을 받지 못하는 악순환이 이어지게 되는 것이다.

수금을 위해 지방 상인들을 찾아보았지만 그들은 한결같이 그들의 삶을 위해 힘겹게 투쟁하고 있었다. 제법 큰손이라 생각했던 사람들, 있을 법할 상인들도 실상은 영세하기 짝이 없었고, 서울의 도매상인들에게 외상을 받아서 살아가는 가난한 사람들이었다.

80년대 초 싱그러운 5월이 끝나갈 즈음, 우리 부부가 과다한 미수금으로 상심하고 있을 때 하나님은 우리들에게 건강한 아들을 주셨다. 기쁨으로 충만한 나는 가족을 부양해야 한다는 막중한 책임감을 느꼈고, 다시 마음을 곧추세워 가게를 정리하고, 신문광고를 통해 당시 우리나라 여성 패션계에서 가장 유명했던 N패션 공개모집 생산관리팀에 응시해 합격했다.

나는 그곳에서 외주 관리를 담당했고, 수시로 완성된 제품의 품질에 대해 감사(회장의 사모께서 직접 품평회 함)의 평가와 교육을 받았다. 명문여대 의상학과를 졸업했다는 감사는 섬세했고, 오너의 철저한 검증을 받게 된 N패션의 상품은 불티나게 팔려나가 타의 추종을 불허했다.

그 또한 오너가 직접 관여하고 체크하는 시스템이었다. 상품이 안 팔릴 수 없는 구조, 그것을 배우고 느끼면서도 나는 시간을 흘려보내며 소중한 지혜들을 쓸데없는 데 허비하고 말았다. 또한 N패션은 문어발식으로 사업을 팽창시켜 나가다가 계열사나 타의에 의해 부도가 났으나 나는 또다시 그 교훈을 반면교사로 삼는 지혜를 터득하지 못했다.

지금 바로 이 순간에 이 글을 쓰도록 역사하시는 하나님은 나를 돌이켜 돌아보게 하는 시간을 가지게 해주셨다.

> "지혜는 진주보다 귀하니 너의 사모하는 모든 것으로 이에 비교할 수 없도다." (잠언 3장 15절)

앞으로 다시 세워 나아가야 할 내 사업체에 대한 밑그림을 그리게 하시는 하나님! 행복이란 결코 많은 물질을 소유한다고 해서 맛볼 수 있는 것은 아니다. 이러한 기쁨이 어디에서 오는 것인지….

N패션에 근무할 당시 외주공장에서 근무해 나와 친분을 나누었던 K와 의기투합해 초기 공동출자해 자본금 2,200만 원으로 1985년 7월 미래산업이라는 의류 프로모션 업체를 탄생시켰다.

우리는 초기 오더가 완성되어 행거에 걸리게 되는 스케줄에 따라 8

월 16일 개업하기로 하고 초청장을 발부했다. 한정된 자본금이기 때문에 가동이 중단된 공장에서 중고기계를 실어 오기 위해 밤을 지새웠고, 고물이 다된 포니승용차에 기름이 떨어져 새벽안개를 헤치며 밤거리를 헤매기도 했다.

그해는 유난히도 무더웠고, 오랫동안 가뭄이 지속되어 논바닥이 갈라져 농부들의 가슴을 태운다는 보도가 연일 뉴스로 보도되던 때였다. 그날 1985년 8월 16일 오후 5시, 새로 출고된 봉고차를 타고 상도동으로 김치를 실어 오기 위해 회사를 나섰다. 태양은 여전히 불타오르고 있었다.

독산동에서 출발해 보라매공원(과거 공군본부 후문)에 이르렀을 때 갑자기 하늘에 먹구름이 덮치며 온 세상이 칠흑같이 어두워졌다. 곧이어 천둥번개가 치며 소낙비를 퍼부었다. 마치 양동이로 물을 쏟아 부어 대듯이….

아스팔트 위로 물바다가 되어 빗물이 흘렀고, 차량 라이트를 켜고 와이퍼를 빠르게 회전시켜 보았지만 차량을 앞으로 전진시키기조차 힘들었다. 분명 일기예보에 없었던 게릴라성 소낙비였다. 개업 날짜를 잘못 잡았다는 생각에 난감했다. 아니 그보다 이제 시작하는 회사에 대한 불안감이 앞섰다. 왜 하필이면 오늘이란 말인가? 한 달 전에 잡아 놓은 날짜인데….

많은 상념으로 비를 맞으며 김치를 싣고 출발해 다시 보라매공원 입구에 도달했을 때, 언제 비를 뿌렸냐는 듯이 서쪽 하늘에 태양이 눈부시게 비추었고 메말랐던 대지와 아스팔트 위로 사정없이 흘러가던 빗물은 온갖 흙먼지를 쓸어갔다. 가로수 잎은 영롱하게 빛났고, 서울 상공이 한눈에 들어왔다. 소낙비로 인한 근심 걱정은 다시 벅찬 감동으로 변했다. 그것은 분명 길조였다.

회사로 돌아와 페어 유리로 되어 있는 2층 사무실로 들어갔다. 순간, 서쪽 하늘에 태양이 찬란하게 빛을 발하고 있었고, 멀리 한강 위로 무지개가 선명하고 힘차게 그려져 있었다. 나는 마치 꿈을 꾸는 듯 하늘을 나는 기분이 들었다. 이 얼마나 놀라우신 하나님의 섭리란 말인가!

> "내가 내 무지개를 구름 속에 두었나니 이것이 나의 세상과의 언약의 증거니라." (창세기 9장 13절)

속속 도착하는 손님들마다 축복의 징조라고 한마디씩 했다. 우리는 모든 것에 감사했다. 그렇게 미래산업은 시작되었고, 가끔 거래처 부도로 인해 역경도 있었지만 나는 밤을 지새우며 열정적으로 회사를 운영했다. 넥타이 매고 땀범벅이 되어 원단을 메고 다니던 그때 그 모습이 진정한 나의 본연의 모습이었다.

그러나 인생길이 결코 순탄치만은 않았다. 적당히 하나님은 우리들에게 견딜 수 있는 만큼의 시련을 통해 돌아보게 하고 채찍질도 하신다.

1986년 2월 12일 창업 6개월 만에 여성의류 전문회사 L실루엣에서 투자금의 두 배가 넘는 부도(4,700만 원)를 맞기도 했지만 나는 눈 하나 깜박하지 않았다.

남들은 빈껍데기밖에 남아 있지 않은 L실루엣 본사 사무실을 점거하고 채권자단을 구성한다며 난리법석을 떨어댔지만 이미 나는 모든 것을 포기하고 본업에 충실했다. 오히려 더욱 당당히 오더 확보에 열정을 다했고, 그러한 나에게 남들은 부도 맞고 실성한 것 아니냐며 놀려댔지만 이미 날아간 것에 대해 미련을 가진들 무슨 소용이 있을까?

과감히 잊을 것은 잊는다는 나의 생각은 옳았다. 보증금 600만 원에

66만 원짜리 월세로 시작한 사업은 채 5년이 가기 전에 9억짜리 5층 건물, 건평 400평 빌딩을 우리 것으로 만들어 놓았으니 그때까지만 해도 나는 능력 있는 사장이었다. 사장으로 직접 뛰었을 때 성취의 기쁨을 맛볼 수 있었고, 땀 흘려 일하는 기쁨의 비밀을 익히 터득했다. 땀범벅이 된 얼굴에는 언제나 희망이 넘쳐났다.

수출회사에서 수백 명의 현장관리 경험을 토대로 라인 작업으로 돌아가는 작은 규모의 생산라인은 쉽게 품질과 생산성을 높일 수가 있었다. 당연히 경쟁력 있는 생산업체로 성장해가며 많은 유명 브랜드 업체가 우리와 거래를 희망했다.

우리와 함께한 유명 브랜드와는 OEM방식으로 거래를 했고, 한결같이 상대 브랜드 회사들은 날로 승승장구해 오늘날 적게는 천억에서 수천억에 달하는 매출을 올리는 중견의류 기업으로 성장했다.

회사가 성장하면서 사람들이 몰려들었다. 때로는 계획적으로 접근을 했고, 많은 사람들이 도움의 손을 내밀었다. 이 사람 저 사람 도와주는 것도 한편으로는 즐거웠다. 돈이 있다는 것은 기분 좋은 일이었다. 때때로 사람들은 조금만 섭섭하게 대해도 돈 좀 벌더니 목에 힘주고 다닌다고 비난했다.

곧 허세가 찾아왔다. 여기저기 빌려 주고, 투자해 주고, 정신없이 세월을 보내는 동안 교만이라는 것도 찾아왔다. 내 정서에 맞지 않는 즉, 과도한 지출을 하게 되면서부터 벌여 놓은 사업체마다 구멍이 뚫려가기 시작했다. 나의 한계….

조직을 믿고 맡기는 것이 나의 철학이라 생각했지만 그것은 나만의 생각이었다. 빌려간 돈을 내놓으라고 하면 성 사장은 먹고 살 만하지 않느냐며 배 째라는 식으로 배짱을 부린다. 어린아이 떼쓰듯하는 사람들을 바라보며 세상이 우습게 돌아간다는 생각이 들었다.

그렇게 조직이 커 가면서 관리자들에게 맡기고, 사장으로서 직무유기를 해왔다. 결국 자만과 교만이 부른 참담한 패배였다. 18년이라는 짧지 않았던 사업 경영의 종지부를 찍고 말았으니 말이다.

그러나 나는 다음 구절을 통해 또 다른 희망의 꿈을 키워가고 있다.

> "우리 인생의 최대 영광은 한번도 실패를 하지 않은 데 있는 것이 아니라 넘어질 때마다 다시 일어나는 데에 있다." (골드스미스)

한창 사업은 번창해 갔고 나는 사업을 구실로 해외출장이 잦았다. 우여곡절 속에 가구사업에 투자하게 되어 브랜드를 만들어 공격적으로 광고하며 고급 브랜드로 성장시켜 나갔다.

인도네시아 지사도 설립했다. 스마랑(자카르타에서 비행기로 1시간 거리)에 위치한 지사는 약 4년 반을 운영하면서 고급 마호가니 가구 반제품을 수입하게 되었다. 그러나 자만에 빠져 모든 것을 맡겨 놓는 습관으로 일부 관리자들에 의해 꽤 오랫동안 회사 자산을 탈취당했다. 믿고 맡기던 나의 습관은 훗날 나에게 혹독한 대가를 치르게 했다.

1998년 2월 6일 S주식회사가 부도나면서 약 8억여 원의 손실을 입게 되었다. 곧이어 H그룹도 부도나면서 또 다시 약 4억 원의 손실을 입게 되었지만 양 사에서 모두 극히 일부의 금액만을 보존 받았다. 그러나 우리는 그만한 손실 정도는 스스로 감당할 만한 경쟁력을 가지고 있었다.

그해 봄, 갑자기 아버지께서 암 진단을 받으셨다. 우리 가족들은 당황스러워했고 도곡동 집 근처 영동세브란스병원으로 입원을 시켜드렸다. 병원에서는 아버지가 원래 마른 체형이신 데다가 식사도 변변히 하지 못하시니 수술이 어렵다고 했다. 몇 주간 입원을 하시고 수술할 수 있도록 체력 향상을 위해 안간힘을 써 보았지만 아버지께서는 안타깝게도 음식을 섭취하지 못하셨다. 그나마 조금씩 드시는 음식조차도 토해 내시고 말았다.

도리가 없었다. 낙심한 우리 형제들은 아버지를 집으로 모셨다. 그리고 모든 방법을 동원해 효능 있다는 민간요법을 병행하면서 병원에서 조제해 주는 약으로 치료되기를 바랐지만 차도가 없었다.

식구들은 암 말기 환자들에게 허용되는 주사약을 맞도록 일반 병원에 요청했고, 그 주사약을 맞으신 아버지는 잠시 통증을 덜 느낀다고 하셨다. 그나마 다행이라 생각을 하면서도 아버지가 고통스러워하실 때마다 가족들은 무력감 앞에 고개를 떨어뜨릴 수밖에 없었다. 아버지는 고통 속에서도 삶에 대한 애착을 가지셨다. 우리 자식들이 해 드릴 수 있는 것은 최선을 다해서 좋다는 치료 방법을 모두 시도하는 것뿐이었다. 살아 있는 자들이 해야 할 일이 고작 그것뿐이었다.

아버지께서 얼마 못사신다는 판단 아래 유명하다는 풍수지리가를 찾아 명당 묘자리를 찾기 위해 분주하게 돌아다녔다. 나름대로 마지막 아버지의 사후를 위해 효도한다고 한 것인데 아버지의 마음을 헤아리지 못했던 것 같다. 또 우리 형제들은 아버지 사후를 대비해 조문객을 맞이하기 위해 지하방을 꾸민다고 법석대며(아버지 모르게 한 것이었지만) 아버지에게 큰 불효를 저질렀으니 미련한 자식들을 얼마나 원망하셨을까?

병마와 싸우며 생사를 넘나들며 고통스러워하시는 아버지에게 어리석은 우리 형제들은 돌이킬 수 없는 불효를 범하고 말았다. 결국 아버지께서는 병마와 힘겹게 싸우시다가 돌아가셨다. 묘는 전부터 아버지가 말씀하셨던 집 앞터에 고이 모셔드렸다. 지금도 그때를 생각하면 마음이 아프다. 잘한다고 한 것이 결국 불효를 저지르고 말았고, 사업을 한다는 구실로 임종도 지켜보지 못했다.

사실 나는 돌아가시는 아버지의 임종을 지켜보고 싶지가 않았다. 아니 돌아가신다는 것이 믿어지지가 않았다. 모든 사람이 언젠가는 맞이하는 죽음이지만 우리 아버지만큼은 예외일 것이라 생각을 했으니까. 나는 아버지께서 돌아가시기 전 왕성한 사업을 하고 있었고, 가문의 많은 일들을 책임지는 입장에 있었다.

특히 아버지가 돌아가신 날 풍수지리가와 묘 쓰는 문제를 가지고 격론을 벌인 적이 있었다. 원래 우리 조상님들이 돌아가실 때에는 산소에 횟가루를 쓰지 않는다고 알고 있어서 아버지 산소에도 당연히 횟가루를 쓰지 않으려고 했다(어렴풋이 들은 이야기로는 옛 조상님 중 한 분이 묘를 쓰는 과정에서 뜨거운 횟가루로 인해 관에 불이 나게 된 이후 횟가루를 쓰지 않는 전통이 세워졌다고 한다). 그 부분에 대해서 아버지가 돌아가시기 전에 여쭤보려 했지만 차일피일 미루다가 기회를 놓치고 말았다.

그 풍수지리가는 멀리 강원도에 출타 중이었는데 산소에 횟가루를 쓰지 않으면 짐승의 무덤과 별반 다를 게 없다며 양심상 횟가루를 쓰지 않는다면 묘 쓰는 문제 등 일체 관여하지 않겠다고 했다. 결국 나는 그 풍수지리가가 유명세를 타고 있다는 이유로 아버지의 장례 문제를 모두 일임했던 것이다. 일가 어른들과 어머니께서는 절대 회를 쓸 수 없다고 주장하셨지만 결국 어머니를 설득시켜 횟가루를 쓰는 조건으로 풍수지리가는 새벽에 도착해 무사히 아버지 장례를 치를 수 있었다.

묘를 쓰는 과정에서도 묘의 크기가 조금 크다는 생각을 하고 있었고, 마을 사람들은 묘의 크기에 비아냥거리며 쑥덕거리기 시작했다. 나와 형제들은 처음 겪는 일에 당황할 수밖에 없었다. 그렇게 아버지의 장례식은 마무리가 되었다. 하지만 새삼 그때의 기억이 가끔은 나에게 한 가닥 의문으로 남아 있다.

일가 어른들의 말씀까지 어겨가며 회를 썼으니 어찌 나의 마음이 편할 수가 있을까마는 아버지께서 돌아가신 후부터 나는 무엇인가에 홀린 사람처럼 자금을 투자해 달라는 곳에 미련 없이 투자하기 시작했고, 돈을 물 쓰듯 했다. 판단력이 흐려지고 만나지 말아야 할 인연들을 만나면서 돌이킬 수 없는 나락의 길로 빠져 들어가고 있었다.

나는 그 유명하다는 풍수지리가를 만나고부터 이상한 경험을 많이 했다. 평생 경험해 보지 않았던 멧돼지 사냥을 마지못해 따라가 보았고, 덫에 걸린 고라니를 잡아서 몸에 좋다고 살아 있는 고라니의 피를 뽑아 주는 것을 역겨워하며 마셔 보기도 했다.

그들은 고라니와 멧돼지의 길목에 덫을 치고 사냥개를 풀어 쫓게 해 올무에 걸리게 만들어 동물들을 포획하곤 했다. 올무를 치고 동물들이 걸려드는 모습을 난생 처음 목격하고, 현장에서 덫에 걸린 300kg 이상 될 듯싶은 커다란 멧돼지를 4~5마리의 사냥개가 에워싸 물어뜯고 짖어대는 처절한 광경을 목격했다. 어린아이 울음소리처럼 가냘프고 애절한 고라니의 울음소리를 들었다. 짐승들이지만 불쌍하고 못 볼 것을 본 것 같아 마음이 상했다. 따라나서지 말았어야 했을 것을…. 후회스러웠다.

그 후 같은 성씨를 가진 은행 지점장과 식사를 하며 이러한 경험을 이야기해 주었더니 사업하는 사람이 고라니 피를 마시면 사업이 망한다고 말하는 것이 아닌가? 순간 왠지 마음이 불안했다. 멋모르고 풍수지리가가 건네는 대로 마셨으니 이미 엎질러진 물이었다. 괜히 마음이 쓰여 풍수지리가에게 말할까도 했지만 마신 사람은 나였으니 끝내 말을 할 수가 없었다. 그것이 나의 사업에 얼마나 영향을 미쳤을지 모르지만 지금 이렇게 결과가 안 좋다 보니 무심코 흘려버릴 일이 아닌 것 같다.

나는 사회생활을 하면서 많은 사람들과 교류할 때 상대방의 인격이나 됨됨이를 먼저 보지 않고 전문직에 종사하고 있거나 학벌이 좋으면 맹목적으로 믿고 신뢰했다. 얼마나 잘못된 편견인가?

또 한 번은 여행사 사무실 오픈식에 풍수지리가가 사전 예정에도 없던 굿판을 벌여 나에게 굴욕적인 망신을 안겨주었다(평범한 다과만을 계획했는데). 그곳에 도착했을 때 그는 이미 무당을 들여놓고 판을 깔아 놓았다. 나는 황당해 하면서도 묵인해버리고 말았다. 직원들이나 주변 사람들이 얼마나 우습게 보았을까….

어린 시절 어머니께서 무당을 초대해 굿을 하신 적이 계셨지만 왠지 나는 달갑지가 않았다. 어린 나이에도 굿을 하는 어른들을 이해할 수가 없었다. 지금도 고집 부리며 굿판을 벌이려 한 풍수지리가를 강하게 돌려보내지 않은 것이 후회가 된다.

그 풍수지리가를 생각하면 아직도 아버지 묘에 횟가루를 쓴 것과 고라니 사건, 굿판을 벌이는 것을 묵인한 것 등을 생각해 보건데 그는 나와 분명 악연인 것 같다. 인생 경험이 많은 어른들의 말씀을 귀담아 듣는 것이 얼마나 중요한가를 새삼 느끼게 된다. 사람을 함부로 믿지 말라고 하신 아버지의 말씀을 나는 지금껏 귀담아 듣지 않았다.

아버지가 돌아가시고 어머니의 허전한 마음을 달래드리려고 미국에 여행을 보내드렸다. 셋째 여동생 내외가 미국 샌디에이고에 살고 있을 때 아내가 모시고 다녀왔다. 그때 어머니의 즐거워하시던 모습을 다시 한 번 보고 싶다.

나에게 이미 두려움이란 없다. 이 세상에 나의 태생에서부터 지금까지 감추고 싶었던 것까지 모든 것을 발가벗겨 내놓았고, 그날 이후 내가 겪어야만 했던 슬픔, 그리고 철저하게 짜 맞춰진 듯한 사건 등을 통해 내가 걸어가야 할 길이 어떠한 것인지를 겸손한 마음으로 배워가고 있다. 나는 분명 인생을 어리석게 살아왔다.

사업으로 성공을 해오면서 주변에서는 초등학교밖에 못나온 놈이 성공을 했다며 겉으로는 칭송을 했지만, 뒷전에서는 못 배운 놈이 운이 좋아 돈 좀 만지니까 거드름을 피운다고 비난했다. 그것을 뒤늦게 깨달았던 나는 늦게나마 대학을 가기 위해 준비했고, 대입 검정고시에 당당히 합격을 했다. 대학에 입학해서 경영을 제대로 배우고 싶었기 때문이다.

"까마귀 날자 배 떨어진다"는 속담이 있다. 운명은 아직 나에게 대학 공부를 할 수 있도록 허락하지 않았으니까. 아마도 하나님께서는 인생 공부가 더 시급한 녀석이라고 판단하신 모양이다.

세상 사람들은 성인이 되어 뒤늦게 이루어낸 학업을 인정해 주는 데 인색하다. 그러나 미국 사람들은 만학의 꿈을 이루어내는 사람들에게 호들갑스러울 만큼 찬사를 보낸다. 단지 문화의 차이일까?

변변한 졸업장 하나 없는 많은 사람들이 성인이 되어 만학의 길로 접어들지만 우리네 인심은 제때 공부하지 않은 사람들의 학력을 인정하지 않으려는 풍토가 있다. 특히 언론에서 더욱 그렇다. 고졸 출신 야구선수, 고졸 출신 축구 선수 등…. 굳이 학력과 나이를 가급적 언급하지 않는 미국과는 무엇인가가 다르다는 생각이 들어 씁쓸하다.

물론 어렵게 이루어 낸 결과에 대해 높이 평가해 주고 인정해 주는 곳이 더러 있긴 하지만 그 마저도 우선 선택에서 배재되기 일쑤이다. 아무리 능력이 뛰어나도 학력 배경이 우선 평가되는 곳, 우리 사회는 대부분 가정 형편이 좋은 부모를 만나 정상적인 세대에 정규학교를 다니는 사람들은 학업과 능력의 우열을 가름하기 전에 별로 어렵지 않게 사회생활을 한다.

내가 지금껏 살아온 경험으로 본다면 이러한 사람들은 학벌로 인한 프리미엄으로 적은 노력만으로도 잘 살아간다. 뒤늦게라도 학업을 성취하려고 노력하는 사람들, 그리고 남보다 앞서가기 위해 노력하는 사람들에게는 남이 가지고 있지 않은 특별한 힘이 있다는 것을 나는 믿는다.

나 또한 대부분의 시간을 후자 쪽 사람으로 살아왔다. 남들이 잠자고 있을 때 일찍 새벽을 여는 사람들, 그리고 새벽 시간을 그들의 자산으로 만드는 사람들, 성공을 위해 자기계발을 하는 사람들과 당연히 얻어지는 것들에 감사하지 못하고 게으름 피우는 사람들이 어찌 비교가 될 수 있을까?

이제 나는 지난 세월처럼 많이 배우고 아무런 고생 없이 비교적 잘 살아온 자들을 맹목적으로 존경하거나 우대하지 않을 것이다. 내 주변의 몇몇 그러한 자들, 한결같이 비열하고 표리부동한 자들을 보았기 때문이다.

짧지 않은 사회생활을 통해 그리고 투박하지만 유연한 삶을 살아갈 수 있도록 안목을 키워온, 화려하지 않지만 소박한 꿈이 있었던 내 유년 시절에서 다시 시작하리라.

> "거짓 일을 멀리하며 무죄한 자와 의로운 자를 죽이지 말라. 나는 악인을 의롭다 하지 아니하겠노라." (출애굽기 23장 7절)

적자생존의 법칙

미스터 U는 나와 같이 교회에 다니는 사람으로 2003년부터 알고 지내 왔다. 당시 그는 나에게 회사 등록비로 250불과 소셜 넘버*를 신청해 준다고 300불을 가져간 후 감감 무소식이었는데, 이런 관계로 그를 별로 달갑지 않게 생각하고 있었다.

그는 일반 사람들과 다름없는 변호사 브로커였다. 듣기로는 예전에 변호사를 60명씩이나 거느리던 대형법률사무소를 운영해 왔는데, 무엇 때문인지는 모르나 여동생과 갈등으로 인해 여동생에게 다 빼앗기고, 그 충격으로 쓰러져 10년여를 병석에 누워 고생했다는 사람이었다. 지금도 그 후유증이 남아 몸이 부자유스러운 불쌍한 사람이었다.

돈이 죄라 했던가? 그도 벌어먹고 살려니 남들에게 썩 좋은 평은 받지 못하는 사람이었다. 목사님은 그가 사무실을 얻을 돈도 없으니 우리 사무실 한쪽을 쓰도록 하면 좋겠다고 하셨다. 그러나 내 마음이 허락하질 않았다. 사무실이 좁아져서가 아니었다. 의도적이지는 않았겠지만 얼마 되지도 않은 돈을 어려운 나에게 사기를 친 장본인이 아닌가?

---

*일종의 주민번호 같은 것

그에게 은혜를 베풀고 싶지 않았다. 불쌍한 사람이었지만 평소에 마음이 좋지 않은 사람이란 생각을 하고 있었기 때문에 그와는 일정한 거리를 유지하고 있었던 터였다. 그는 싸늘한 나의 표정을 읽고 말도 꺼내 보지도 못하고 서둘러 자리를 떴다. 무엇보다 현재 나도 남에게 도움을 받고 있는 처지여서 누굴 돕는다는 것이 어려웠다. 나는 이제 함부로 사람들에게 값싼 인정을 베풀거나 포용하지 않겠다고 다짐한 터라 목사님의 의견을 정중히 거절했던 것이다.

나는 평소에 이스라엘 사람들의 용기를 대단히 높이 평가하고 있었다. 하나님이 특별히 사랑하신 민족, 그들은 2천 년 동안 버림받고 세계 도처에 흩어져 핍박을 받아온 민족이 아닌가? 그들은 자기들이 당하면 당한 것의 몇 배의 보복으로 갚아 주는 것을 보면서 그들의 방식을 사랑하게 되었다. 당연한 이치라는 것을 새삼 절실히 느끼고 있었다.

내가 받은 고통이 너무 커서일까? 나 역시 한 대 맞으면 열 배로 되갚아준다는 나만의 일정한 법칙이 만들어져 가고 있다는 것을 느끼고 있었다. 그러나 성경 구절에 "나는 너희에게 이르노니 너희 원수를 사랑하며 너희를 핍박하는 자를 위해 기도하라", "왼쪽 뺨을 치면 오른쪽 뺨도 내 놓아라"라는 말이 있다.

내가 미워하는 자도 주님이 사랑하시는 자요 분노로 내 영혼이 망가지는 것을 원치 않으시며 십자가를 경험해 온전해지길 원하는 말씀이리라.

사람마다 그렇지 않은 사람도 있겠지만 누구나 살아가면서 마음 편하고 걱정 없을 때는 한쪽 뺨을 내놓을 수 있을 정도로 여유로울 수 있을 것이다. 그러나 내가 지금 마음의 여유가 없다 보니 이러한 말도 마음에 와 닿지 않고 사랑을 함부로 베푸는 것도 아니라고 여겨졌다. 원수를 사랑하려고 다른 한쪽 뺨도 내놓았더니 오히려 이용하려고 드는 사람이 더 많았다.

또 다른 구약성경 구절에 '눈에는 눈, 이에는 이'라는 말이 있다. 상대방이 한 만큼 똑같이 되갚아 주라는 뜻인데 그렇다고 당한 만큼 보복하면서 살라는 말은 아닐 것이다. 지혜롭게 상황에 따라 인내심을 가지고 가급적이면 최대한의 관용으로 용서할 줄도 알아야 한다고 믿고 있다.

그러나 나는 지금 내 발등에 떨어진 불도 제대로 못 끄는 상태이다 보니 다가올 미래의 일까지 걱정하고 있을 처지가 되질 않았다. 지금까지 살아오면서 죄 짓고 교만하게 살아왔을지언정 하나님으로부터 다시 한번 기회를 얻을 만한 자격 또한 있다고 생각했다. 그러나 나의 인생 여정을 돌이켜 볼 때 나만큼 어리석은 자는 두 번 다시 없을 것이라는 자책감을 가지고 있는 것 또한 사실이다.

자존심과 오기로 똘똘 뭉쳐 있었던 나는 남에게 있는 자, 능력 있는 자의 모습으로 남아 있기를 원했는지도 모른다. 주변에서 남들이 어렵다고 하면 우선 도와주고 보는 그러한 어리석음의 세월을 보냈고, 실제로 많은 자들이 나를 이용하고 기만해 왔던 것이다. 겉과 속이 다른 인간의 사악함을 깨달았을 때 내 수중에는 이미 아무것도 남아 있질 않았다. 오히려 오해와 음해와 배신만이 나의 갈 길을 가로막고 있었으니까.

나는 다시 한 번 진정한 의미의 사업을 내 손으로 일으켜 세워 보일 것이다. 조용히 행동으로 옮기겠다는 생각으로 오로지 힘을 키우고 능력을 키워 나가야겠다는 다짐을 했다.

적자생존의 법칙!

"번식하라. 변화하라. 강자는 살고 약자는 죽게 하라. 시도하라. 그것도 지금 당장!"

(찰스 다윈)

메추라기들이 후두두 날아오르며 잽싸게 숲 쪽으로 달아났다. 한데 그만 한 마리가 처지고 말았다. 매는 바로 그놈에게 달려들었다. 깃털이 하늘로 흩어지고 두 마리 새는 한데 엉켜 땅으로 떨어졌다. 매의 날카로운 부리가 메추라기를 연방 쪼아댔다. 잠시 후 다시 하늘로 날아오른 매의 발톱에는 죽은 메추라기가 있었다. 매는 다시 산허리 쪽으로 날아가더니 아득히 사라져버렸다.

나는 울지 않았다. 하지만 슬픈 얼굴을 하고 있었나 보다. 할아버지가 이렇게 말씀하신 걸로 봐서 말이다.

"슬퍼하지 마라, 작은 나무야! 이게 자연의 이치라는 거다. 탈콘매는 느린 놈을 잡아갔어! 그러면 느린 놈들이 자기를 닮은 느린 새끼를 낳지 못하거든. 또 느린 놈 알이든 빠른 놈 알이든 가리지 않고 메추라기 알이라면 모조리 먹어 치우는 땅쥐들을 주로 잡아먹는 것도 탈콘매들이란다. 말하자면 탈콘매는 자연의 이치대로 살아가는 거야. 메추라기를 도와주면서 말이다."

— 〈내 영혼이 따뜻한 날들(The Education of Little Tree)〉에서 발췌
포리스트 카터 지음, 아름드리 미디어

J, 그리고 나의 친구

J는 웨딩드레스를 만들어 판매하는 회사의 대표였다. 아내는 이곳에서 일하고 있었다. 우리가 LA에 도착해 영어학교에 다닐 때 누구보다도 아내가 먼저 위기를 느끼고 있었다. 당장 수입원을 만들어야 하기 때문에 아내는 신문광고를 통해 J회사에 입사하게 되었다. J는 딸아이가 체류 신분 문제로 어려운 처지에 놓여 있을 때 J의 회사 변호사를 통해 도움을 주었다.

어느 날 J는 아내를 통해 나에 대해서 알고 내게 같이 일해 보자고 제의를 했다. 그 일로 J와 작은 테라스가 있는 카페에서 약 3시간 넘게 대화했다. 자신도 브랜드의 꿈이 있으니 서로의 꿈을 공동으로 이루어 보자는 취지로 함께 손을 잡아 보자고 정식으로 제안을 해왔다.

호흡도 맞출 겸 오더가 밀려 있어 도와 달라는 것이었다. 기존의 다른 직원을 내보내고 나와 일해 보자는 권유에 선뜻 대답하지 못했다. 나는 규모도 작은 회사에서 사장의 스케일이 작을 수밖에 없음을 이해하면서도, 사람을 내보낼 것이 아니라 사장의 역량을 발휘해서 판매처 확보를 하고 회사 직원을 최대한으로 활용하는 것이 우선되어야 한다고 J를 설득했다.

나는 미국 교포사회가 참으로 인정도 없고 메말라 있다는 생각을 해오던 터였기에 나로 인해 누군가가 희생된다는 것은 보기도 안 좋고 그들이 불쌍하니 차라리 내가 좀 더 생각을 해보겠다고 했다. J의 웨딩드레스가 미국 주류사회에서 어느 정도 인지도가 있으니 한국에 판매해 보는 것도 고려해 보자고 제안했다. 미국에서도 유명세를 타고 있는 중국계 디자이너 베라 왕의 드레스가 한국에도 진출했으니 말이다.

내가 나선다면 한국 시장을 통해 또 다른 수익을 창출해 낼 수 있을 것이라고 설득해 보았지만 J는 왠지 미동도 하지 않았다. J는 한국 시장에는 일반 의류로 진출하겠다는 의지를 가지고 있었다. 그러나 무엇으로 성공적인 진출을 할 것인가? 그리고 한국 시장을 뚫을 만한 브랜드를 개발하는 것이 그렇게 쉽지만은 않은 일이라고 말해 주었다. 한국 시장으로의 새 브랜드 판매는 그녀가 착각하고 있다는 생각에 더 이상의 대화를 하지 않기로 했다.

J와 그러한 대화가 있고 난 후 우선 미국에서 우리 고유의 브랜드를 만들어 상표를 등록하고 미국의 스타를 통해 마케팅하면서 한국에 런칭하기로 하고 장기적인 사업계획을 짜기로 했다.

그녀는 내가 자신의 일을 꼭 도와줄 수 있었으면 좋겠다는 여운을 남겼다. 그리고 사업을 확장시키기 위해 다른 건물을 보아 두었는데 아직 계약은 하지 않았지만 마음에 드는 건물이니 한 번 둘러보라며 주소를 건네주었다. 다음날 아침 다시 만나 대화하기로 하고 J와 헤어졌다.

그녀의 주변에는 많은 인맥도 있고 해서 운이 좋다는 생각에 같이 일을 하면 좋겠다는 생각이 들었다.

다음날 또다시 J와 카페에서 만나 장시간 대화를 했다. 나는 당분간 J

회사에 근무하면서 브랜드 등 작품을 만들어 보기로 합의했다.

첫 출근을 하는 날 J가 나에게 많은 관심과 신경을 써 주니 고마웠다. 최선을 다해서 회사에 도움이 될 수 있도록 하겠다고 다짐했다. 나는 우선 원단을 절약하는 방법과 체계적인 관리를 위해 매뉴얼을 만들고 도매가격이 한 벌에 2,000불이 넘는 고급 드레스인 만큼 상품의 고급화를 위해 라벨, 행택과 포장지 등 새로운 도안을 제안하고 품질관리를 철저하게 하면서 변화를 주도해 나가기 시작했다. J는 내가 규모 있는 회사를 경영한 사장이라는 것에 대한 예우를 해주는 것 같아 쑥스럽기도 했다.

내가 출근을 시작하고서부터 회사 분위기가 상상도 못할 만큼 좋은 방향으로 바뀌었다며 직원들 모두가 좋아했다. 나 또한 작은 공장에서 몇몇 직원들과 어울려 근무한다는 것이 생소했지만 사장이 없을 때 틈틈이 흉을 보거나 평가한다는 사실을 엿보면서 평생 겪어보지 못했던 경험을 통해 나 자신이 나의 직원들로 하여금 얼마나 많은 평가를 받고 살아왔을까? 하는 의문이 생기기 시작했다.

나름대로 직원들에게 최선을 다해 왔다고 자부해 오던 나였지만 개인의 프라이버시까지 쉽게 사람들에 의해 오르내릴 수 있음을 이곳 현장에서 느낄 수 있었다. 월급 잘 주고 직원들에게 대우를 잘해 준다고 해서 그것이 진정한 사장은 아니란 것을 깨달아 가고 있었다. 그들과 함께 호흡하고 그들과 함께 어우러져 서로가 이해하고 격려하며 함께 동질감을 가지고 가야 한다는 것을 느끼게 되면서부터 나의 과거에서 부끄러움을 발견하게 되었다.

어느 순간 잘나가는 중소기업의 사장이라는 위치에서 얼마나 거만하고 교만했었는가? 그렇게 패기 있고 열정을 가지고 회사를 키워왔던 나였는데…. 간부들에게 회사를 맡기게 되면서부터 작업 스케줄을 전달하는 훈시마저도 그들에게 맡기게 되었고, 나는 그렇게 종업원들과 스스로를 격리시키고 말았다. 그렇게 오랫동안 직무유기를 해왔고 결국 사업을 접고 말았던 것이다.

사장이라는 것이 타이틀만 가지고 있다고 해서 사장이 아니었다. 존경받는 사장! 그 단순한 진리를 나는 깨닫지 못하고 살아왔으니 나의 어리석음에 부끄러움을 감출 수가 없었다. 종업원들에게 그리고 가족과 세상 사람들에게 존경받으며 경영하는 회사! 그것을 다시 한 번의 기회를 통해서 진정한 사업가의 모습으로 변화된 나를 찾아 나설 것이다.

J의 회사에서 근무한 이후 첫 급여를 받았다. 2주일 일하고 2,066불을 받았다. 미국은 주급으로 급여를 지급했는데 나는 주급을 받는 것이 신기했다. 2,066불은 그때 형편에 적은 돈은 아니었지만 옛적에 월 10억 이상 주무르던 나였기에 내 양에 찰 수는 없었다. 그래도 아이들을 생각해서라면 이만한 것도 감사해야만 했다.

아내와 힘을 합해도 학비는 겨우 70%밖에 해결할 수 없었다. 아들이 아르바이트를 한다 해도 겨우 그들의 교재 정도 해결할 수 있는 수익이었다. 아내와 나는 틈틈이 지인의 일을 도와주고 적지 않은 수입을 만들어 학비를 대기 위해 최선을 다했다.

나는 사장의 입장에서 종업원들에게 월급을 주는 날은 괜히 기분이 좋았다. 담당 경리에게 은행에서 돈을 찾아서 반은 자동이체 시키고 반은 봉투에 담아 지급하게 했다. 그때가 그리웠다. 이제 와서 이 따위 생각이 무슨 소용이 있을 것인가? 그러나 오랜 시간 그만큼의 기회와 능력을 주신 하나님께 감사했다.

어느 날 퇴근 무렵, 친구의 아내가 우리 부부에게 바람도 쐬고 스트레스도 풀 겸 카지노에 가자고 했다. 우리 가족이 어렵게 살아가는 모습을 지켜보면서 가끔씩 우리를 위로해 주었고 배려해 주었다. 우리 부부는 그곳에 가서 즐길 만한 마음의 여유가 없었다. 그리고 어쩌다 마지못해 간다 해도 200불 이상은 지참해야 하는데 그럴 만한 여윳돈이 없었다. 결국 우리는 산타모니카 거리를 쇼핑하는 것으로 마음을 정했다.

그곳은 거리의 악사와 예술가들이 항상 볼거리를 제공하고 있었고 유명 브랜드 의류 매장들이 밀집되어 있어서 가끔 방문하는 곳이기도 했다. 옷의 유행을 한눈에 바라볼 수 있어 좋았고 세계 각국에서 모여드는 관광객들로 활기가 넘쳐 나는 곳이기도 했다.

우리는 다시 샌디에이고 아울렛에 들러 유명 브랜드 매장을 둘러보았다. 유명 브랜드 매장을 둘러보고 차분히 쇼핑하며 새로운 사업 아이디어를 구상했다. 그 중 'Elietahari'라는 여성 브랜드가 컨셉도 좋고 한국에서 성공시킬 수 있겠다는 생각이 들었다. 나는 카탈로그와 인테리어 등을 유심히 체크했다. 디스플레이가 간단하고 섬세하게 잘 정돈되어 있었다. 공간 활용을 효율적으로 잘하고 있다는 느낌이 들었다. 우리는 꽤 오랜 시간 동안 매장을 쇼핑하며 자료들을 메모하고 수집했다. 훗날 긴요하게 사용될 수 있다는 생각에….

West Los Angeles 로데오거리는 미국의 갑부들과 유명 연예인들, 부유한 관광객들이 값비싼 의류를 사가는 곳이다. 양복 한 벌에 보통 10,000불씩이나 했다. 나는 사업을 하면서 돈 무서운 줄 모르고 써 대며 살아왔기 때문에 값비싼 옷을 사는 사람들의 심정을 누구보다도 잘 알고 있었다.

마음에 들고 품질 좋고 거기에다 유명 브랜드라면 값은 따지지 않았다. 그러나 현재 내 처지는 안타까움을 넘어 사치를 초월해 있었고, 가격이 싸되 실용성 있는 상품을 선호하게 되었다. 절약의 미덕을 나는 값비싼 대가를 치르고 터득한 것이다.

함께 동행한 친구는 내 모습이 초라해 보였는지 노스트롬 갭 매장에서 남방과 바지 한 벌을 사주었다. 그리고 선셋에서 캐주얼화 한 켤레도 사주었다. 하기야, 나에겐 가방 하나 달랑 들고 미국에 들어왔기 때문에 입을 만한 옷이 없었다.

며칠 전만 해도 아침 출근 때 구겨진 남방을 입으면서 아내에게 투정을 부린 적이 있다. 거울에 비친 나의 모습이 내가 봐도 초라하기 짝이 없었다. 그래서 아내에게 남방 정도는 구겨 놓지 말고 옷걸이에 걸어 놓았어야 했다고, 남방 하나와 감색 티셔츠만을 격주로 입고 다니는 내가 불쌍하지 않느냐고, 몇 십 불짜리도 아이들 학비 걱정하느라 옷도 못 사고 수차례 그냥 돌아선 내가 처량하게 보이지 않았느냐고….

아내는 말없이 남방셔츠에 스프레이로 물을 뿌리고 드라이기로 구겨진 남방을 펴주었다. 나는 그런 아내에게 투정부린 것이 괜히 미안했다.

이렇게 대충 주섬주섬 입고 다녔으니 내 행색이 초라하게 보였을 것이다. 친구는 나에게 거금 110불이나 썼다. 전에는 이 정도 가격이 문제가 아니었는데 현실이 나를 변화시켜 가고 있었다.

어느 날 J는 자기네 가족과 함께 한인타운에서 저녁식사를 하자며 초청했다. 사업적으로 상의할 일이 있다고 했다. J는 나에게 공장을 맡아 운영해 주면 아이들 학비는 충분히 해결할 수 있는 수입이 될 것이라며 제안해 왔다. 그렇지만 나는 임시로 그녀를 도와 브랜드가 만들어지고 전개할 때까지만 한시적으로 근무하기로 한 것이었고, 어느 특정 회사에 얽매어 월급만을 바라보고 살아갈 수 있는 처지가 아니었다.

어떠한 형태로든지 사업을 시작해야만 했다. 나 자신은 물론 내 가문과 내 주변 사람들을 위해서라도 반드시 사업을 통해 일어서야만 했다. 나는 공장 운영에 대한 J의 제안에 선뜻 대답하지 않았다. 좀 더 생각을 해본 후에 답을 주기로 했다. 나는 무엇보다 명예회복이 최우선이라 생각을 하고 있었기 때문이다.

J의 가족과 헤어진 후 아내와 나는 산타모니카로 향했다. 밤바람이 차가웠지만 남쪽 태평양 바다 넘어 그리운 어머니를 떠올렸다. 어머니께 3년 후 꼭 돌아올 테니 건강하게 살아 계셔야 한다고 눈물의 이별을 한 것이 반년이 훨씬 넘었다. 앞으로 2년만 더 이곳에 머무르리라.

아내와 카페에 앉아 커피를 마시며 밤 11시까지 시간 가는 줄 몰랐다. 아내와 나는 모처럼 멀리까지 나와 바람을 쐬고 나니 마음이 한결 가벼워졌다. 숨 막히도록 어렵게 살아가고 있는 우리 부부에게는 꿀맛 같은 밤이었다.

하루는 J가 좋은 경험이 될 것이라며 라스베이거스 웨딩쇼에 다녀오자고 했다. 우리는 라스베이거스 웨딩쇼 참관을 위해 아침 일찍 출발했다. LA에서 약 5시간이나 되는 거리였다. 우리는 라스베이거스로 향하는 중에도 중간 중간 프리웨이에서 내려 쇼핑몰을 돌아보고 우리가 브랜드 사업을 하기 위한 자료들을 모으며 피곤한 줄도 몰랐다.

저녁나절에 라스베이거스에 도착해 미리 예약해둔 'Tropicana호텔'에 투숙했다. 세금을 포함해서 115불이었지만 그나마 우리는 인터넷을 통해 가급적이면 싼 호텔을 골라 예약한 것이었다.

다음날 아침, 약속한 장소에서 J를 만나 웨딩쇼를 참관했지만 실망하고 돌아서야만 했다. 원래 나는 일반 의류를 오랫동안 경험해 왔기 때문에 그 화려한 색상에 익숙해져 있었다. 하지만 웨딩드레스라는 것이

천편일률적으로 흰색이나 베이지색으로 만들어져 있고 파티 드레스라 해도 나에게는 일반 의류에 비해 단색 위주로 무겁게 다가왔다. 한국에서 그리고 유럽에서 봐왔던 일반 고급 의류쇼와는 너무 거리가 있었다.

우리는 간단하게 햄버거로 점심을 때우고 최근 새로 지어져 유명하다는 "Wynn Hotel"을 돌아보았다. 환경 친화적으로 참 잘 지어진 호텔이란 느낌이 들었다. 로비를 향하는 곳곳에 나무와 꽃 장식이 그야말로 환상적이었고, 인공으로 만든 호수 중간 중간에 남녀 조각상을 만들어 애틋한 남녀의 사랑을 연출한 부분이 특히 가슴에 깊이 와 닿았다.

그렇게 J와는 좋은 추억도 있었지만 아무래도 회사 대표와 직원 간의 사이였기에 그리 좋은 일만 있었던 것은 아니었다. 우리 부부를 포함한 모든 직원들이 다음 주부터 시작되는 웨딩쇼를 준비해야 하는 회사의 사정으로 인해 밤 9시가 넘어야만 퇴근할 수 있었다.

그 결과 다행히 쇼 시작 전날 자정을 넘겨 모든 준비를 무사히 마칠 수 있었다. 그러나 쇼가 진행되는 4일 동안의 급여가 지급되지 않았다. 몇 명 되지 않는 회사라고 직원들을 쉽게 대하는 것인지 J사장은 급여 지급 30분 전에 급히 출타를 해버리는 것이었다. 그것은 은연중에 4일치 휴가분 급여는 지급하지 않을 것이라는 예고나 마찬가지였다. 사장으로서 떳떳치 못하니 급히 자리를 비운 것이었다.

결국 나를 비롯한 몇 명의 직원은 씁쓸한 마음을 감출 수 없었고, 그 일을 계기로 강력하게 항의하던 직원이 오더가 뜸한 비수기에 해고당하고 말았다. 약자의 슬픔! 도저히 이해할 수 없는 일을 목격했다.

그 일이 있은 이후, 예전에 나의 경영방침에 대해 많은 것을 되짚어 보게 했다. 나로서는 당연히 '정상 지급'이라는 결론이었다. 아니 회사 사정상의 휴무는 그것도 밤늦게까지 근무를 시킨다면 더욱 그러했다.

회사가 바빠서 직원들이 야근하는 시간은 생각하지 않고 야근 수당을 더 받아가는 것에 초점을 두는 사장, 몇 푼을 절약하기 위해 비수기만 되면 누구를 해고할까 고민하는 사장, 바로 이러한 점 때문에 J사장과의 괴리감을 느끼는 계기가 되었다.

나는 좀 더 냉정함을 잃지 말아야겠다는 생각을 했다. 비록 지금은 J사장에게 도움을 받고 있는 형국이지만 나 또한 최선을 다해 회사 발전에 한몫을 담당하고 있으니 일방적인 도움이 어디 있을까?

뉴욕 웨딩쇼에서 J회사 드레스의 인기가 좋다는 연락이 왔다. 하지만 나는 웨딩드레스의 한계를 이미 절실히 느끼고 있었다. 우선 평생에 한 번밖에 입지 않는 특별한 옷이기 때문에 성장의 한계가 있을 것이며 단조로운 색감과 소재는 정서적으로도 생동감을 주지 못했다.

나의 경험으로 미루어 일반 의류의 다양한 색상과 소재 그리고 디자인 등에서 항상 흥분과 역동성을 느끼며 살아왔고 매 시즌마다 변화해 가는 옷과 색상의 유행을 바라보면서 젊음을 유지할 수 있었다. 내가 새롭게 추진하고자 하는 사업이 그러한 것이기에 미국에서 만든 브랜드를 등록하기 위해 많은 신경을 쓰고 있었다. 내가 돌파해야 할 첫 관문이며 무엇보다 미래산업 부도와 함께 지금까지 나와 관련된 모든 루머가 새로운 사업의 전개로 많은 변화가 올 것이다.

시간은 2005년 마지막 달력을 향해 달려가고 있었다. J사장이 한국에 나가 있는 동안 중요한 일로 새로운 샘플 등 상의할 일이 많은데 사장이 없으니 마음에 부담이 되었다. 일단은 우리의 판단대로 일을 진행했다. 나는 사장이 감독하지 않는 현장에서 일하는 직원들은 어떤 마음을 먹고 일하는지 짐작이 갔다. 마음만 먹는다면 얼마든지 쉬어 가며 근무할 수 있겠구나 하는 마음이 들었기 때문이다. 물론 도둑질도 말이다. 과거에 여러 곳에 회사를 만들어 놓고 종업원에게 믿고 맡기고 돌아다녔던 나를 되돌아보게 했다.

세상 사람들이 모두가 내 마음 같은 줄만 알았는데, 결국 나의 생각이 옳지 못했다는 것을 깨달았을 때는 그들에게 이미 수많은 회사 자산을 횡령당하고 농락당한 뒤였으니 뒤늦게 후회한들 무엇하랴.

나는 J사장이 회사를 비운 한 달여 동안 최선을 다해 근무했다. 지난날 무지하고 순진한 마음으로 직원들을 믿고 일을 맡겼던 나였기에 나 또한 사장이 나를 믿고 있을 것이라는 무언의 약속을 지켰던 것이다.

봄이 오고 서서히 바빠지기 시작하면서 직원 충원 문제로 J와 통화를 했다. 나는 전에 그만 둔 직원을 다시 추천했다. J사장은 꺼려했다. 그러나 기본 기술이 있으면 회사 기본에 맞추어 트레이닝 시켜 근무하도록 하면 되는 것이라고 강력히 추천했다.

그 직원을 다시 채용한다 해도 나의 책임이 크다는 부담을 느꼈지만 J사장이 원래 마음이 쉽게 바뀌는 성격이라서 추천하는 것이 부담되긴 했다. 우선 밀려 있는 오더를 생산해 내는 것이 시급한 문제이므로 J사장에게 직원 충원 문제를 속히 결정하도록 했다.

그런데 J는 신문광고에 구직광고를 내고 새로운 사람을 만나면서 기존 근무하고 있는 직원들을 등한시하고 있었다. 아무래도 종업원은 신문광고를 내면 얼마든지 구할 수 있으니 일들 똑바로 하라는 시위로 비춰졌다. 직원들은 그녀의 그러한 행동에 당연히 불쾌감을 느끼고 있었다. 내가 판단하기에도 분명 잘못된 발상이며 잘못된 회사 운영방식이었다.

J는 오랫동안 근무한 직원들을 가족같이 소중하게 생각하고 대우해주던 나의 회사 운영방법과는 너무 달랐다. J는 오래 근무한 사람이 몇

푼 더 받는 급여가 아까워 새로운 사람에게 기술을 가르쳐 주게 하고 자기 눈 밖에 나면 해고해버리면 그만이었다.

기술자들은 보통 자기 기술을 남에게 함부로 가르쳐 주지 않으려 한다. 쉽게 자기 밥그릇을 빼앗기지 않으려는 것이다. 직원들이 이렇게 몸을 사리는 것을 보고 나는 그들을 이해하게 되었고 또한 슬픈 연민의 정을 느끼게 되었다. 그러한 것을 모를 리 없는 J는 사장이라는 권리로 쉽게 직원들의 인격을 짓밟았다. 노예처럼 부리고 절이 싫으면 중이 떠나라는 식이었다.

나 또한 그나마 이곳에서 수입원을 만들 때까지는 머물러야 했기에 몸을 사릴 수밖에 없었다. 무엇보다도 아이들이 학교를 마칠 때까지는 어떠한 수모라도 감수해야만 했다.

끝내 나의 추천으로 전에 근무하던 직원이 다시 근무를 시작하게 되었다. 이상하리만큼 밀려드는 오더를 해결할 수 있는 자원이 만들어졌으니 J는 나를 하나님이 보내준 사람이라며 고마워했다. 변덕이 죽 끓는 듯한다더니… 이런 경우를 말하는 것이리라.

특히 내가 J회사에 근무하기 시작되면서부터 품질은 이미 미국에서 최고라며 미국인 바이어로부터 칭찬을 수도 없이 받고 있는 터였다. 미래산업을 운영하면서 품질관리를 소홀히 했던 것이 못내 아쉬워 최상의 품질을 만들어 내기 위해 최선을 다한 결과였다.

J는 기적이라는 단어까지 써 가면서 하나님께 감사하다며 교회에 다니지 않던 그녀의 남편도 당장 교회에 나가기로 약속했다고 했다. J는 여러 가지 고마움의 표시로 저녁을 산다며 초대했다.

한인타운 중심가 윌셔에 위치한 고급 레스토랑에서 식사 중 업무에 대한 이야기를 나누며 그녀는 아직도 나와 함께 브랜드 만드는 것에 대한 꿈을 버리지 않았다고 했다. 하지만 나는 지체할 수 없는 처지였고, 이미 아들과 함께 상의해 미국에 상표등록을 마치고 닷컴까지 만들어 놓은 상태였다. 열심히 근무는 하되 브랜드에 대해서는 내 길을 갈 것이라 말해 주었다.

식사 후 발렛파킹으로 맡겨 놓았던 J의 벤츠 스포츠카가 누군가에 의해 뒷바퀴가 예리한 칼에 찔려 펑크가 나 있었다. 식당이나 발렛파킹 회사 모두 책임질 수 있는 사안이 아니었다. 그것으로 J는 나에게 꽤 비싼 저녁을 산 셈이었다.

다음날 J는 점심시간을 30분에서 45분으로 늘렸다. 그러나 그녀의 성격대로라면 이러한 근무시간 변경 또한 얼마나 오래갈 것인지 두고 볼일이었다. 그녀의 칠순 어머니도 J의 회사에서 함께 근무하고 있었는데 하나같이 점심식사 시간이 끝나기도 전에 일을 했다. 종업원 입장에서는 사장과 그 가족이 일을 하고 있으니 가만히 앉아 쉬고 있을 수가 없는 것이니 서로가 눈치 보며 결국 일을 하게 되는 것이다. 나는 이러한 작업 환경이 불만스러웠다. 쉴 때는 쉬고 일할 때는 일하자는 것이 나의 지론이거늘 점심시간의 자유까지 빼앗는다는 것에 기분이 언짢았다.

어느 날 급여를 받는데 Check*를 봉투도 없이 불쑥 내밀며 사인하라고 했다. 무언가에 언짢은 기분인 것 같았다. 상대방에 대한 예의와 배려 없는 그녀에게 기분이 좋을 리 없었다.

나는 직원들의 근무시간 등을 기록해 J에게 보고하는 형식이었는데 아내가 출타할 일이 있어 2시에 조기 퇴근한 적이 있었다. 오전 8시 출

---

*미국 시스템에 의한 수표

근이니 아내가 근무한 시간은 6시간이었다. 나는 근무시간을 6시간이라 기록했다. J는 6시에 퇴근한 것으로 기록한 줄 착각하고 잘못 기록했다며 따졌다.

분명 그녀는 우리 부부에 대해 반감을 가지기 시작하고 있었다. 어려운 회사에서 체계적인 생산과 미숙한 기술자들에게 기술을 습득하게 만들어 놓았고, 라인 작업의 특성을 잘 접목시켜 생산성을 극대화시켜 놓으니 다른 직원에 비해 월등히 고임금자인 나와 아내의 가치가 그녀에게는 반감되어 가고 있었던 것이다. 아내와 내가 하나님이 보내 주신 보배라고 그렇게도 칭찬을 하더니….

그랬다. J는 그렇게 인건비를 줄이고 오더 상황에 따라 사람을 뽑고 잘라버리면 그만이었다.

아내는 아내대로 훌륭한 기술을 가졌으면서도 월급을 깎여 가면서까지 참고 또 참으면서 근무했다. J는 아내가 자기 회사에 기여하는 것이 엄청나다고 말을 했지만 그것은 가식일 뿐이었다. 실제로 아내는 남보다 기술이나 생산능력 면에서 두 배에 가까운 일을 했다.

J는 우리가 한국에서 피치 못해 미국으로 건너와 돌아가지 못하고 어쩔 수 없이 일할 수밖에 없다고 판단했을 것이다. 그녀는 그러한 우리의 약점을 이용해 별수 없이 자기 회사에 머무르는 것이라 생각했는지 우리를 무시하고 있었다.

우리의 슬픔을 누가 알겠는가? 그러나 나는 이러한 신세타령만 하고 있을 때가 아니었다. 이제 서서히 떠날 준비를 해야겠다는 생각을 하게 되었다. 내가 오래 머무를 곳이 못 된다고 말이다.

J는 아내에게 자기가 다니는 교회 목사님의 여동생에게 기술을 가르쳐주라고 다그쳤다. 아내보다 나이도 어리면서 명령하고 무섭도록 압

박을 가했다. 한마디로 쥐 잡듯이 했다. 그녀를 가르쳐 놓으면 3년 동안 근무를 한 아내는 언제든지 그만두어도 된다는 얕은 생각이었던 것이다. J의 속셈을 알고 있는 우리로서는 이러한 설움을 슬기롭게 견뎌 내어야만 했다.

하루는 J가 출근하기 전에 새 기계가 들어왔다. 나는 엘살바도르인 기술자에게 커피를 대접해 주었다. J는 출근하자마자 기술자에게 커피 대접한 것이 못내 못마땅한 눈치였다. 나는 J회사에 근무하게 된 동기가 그녀의 요청에 의해 근무하게 되었고, 그녀를 위해 회사에 많은 기여를 해오고 있던 터였다. 그녀 역시 그러한 나의 능력을 인정해 주고 있었다. 무엇보다 그녀와 큰 꿈을 함께 이루어 보자고 의기투합이 되어 만난 사이였다.

그러나 그녀는 아직 의류사업을 전개할 만한 자금 능력이 없고, 우선은 서로가 필요한 만큼 당분간 협력하기로 했던 것이다. 그런데 이러한 작은 일에 눈치를 주니 숨이 막혔다. 그럴 때마다 밖으로 뛰쳐나가고 싶었지만 어찌 되었든 그녀는 우리 가족이 어려울 때에 큰 힘이 되어 주었으니 나는 그것에 대해 항상 감사하게 생각했다.

그녀에게 마음이 상할 때마다 그녀의 좋은 점만 생각하려고 노력했다. 나가더라도 좋은 이미지로 나가야겠다는 생각을 하면서 말이다.

이러한 나의 마음을 알기라도 했는지, 다음날 J로부터 이른 아침에 전화가 왔다. 요즈음 나에게 섭섭하게 대한 것이 마음에 걸렸던 모양이다. 그러나 나는 나의 갈 길이 분명하고 정해진 대로 나아가고 있는 것이니 누군가가 섭섭하게 한다고 해서 이해하지 못할 정도로 옹졸한 사람이 아니다. 무엇보다 내 의지보다는 신앙의 힘, 믿음의 힘으로 담대하게 나아갈 수 있었다.

J의 회사가 나름대로 발전 궤도에 오르게 되어 다섯 배 이상 더 넓은 공장으로 이전하게 되었다. 그동안 나는 J에게 사업상 많은 도움을 주었다. J도 지금까지 1년이 넘도록 함께 생활하면서 나에게 뛰어난 능력이 있다는 것을 엿보았다고 인정해 주었다. 사업가는 아무나 되는 것이 아니라며 나를 추켜세워 주기도 했다. 진실이 배어난 말일 것이라고 믿었다. 나는 분명 사업을 해오면서 남다른 부지런함이 있었고 성취하려는 의욕이 넘쳐났기 때문이다.

나는 그녀에게 의류 브랜드를 런칭하는 문제와 스타 마케팅을 통한 홍보 등을 가르쳐 주었다. 그로 인해 그녀는 실질적으로 한국의 유명 연예인들과 엔터테인먼트사 등을 만나 브랜드에 대한 구체적인 작업을 시도해 가고 있었다.

나는 이제 이쯤해서 J와 정리하는 것이 현명하겠다 싶어 내 의중을 정중히 말했다. 나는 지금까지 나의 인생을 자식들의 인생에 포커스를 맞춰 왔다. 하루아침에 모든 것을 잃고 타국에서 어린 나이에 상처받고 살아가는 아이들을 위해서라도 출근하는 모습을 보여 굳건히 가장의 역할을 하기 위해 노력하는 모습을 보여 주고 싶었다.

J는 우리 부부가 능력 밖의 삶을 너무 무리하게 살아가는 것 아니냐며 이해할 수 없다며 비웃는 모습이었다. 아이들은 능력이 안 되면 몇 년 쉬었다가 학교를 보내도 되지 않느냐며 우리 부부가 몸을 너무 혹사시키며 아이들을 위해 살아간다고 위로하는 투였다.

나는J의 말을 듣고 괜한 자존심이 생겼다. J의 말대로 힘들다고 아이들의 학업을 중단한다면 무엇이 달라질까? 물질의 여유? 생활의 여유? 그것은 절대 아니었다. 우리 부부는 자식들 학업 성취에 최선을 다하는 것이 희망이요, 낙이었다. 무엇보다 아이들이 열정적으로 공부하려는 의지가 강했기 때문에 뒷받침해 주는 것이 힘들지만 보람이 있었다. 자식이 없는 J는 자식에 대한 부모의 사랑을 알지 못할 것이다.

XX의 여사장도 자신으로 인해 우리 미래산업이 연쇄 부도로 치닫고 있을 때, 나에게 사장님 자녀분들의 학비로 1억 원은 꼭 만들어 드리겠다고 약속하지 않았던가? 그러나 잠적을 했고 나는 황망히 미국으로 다시 떠나왔다. 그녀 역시 자식이 없으니 자식을 둔 부모의 마음을 헤아릴 수가 있겠는가?

소중한 시간을 통해 나는 엄청난 교훈을 얻을 수 있었고, 수많은 날들을 헛되게 살아온 것을 반성하고 있었다. 자유롭게 사업해 왔던 내가 꽤 긴 세월을 하루도 빠짐없이 말단 직원으로서 가장 낮은 자로 살아왔다. 지난날 너무 자만하며 쉽게 살아왔던 나는 하루 종일 9시간여 동안 의자에 앉아 보지도 못하고 열심히 일했다. 하나님은 또 다른 방법으로 매일같이 근무시간을 통해 18홀의 골프장을 돌 만큼의 걷기운동으로 단련하도록 하시는 것은 아닐까?

정식으로 재단을 배우지 않았지만 커팅은 할 수 있었기에 재단 틀 위에 올라 커팅을 할 때 청바지 무릎이 닳고 닳아 뚫어지고 셔츠가 작업대에 휩쓸려 부푸러기가 일어났다. 에어컨이 가동은 되었지만 더운 여름에는 등줄기에서 땀이 흥건하게 흘렀고 허벅지가 땀에 쓸려 쓰렸지만 그 어떠한 고통도 시련도 나는 감사했다. 편하게 살아왔던 나에게 하나님은 귀한 노동의 가치를 경험하게 하셨고, 나를 사랑하신다는 생각이 들 때마다 눈시울이 뜨거웠다.

무엇보다도 하나님은 나에게 무언의 진로를 제시해 주었고 시련 속에서도 행복을 느끼게 하셨다. 어쩌면 되돌아보는 계기를 만들어 놓고 J를 통해 단련토록 하시어 두 번 다시 어리석은 인생을 살지 말라는 큰 가르침이라 생각했다. 그 도구로 사용되어진 J에게 감사드린다.

"만일 우리가 보지 못하는 것을 바라면 참음으로 기다릴지니라."

(로마서 8장 25절)

꿈을 위해 달려가자

낯선 땅, 정서도 인정도 메마른 곳에서 나는 가장 낮은 자로서의 설움을 겪으며 슬픈 세월을 보내고 있었다. 나의 꿈은 의류 브랜드 사업이다. 2009년 가을, 그 꿈을 위해 나는 열심히 달려가고 있다.

K실장과 O사장이 미국을 방문했다. K실장은 나에게 쥬얼리 오퍼를 해보라며 샘플을 주었다. 한국의 L백화점 입점 관계로 K실장과 별도 회의를 했다. 그러나 나는 쥬얼리는 나중에 시도해 보겠다는 결론을 내려 주었다.

O사장이 저녁식사 비용을 계산했다. 나의 어려운 사정을 알고 식사비마저 배려해 주는 그들이었지만, 나는 먼 곳까지 오신 손님을 집으로 초대도 못하고 오히려 얻어먹었다는 사실에 자존심이 상했다. 다음 저녁을 내가 사는 것으로 위안을 삼았다.

1월의 마지막 일요일에 K실장, O사장과 저녁식사를 하며 미팅을 했다. O사장이 나에게 형님으로 모시겠다고 제안을 했지만 나는 아직 부족한 사람이니 좀 더 사귀어 보자고 말했다. 그는 나와 의류 사업을 계획해 보고 싶고 내가 원한다면 20억 정도는 투자하겠다고 했다.

우선 그러한 여건을 내 자신이 만들어 놓을 것이다. 아마 내년 중반쯤이면 여러 가지 나의 계획이 진척되어 있으리라. 그리고 그때에 가서 투자 등 사업 관련 이야기를 본격적으로 의논하기로 했다. 나는 한국으로 귀국해 새로운 사업을 재기하겠다는 마음을 먹고 있는 상태에서 선뜻 투자까지 해주겠다는 말을 들으니 자신감이 생겼다.

한국으로 돌아간 K실장과 통화를 했다. 미국에서의 비즈니스 관계를 신중히 검토해 보자고 했다. 아웃도어 전문 업체인 L사장과도 통화가 되었다. 그 역시 오래전 부도를 맞고 오랫동안 고생했다며 나에게도 희망 잃지 말고 열심히 하면 좋은날 열릴 것이라고 격려해 주었다. 그는 신규 브랜드를 만들어서 전국에 매장이 약 30개 정도가 된다고 했다. 주변에 많은 사람들이 나와 의류 사업을 계획해 보자는 제안에 벌써부터 마음이 설랬다.

8월의 마지막 날, 한국의 지인으로부터 4,000불이 입금되었다고 아들에게 전화가 왔다. 아쉬운 대로 안심이 되었다. 우선 아들에게 상표 로고를 속히 등록하도록 일러두었다. 우리 가족에게 그만큼 브랜드는 소중한 가치가 있는 것이었다. 비록 지금은 무명의 브랜드이지만 세상에 우리만이 가지고 있는 브랜드명이 아닌가? 또한 심벌마크는 어떠한가? 하나님께서 주신 특별한 심벌이 아니던가?

나는 한국에서 브랜드를 런칭할 때의 컨셉도 방향을 잡아가고 있었다. 그리고 아들에게 지금은 시중에서 구할 수 없는 의류와 관련된 디자인과 컬러 등을 참고할 만한 책을 알려주고 인터넷으로 구매 신청을 올려놓으라고 일러두었다.

나 또한 2009년을 대비하기 위해 부지런히 자료 수집을 하고 있는 중이었다. 이 모두가 필연적으로 만들어지고 있는 나와 나의 가족의 미래인 것이라 믿고 오늘도 하나님께 감사의 기도를 드렸다.

미국에서 상표 등록이 마무리된 후 한국과 일본, 유럽, 동남아시아, 그리고 중국까지도 상표를 등록해 놓을 것이라 다짐했다.

10월 중순, 또다시 아이들의 학비가 문제되었다. 30% 부족한 금액이 3개월마다 우리를 옥죄어 왔다. 간밤에 K실장과 통화를 했는데 그녀 역시 자금 회전이 안 되어 곤란을 겪고 있다는 사실을 알았다. 그런 와중에도 또다시 400만 원을 입금시켜 주겠다는 약속을 받았다. 그러나 밤늦도록 송금은 이루어지지 않았고 나는 뜬눈으로 밤을 지새웠다. K실장은 어려운 상황에서 도와주겠다고 약속했지만 여의치가 않은 모양이었다.

아이들 등록금 마감시간이 점점 임박해오는데 K실장에게서 일부 200만 원만 송금되었다는 연락을 받고 그나마 안도했다. 등록금 마감시간을 불과 몇 시간 남겨 두고서 말이다.

하나님은 왜 이런 방법으로 훈련을 시키시는지 이유를 알 수가 없었다. 정말 입술이 타고 피가 말랐다. 그리고 자식들이 대학 졸업과 동시에 우리 가족 모두 한국으로 귀국해 연로하신 어머니를 위해 가족이 뭉쳐 가문을 일으켜 세우자는 의견으로 공감대가 형성되어 가고 있었다. 우리 계획대로 브랜드 사업은 정상적인 시기에 진행하게 될 것이라 믿고 있다.

모든 것이 감사했다. 어려운 가운데에서도 우리는 기적같이 회생해 우리가 꿈꾸는 미래를 향해 달려 나가고 있으니 고된 삶 속에서도 행복하다는 생각을 지울 수 없다.

한국 광고회사의 A실장으로부터 메일이 도착했다. 내가 준비하고 있는 브랜드의 모든 정보와 광고 컨셉, 그리고 라벨 등 마케팅을 도울 수 있도록 최선을 다할 것이며 11월이나 12월까지는 미국을 방문해 미팅하기로 약속을 했다. 하나하나 주변에서 하나님이 섬세함으로 움직임이 느껴지기 시작했다.

또한 10월 중으로는 인테리어 회사 사장과도 통화를 할 것이다. 그를 통해 매장 인테리어 컨셉을 만들어 나갈 것이다. 이미 투자 문제는 한국에서 활발하게 움직여지고 있었다. 그리고 한국에서 가장 성공한 꽤 많은 판매부수를 자랑하는 잡지 회사 사장에게도 홍보와 기사를 실어준다는 약속을 받을 것이다.

나는 그래도 행복한 사람이라고 자부하고 싶다. 비록 지금은 인생의 쓴맛을 경험하며 힘든 생활을 하고 있을지라도 큰 꿈을 잃지 않고 있으니 말이다.

한국에 있는 먼 친척뻘 되는 동생과 통화를 했다. 그 동생 역시 하루아침에 사라진 오라버니가 가족들도 있고 하니까 최소한의 자금은 만들어 떠났으리라 생각을 했다며 나의 진실이 담긴 말을 듣고 목멘 소리로 "얼마나 고생이 많으냐"며 말을 잇지 못했다. "그렇게도 자존심 강하고 인정 많고 의협심 많은 오라버니가 빈손으로 미국 땅에 남아 있다는 사실이 이제 좀 이해가 된다"며 울먹였다.

전화를 끊고 갑자기 정신이 번쩍 들었다. 주변 형제들조차도 아직까지 내가 돈 챙겨 미국으로 떠나와 잘살아 가고 있는 것으로 알고 있다면 세상 사람들이야 오죽 할 것인가? 당장 정리해 오던 글을 세상에 탄생시켜야 한다는 생각이 들었다. 나만의 결백이 무슨 소용이 있을까? 나의 결백을 밝히고 나를 기만하고 유린해 온 자들에게 심판을 가하는 것이 옳은 것이 아니겠는가? 나는 속히 나의 꿈을 펼쳐 보여야 할 때가 다가오고 있다는 것을 느꼈다.

이제 나에게는 직장생활을 할 만한 에너지가 모두 소멸되었다. 직장에 얽매어 창조적인 지혜를 짜낼 수도 없거니와 무엇보다도 힘이 들었다. 작은 공간에서 보이지 않는 사람과의 관계가 그렇게 힘이 들었다. 오너의 잣대로 움직여지는 근무시간이 숨이 막혀 왔다. 세상에서 가장 잘난 놈인 양 거만하게 가증스럽게 그리고 교만하게 살아왔던 날들의 대가일 것이다. 하나님은 그렇게 나를 단련시켜 가고 계신 걸까?

어느덧 2006년 12월 마지막 달이다. 나는 하나님께 매일 새벽기도를 통해 떼를 썼다. 나의 브랜드를 만들어 반드시 명예회복을 할 수 있도록 말이다. 내가 의류 사업을 다시 시작하는 시기는 언제쯤일까? 나는 늦어도 2009년 가을 시즌을 겨냥해 준비를 해야 한다는 생각을 하고 있었다. 여러 가지 상황으로 볼 때 그때가 되어야만 브랜드 등록에서부터 자금과 광고 마케팅 등 준비가 될 것이고, 무엇보다도 한국의 경제 상황 또한 그때가 되면 호전될 것이라는 믿음과 확신 때문이다.

그때쯤이면 아이들 대학 졸업 시기와 더불어 한국의 경제와 여러 가지 상황이 호전될 것이었다. 새로운 대통령이 탄생하게 될 것이고, 어떤 정부가 들어선다 해도 경제성장 우선정책을 펼쳐야 할 것이다. 기업들 또한 성장의 동력을 찾아 경쟁력을 키우기 위해 투자를 하게 될 것이다. 따라서 기업의 성장은 곧 국가의 성장으로 이어지게 되고, 자동적으로 국민소득이 증가하게 될 것이며 구매 심리가 일어나게 될 것이다.

나 또한 마지막으로 도전해 볼 만한 세대라 생각을 하고 있고 그만한 경험과 능력, 무엇보다도 뼈아픈 좌절을 통해 인생의 최고 밑바닥에서부터 배워가는 삶은 나에게 큰 재산이 될 것이다. 그리고 지금까지 배워 오고 경험한 것들을 혼신의 힘을 다해 경쟁력 있는 브랜드와 기업을 만들어 어리석고 부끄럽게 살아온 날들의 과오에서 벗어나리라. 비웃음을 당할지라도 그것이 나의 꿈이요 희망이니 어쩔 수가 없다. 꿈은 반드시 이루어지리라. 나는 또 다른 꿈을 향해 말없이 두 주먹을 불끈 쥐었다.

대망의 새해가 밝아왔다. 어둠의 긴 터널을 뚫고 저 멀리 터널 입구로부터 생명의 빛이 우리를 향해 달려오고 있다. 아내와 함께 하나님께 기도를 드렸다. 이날을 향해 달려왔고 수년 동안 은둔생활을 하며 과거를 접어 두었던 우리는 담대하게 그 시절로 돌아가 법의 심판을 통해서 비굴하지 않기 위해 몸부림쳐 왔던 나를 변호할 것이다.

무고! 누명을 벗어 던져 버리고 나로 인해 상처받은 자들을 위해 내 나라 내 조국으로 돌아갈 것이다. 그리고 나의 모든 역량을, 아니 내가 가지고 있는 모든 능력을 거침없이 쏟아 낼 것이다. 허망하고 어리석게 살아왔던 지나간 날들을 교훈으로 나에게 실망하고 있을 그들을 위해 다시 일어서 보이리라!

"그는 정직한 자를 위하여 완전한 지혜를 예비하시며 행실이 온전한 자에게 방패가 되시나니"

(잠언 2장 7절)

졸업식

2007년 6월 10일, 드디어 딸이 졸업을 했다. 대학을 2년 9개월 만에 졸업하는 것이니 어찌 기특하지 않을 것인가? 고등학교 역시 1년을 앞당기고, 대학 또한 1년 조기졸업을 해주는 딸아이에게 진심으로 고마웠다. 이 모든 것이 하나님의 은혜라 생각을 했다.

전 빌 클린턴 미국 대통령이 스피치 연사로 참석을 했다. 미국 대학 풋볼로 유명한 오하이오주립대학 벅아이(Ohio State University Buckeye)의 웅장하고 화려한 스타디움에서 3만5천 명의 가족, 친지들이 운집해 학사, 석사, 박사를 합쳐 약 8,000여 명의 졸업생들의 입장을 우레와 같은 박수와 함성으로 축하해 주었다. 그리고 우수 학생 그룹에서 졸업을 하는 딸아이에게서 나는 큰 자부심을 느낄 수 있었다.

이날이 있기까지 우리는 얼마나 많은 날들을 인내하며 눈물을 흘려야만 했던가? 터지는 가슴을 억제하며 나는 우리 가족들이 새롭게 걸어가야 할 또 다른 설계를 머릿속에 그려 가기 시작했다. 나는 열심히 스타디움의 열기를 캠코더에 담았다.

드넓은 스타디움 동쪽 하늘 높이 솔개 한 마리가 선회하며 마치 졸업식을 축하라도 하듯이 오랫동안 비행하다가 이내 사라졌다. 얼마 전 꿈속에서 보았던 솔개가 떠올랐다. 내 손바닥에 앉아 나의 억울함을 씻어 주겠다면서 닭똥 같은 눈물을 흘리던 솔개!

행사가 끝이 나고 꽃다발을 딸에게 선사하고 진심으로 축하해 주었다. 일본인 친구 유키와 함께 기념 촬영도 했지만 특별한 선물도 해주지 못해 미안했다.

그날 밤 12시 30분, 졸업의 기쁨도 잠시, 우리는 딸의 신분 문제로 11일 오전 9시까지 뉴욕 버펄로 법정에 출두해야 하기 때문에 오하이오 콜럼버스에서 5시간(528km)이나 가야 하는 뉴욕 버펄로 법원으로 향했다. 그동안 교포 변호사라는 자에게 맡겼다가 잘못된 딸의 신분 변경 문제가 아직도 해결이 되질 않았기 때문이다. 미국 변호사를 통해 딸아이의 졸업까지 미국에 체류할 수 있도록 도움을 받아 체류를 연장해 왔던 터였다.

이제 누군가가 미국에 남아서 살아 달라 애원을 한다 해도 미국에 남아 있을 이유가 없는 우리 가족이다. 더욱이 한국에서 누명을 쓰고 억울하게 바보같이 살아왔던 지나간 날들을 나는 다시 분연히 일어서 보임으로써 정의가 살아 있음을 이 세상 만천하에 알려야만 하는 사명이 있다.

잘못 살아온 날들의 반대편에 서서 새로운 인생 여정을 열어 가야 한다는 열망을 가지고 있기 때문에 우리의 앞날이 어떠한 고난이 기다린다 해도 반드시 우리는 내 조국으로 돌아갈 것이고, 그동안의 고난을 교훈 삼아 지혜로운 삶을 살아갈 것이다.

6월 11일 아침 7시 30분경, 뉴욕 버펄로에 도착해 변호사 사무실에서 간단히 세면을 하고 법원으로 향했다. 딸은 변호사와 동행해 판사와 검사로부터 졸업을 축하받고 성적도 우수한 학생이니 적당한 시기에 한국에 돌아갔다가 다시 유학을 왔으면 좋겠다는 비교적 만족할 만한 판결을 받았다. 체류 신분 문제와 관련한 모든 법적인 문제들을 마무리할 수 있었다.

돌아오는 길에 우리는 나이아가라 폭포를 여행하고 오후 6시경 오하이오로 돌아왔다. 오하이오에 체류하면서 우리 가족은 우리가 등록해 놓은 상표를 근간으로 벤치마킹할 만한 브랜드를 찾았고, 심벌마크를 완성할 아이디어를 찾아내었다. 9월까지 마감인 심벌마크를 완성해 8월까지는 등록을 마칠 것이다.

콜럼버스공항으로 출발하기 위해 짐을 꾸리고 있는 우리는 헤어짐을 아쉬워하는 아이들의 심정을 느끼며 목이 메어 왔다. 어른인 줄만 알았던 우리 아이들이 부모에게는 아직 응석부리는 아이들이라는 것을 느끼면서 이렇게 짧은 만남이 얼마나 소중했고, 가족이라는 불변의 인연을 생각하며 가장이 만들어 가야 할 그것을 속히 이루어 내리라 다짐을 했다.

헤어짐의 슬픈 속내를 보이지 않기 위해 공항으로 향하며 강하고 담대한 가족이 되자고 우리는 다짐하고 또 다짐을 했다. 그리고 탑승구를 향하며 멀리서 손을 흔들어 주는 두 남매를 바라보며 그동안 자식들에게 쏟았던 열정에 아내와 나는 서로에게 감사함으로 위로해 주었다. 건강하게 반듯이 성장해 준 우리 아이들에게도….

나는 자식을 둔 부모는 아이들 성장의 때를 맞춰 교육을 마칠 수 있도록 최선을 다해야 한다는 것에 변함없는 생각이다. 그러므로 나와 같은 경우는 나의 아이들이 학교를 마칠 때까지 아버지로서 어떠한 제약이 있어서는 안 되는 것이며, 절대적으로 나의 자식이기 이전에 이 사회에 젊은 인재를 만들어 그들이 사회에 봉사하고 국가에 이바지할 수 있도록 최소한의 의무를 가진다는 신념을 가지고 살아왔다. 온갖 비난과 음해를 무릅쓰고 모든 개인적인, 그리고 법적인 문제들을 유보시켜 왔고 먼 타국으로 떠나와 삶과 치열하게 투쟁하며 살아왔던 것이다.

딸의 졸업식 날, 4인 가족 외식으로 단돈 45불짜리 치즈 케이크만을 사줄 수밖에 없는 아버지로서, 비록 지금은 해줄 수 있는 것이 아무것도 없지만 준비하고 기다려 온 그날에 다다르고 있으므로 사랑하는 가족들에게 가장의 건재함을 보여 줄 것이다.

이제 자식들의 대학 졸업을 위한 투쟁은 끝이 나고 있다. 그러니 무엇이 두려울 것인가? 드디어 그날이 다가온 것이다. 그곳으로 나는 주저 없이 달려 나갈 것이다.

사실 우리는 딸의 졸업식에 참석할 자금이 없었다. 우여곡절 끝에 J의 도움으로 비행기 티켓을 샀고(왕복 750불), 오후 5시 30분에 근무를 마치고 LA공항으로 향했다.

LA공항에 도착해 자동머신을 이용해 예약된 티켓을 출력 받으려고 했지만 오하이오 콜럼버스행 비행기가 취소되었다. 당황스러워 카운터 직원에게 물었으나 블루라인에 줄을 서고 그쪽 카운터에서 문의하란다. 아내와 함께 블루라인에서 있을 때 아시아계로 보이는 중년 여성이 나에게 다가와 취소된 티켓을 확인해 주었다.

그녀는 친절하게도 퍼스트 클래스(First Class)티켓 카운터로 우리를 안내해 주었고, 컴퓨터를 통해 콜럼버스로 갈 수 있는 방법을 찾아 델타 항공 애틀랜타행 58A 게이트로 들어가 안내 받으라고 했다. 우리는 고맙다는 인사를 하고 탑승 심사를 받아 58A 게이트로 향했다.

딸의 졸업식에 참석하기 위해 콜럼버스를 반드시 가야 한다며 당부했고 직원은 우리에게 아직 2시간이 남았으니 기다리라 했다. 우리는 게이트 앞에 앉아서 오랜만의 여행이 낯설다며 가족의 앞날 등을 이야기하기도 하고 면세점에 들러 아이쇼핑도 하며 무료하지 않은 시간을 보낼 수가 있었다.

밤 10시 50분, 우리를 찾는 안내 방송이 들렸다. 카운터에서 중년의 백인 여성은 12시 30분 애틀랜타행이라며 티켓을 건넸다. 우리는 애틀랜타로 갈 이유가 없다고 항의했다. 담당 직원은 자기는 모르는 일이라며 딴청을 피웠다. 나의 항의에 의해 작은 소동이 일어났고, 델타항공의 책임자급쯤 되어 보이는 직원이 다가와 애틀랜타를 경유해 갈아탈 수 있다는 우리의 일정표를 출력해 주었다. 물론 15일 LA로 돌아가는 예정표까지….

그가 고마웠다. 만약 한국의 항공사 직원이었다면 이러한 상황에서 어찌 대처했을까? 그들은 아마 친절하게 직항 항공기가 취소되어 죄송하다는 말과 함께 원-스톱으로 예정표를 출력해 주고 친절히 설명해 줄 것이다. 우리 대한민국이 세계 속에서 빠르게 성장해가는 이유이기도 하다.

LA시간보다 3시간 빠른 동부 시간으로 오전 10시에 애틀랜타에 도착해 공항 지하철을 타고 이동해 콜럼버스로 향하는 비행기로 갈아탈 수 있었다.

오전 11시 45분, 우리는 사랑하는 아들과 딸을 만나 포옹으로 재회를 할 수가 있었다. 실로 긴 시간을 넘어 온 가족이 한자리에서 4년 만의 재회였다. 그리고 우리는 행복했다. 딸의 모습은 대학 졸업생이라 믿기지 않을 만큼 앳된 4년 전 그대로의 모습이었다.

모든 것이 감사했다. 그러나 정장 한 벌 살돈 없어 반팔을 입고 졸업사진을 찍어야 했던 딸을 생각하면 학비 외에는 아무것도 지원해 줄 수 없었던 아버지의 좌절감에 뒤돌아 눈물을 흘려야 했다.

"하나님이 세상을 이처럼 사랑하사 독생자를 주셨으니 이는 저를 믿는 자마다 멸망치 않고 영생을 얻게 하려 하심이니라." (요한복음 3장 16절)

꿈속의 음성

2007년 7월 2일, 출근을 하지 않았다. J를 스타벅스에서 만나기로 했다. 그녀를 만나 직원들의 사기 진작을 위해 7월 4일 미국 독립기념일이 휴일이기도 하니 특별 성과급을 지급해 달라고 요청했다. 뉴욕쇼 디자인 관계 약속도 있고, 포상을 한다는 기분으로 약간의 성의 표시를 해달라는 것이었다. 소위 지금은 허울뿐일지라도 매니저라는 체면을 생각해서라도….

그녀는 즉시 나에게 해고 통고를 선언했다. 소위 괘씸죄였다. 7월 말까지만 근무하는 것으로 일방적으로 잘라 말했다. 세상살이가 참으로 우스웠다. 그리고 가소로웠다. 어린아이들 소꿉장난도 아니고 당장 회사가 쓰러져도 몇 푼 아끼려고 오기로 버티는 그녀에게 연민의 정을 느꼈다. 2년 동안 나는 수없이 목이 잘렸다가 붙여지곤 했다. 일테면 "토사구팽(兎死狗烹)*"을 당하는 셈이었다.

5월초 어느 날, J는 나에게 특별히 부탁을 했다. 자금도 쓸 일이 있고

*토끼가 죽으면 토끼를 잡던 사냥개도 필요 없게 되어 주인에게 삶아 먹히게 된다는 뜻으로, 필요할 때는 쓰고 필요 없을 때는 야박하게 버리는 경우를 이르는 말.

오더도 많이 밀려 있으니 생산을 독려해 달라는 부탁이었다. 나는 쇼 출품으로 내가 주도한 디자인이 적정선의 오더를 수주한다면 성과급을 주겠다는 약속도 받았고, 다행히 그 디자인은 상당한 오더를 수주했기 때문에 확보된 금액도 있고 해서 직원들의 생산을 독려해 왔다. 그들은 어깨가 아플 정도로 열심히 성과를 올렸고 창업 이래 최고의 매출을 올려놓았다. 아무리 악덕 기업주라 할지라도 종업원들의 피와 땀의 수고를 외면하지 못할 것을….

J는 마치 자기가 종업원들의 "생사여탈권"을 쥐고 있는 듯 착각하고 있었다(7월 말, 결국 J는 또다시 자존심을 버리고 나에게 부탁을 했다. 8월 말까지 근무해 달라고).

7월 3일 새벽 4시 40분, 오늘도 어김없이 일어나 새벽기도를 드렸다. 서서히 내가 걸어가야 할 길이 바빠지겠다는 느낌을 받으며 담대하게 한국으로 돌아가 책을 출판하고 만들어 놓은 브랜드를 시작하리라는 마음으로 간절히 기도를 드렸다.

깜박 잠이 들었을까? 하늘 높은 곳에서부터 노랫소리가 들려왔다. 20대 젊은 남자의 목소리! 분명 이 세상 사람의 목소리가 아니었다. 그러나 그 노래는 나의 가슴을 사정없이 때렸다. 가슴이 벅차왔다. 깜짝 놀라 잠에서 깼다. 너무 신기해서 백지를 찾아 가사를 적으며 노래의 높낮이를 그렸다. 한 소절의 노래, 그것으로 책 제목이 되었고 찬송가를 만들어야겠다는 생각이 들었다.

"내 생애 다시 시작이다!" (부록 악보 참조)

어젯밤 아내와 나는 이제 자식들의 대학도 마무리가 되어 가고 있으므로 미련 없이 한국으로 나갈 것이니 새롭게 시작될 우리 가족의 앞길을 인도하시고 축복해 달라고 간절한 기도를 드렸다. 또한 책 출판이 시급하기에 책의 제목도 함께…. 그것을 나는 새벽기도 중에 음절과 함께 응답으로 받게 된 것이다.

2007년 8월 31일, 길고 긴 미국에서의 직장생활에 종지부를 찍었다. 감개가 무량했다. 많지 않은 사람들이었지만 그동안 미운 정 고운 정이 다 들었다. J는 작별 인사를 하는 나를 외면했다. '아쉬워서일까?'

칸막이 건너편 T에게 잘 있으라고 작별 인사를 했다. 어린 나이에 미국에 와서 작은 것에 교만하고 있는 그들에게 나는 더 이상 할 말이 없었다. 이것이 미국식이다. 서투른 미국문화 운운하며 미국인도, 한국인도 아닌 정체성을 잃고 어정쩡하게 살아가는 그들이 자기들 편리한 대로 사고하고 행동하며 살아가는 모습이 왠지 가여워 보였다.

그러나 그것은 그들의 세계로 남겨두고 떠나와버리면 그만이다. 그들 또한 우리들을 무시하고 가여워하고 있을 테니까…. 어찌 되었든지 나는 2년 2개월간 꿈같은 세월을 통해서 내 자신의 존재감을 느꼈고, 앞으로 존재해 가야 할 이유를 발견하게 되었다.

2007년 9월 1일, 한국으로의 귀국을 일주일 남겨 놓고 당분간 미국에서의 마지막 여행이 될, 평소 아내가 가보고 싶다던 별이 쏟아진다는 조슈아 트리(JOSHUA TREE)를 향해 출발했다. LA에서 동쪽으로 약 140마일(224km)에 위치하는데 유카(YUCCA)를 지나 62번 Free Way North를 따라 오후 느지막한 시간에 도착한 우리는 마치 바다 속 깊은 곳에 서식하는 바다 식물처럼 신비스러운 조슈아 트리가 끝없이 펼쳐진 광경을 발견할 수 있었다.

870평방마일에 달하는 광활한 지역으로 다양한 종류의 사막성 동·식물이 살고 있어 생태계의 균형을 이루는 데 중요한 역할을 이루고 있다. 참으로 오묘한 적자생존의 법칙이 이러한 황무지에서도 철저히 지켜지고 있었다.

어둠이 깔리기 시작하면서 삐죽삐죽, 때로는 웅장하게 하늘을 향해 솟아 있는 바위 위로 손에 잡힐 듯 정말 별들이 쏟아져 내려오고 있었다. 광활한 우주의 신비에 감탄하며 가로등 없는 자동차 산책로를 헤드라이트로 비추며 조심스럽게 관람했다. 여기저기 캠프장에 가족 단위로 캠프파이어를 하며 행복해 하는 모습을 뒤로 한 채 아내와 미국에서의 마지막 여행을 마무리했다.

이제 나는 일주일 후면 한국으로 돌아간다. 숨 가쁘게 앞만 보고 달려왔던 미국에서의 생활이 때로는 힘겹기도 했지만 자식들의 대학교육을 마무리해 주었다는 것에 큰 보람을 느꼈다. 그리고 지혜로운 삶의 방식을 배웠다. 남들이 쉽게 가져 보지 못한 귀한 시간들, 실패의 쓴맛을 통해 주저앉지 않았고 도전해 갈 수 있는 힘을 찾았다.

나는 분명 지금까지 살아오면서 풍요를 가진 자들만이 누릴 수 있는 특권도 맛보았다. 이러한 두 부류의 삶을 어떻게 잘 조화시켜 이 세상에 빛과 소금이 될 것인가를 고민해야 할 것이다.

"여호와는 그 얼굴을 네게로 향하여 두사 평강 주시기를 원하노라 할지니라하라." (민수기 6장 26절)

나의 조국, 영원한 안식처

2007년 9월 10일 새벽 6시, 드디어 꿈에 그리던 조국으로 돌아왔다. 그러나 나는 갈 곳이 없었다. 인천공항 대합실에서 이곳저곳에 연락을 해보았지만 형제들은 나와의 통화를 꺼려했다. 누구 하나 반겨주는 사람도 없었다. 공중전화에 매달려 갈 곳을 정해 보려 했지만 마땅히 갈 곳을 정하지 못한 채 3시간을 넘게 공항 대합실 벤치에 앉아 시름에 젖어 있었다.

어디로 가야 한단 말인가? 미국에서 귀국하기 전 형제들에게 3년 동안 비어 있는 어머니의 집이라도 들어가 살 수 있도록 전기나 수도 등을 점검해 달라 부탁을 했지만 귀국을 앞두고 한결같이 그들은 나의 전화를 피했다.

일단 리무진 버스를 탔다. 삼성동 도심공항행. 차창 밖으로 물 빠진 영종도 개펄이 스쳐 가고 멀리 조국의 푸르름이 다가왔다. 잘 만들어진 공항 고속도로 위로 리무진은 질주했다.

올림픽 대로를 접어들며 맑게 출렁이는 한강물이 시야에 들어왔다. 모든 것이 정겨운 옛 모습 그대로였다. 출근 시간이라서 교통체증이 말이 아니었다. 이렇게 좁은 땅에서 부대끼며 살아가는 우리 민족이 오히려 자랑스러웠다.

삼성동 공항터미널에 도착해 또 다시 1시간을 기다려 K실장이 보낸 직원에 의해 분당 F본사로 향했다. 그곳에서 투자 유치 문제 등 간단한 미팅을 마치고 대림동에서 스웨터 공장을 운영하는 Y사장을 만났다. 사업 관계 등 다시 한번 상의하기 위해 방문한 것이다.

여러 가지가 여의치 않고 회사 사정이 어렵게 돌아가고 있음을 직감하며 도와준다면 오더 등으로 만회할 수 있도록 하겠다며 간곡히 부탁을 했다. 하지만 기대는 하지 않는 것이 현명하리라는 생각을 하며 3일 금식을 작정하고 청평의 금식기도원으로 향했다. 한국에서의 첫 시작을 하나님께 기도드리기로 결정한 것이다. 그렇게 나의 생이 다시 시작되고 있었다.

"내 생애 다시 시작이다!"

밤늦게 도착해 4인 1실 룸에 여장을 풀고 23시 30분 예배에 참석해 한국에서 가야 할 길, 그리고 이루어야 할 계획들을 하나님께 간절히 기도드렸다. 누군가에 의해 나의 삶이 한순간 바뀌었을지라도 원망하기보다는 그를 위해 기도드리라는 목사님의 말씀이 지나온 나의 날들을 돌이켜 반추하며 용서하고 사랑하리란 마음을 갖게 했다. 그들을 도구로 나를 징계하므로 단련되고 새로운 삶을 살아가게 되니 오히려 그들에게 감사하라는 말씀이었다.

3일 동안 미국에 남아 있는 우리 가족들을 위해, 그리고 연로하신 어머님을 위해, 한국 땅에 다시 돌아온 형제를 반기기는커녕 전화조차도 받지 않는 형제들을 위해, 나와 관련해 호연이든 악연이든 앞으로는 좋은 인연들로 변화되는 하나님의 은혜를 바라는 기도를 드렸다.

3일 금식기도를 무사히 끝내고 친구 G사장을 대동하고 시흥 여동생 집에 기거하시는 어머니에게 간단히 인사를 드리고 키를 받아 어머니 댁으로 향했다.

약 3년여라는 세월을 비워둔 집이라서 주변의 나무와 풀들이 무성하게 자라 을씨년스러웠다. 오랫동안 사용하지 않아 먼지 덮인 이끼 낀 돌계단을 빗자루로 털어내며 늙으신 어머님 생각에 왈칵 울음이 터졌다. 어머니께서 집에 계셨다면 가꾸었을 집인데…. 어머니께서는 거동이 불편하셔서 이제 홀로 살림을 하실 수 있는 입장이 못 되셨다. 속히 좋은 모습으로 어머니의 여생을 편히 모셔야 할 텐데….

'어머니, 이 불효자식을 용서하십시오.'

무심한 형제들, 그들은 한결같이 어렵게 살아가고 있었다. 가문이 풍비박산이 되었지만 그 모든 것을 나에게 화살을 돌리고 원망의 세월을 보내고 있다. 건재했을 때 나에게 신세지고 빚진 형제들이 그러했고, 그것은 나에게 말할 수 없는 고통으로 다가왔다. 무엇이 잘못 되었을까? 사람이 한순간 잘못되었을지라도 이내 마음과 자세를 곧추세워 앞으로 전진할 생각을 해야 하는데, 그들은 영화로웠던 날들을 나로 인해 모든 것을 잃었노라고 원망하며 세상 사람들에게 하소연했다.

현관문을 열고 거실과 방문을 열어보았다. 오랫동안 사용하지 않아 케케묵은 냄새가 역겨웠다. 거실과 목욕탕, 그리고 모든 창문을 열고 바닥을 쓸었다. 바람이 불어와 시원하게 먼지를 날려 주었다. 수돗물이 나오질 않았다. 지하수를 퍼 올리는 모터가 작동되질 않았다. 난감했다.

목욕통 안에 물이 반쯤 차 있었지만 목욕통 바닥에 커다란 지네들이 죽어 수십 마리가 가라앉아 있었다. 몸에 작은 경련이 일었다. 울컥 토악질이 났다. 오래전에 받아 놓은 물이었지만 바닥으로 침전이 되어 걸

레를 빨 수 있을 만큼 비교적 깨끗했다. 다행히 전기는 끊기질 않았지만 미치광이가 된 처남이 난동을 피우며 어머니마저도 쫓아내고 몇 개월을 기거하던 집이라 생각하니 기분이 나빴다.

사실 이 집은 나와 형이 한창 사업이 잘 나갈 때 부모님께 다시 지어드린 집이다. 그만큼 애정 있는 집인데 처남이 난동을 부렸다 생각하니 괘씸한 마음이 들었다. 거실에 있던 대형 에어컨이 떼어져 사라지고, 골프채 등 돈이 될 만한 것이 몽땅 사라졌다. 이 상황에서 내가 할 말이 무엇일까? 참담했다.

형에게 전화를 걸었다. 수돗물과 모터에 관해 물었다. 퉁명스럽게 모른다며 전화를 끊었다. 어이가 없었다. 아직도 그들의 시간 속에서, 그들의 상상 속에서 세상을 살아가고 있는 내 형제들을 생각하니 눈물이 앞을 가렸다. 하나님 그들을 살펴주소서!

텅 비어 을씨년스런 어머니 집에서 뜬눈으로 지새웠다. 미국에 남아 고생하고 있을 아내를 생각하니 눈물이 또 앞을 가렸다. 딸아이와 아들 또한 얼마나 불안한 생활을 하고 있을까?

새벽녘 꿈에 하얀 마티스 종의 애견이 보였다. 그리고 이내 눈앞에서 사라졌다. 사방을 둘러 찾아보았으나 보이질 않았다. 애견은 어느새 내 옆에 앉아 사랑스러운 모습으로 꼬리를 흔들며 나의 손등에 입을 맞추고 있었다. 반갑다는 시늉으로 비비고 재롱을 떨었다. 다시는 자기 곁을 떠나지 말라는 뜻으로 생각되어 나는 떠나지 않겠다는 말로 위로하며 쓰다듬어 주었다. '개꿈인가?'

그렇게 3년여 동안 비어 둔 어머니 집에서 귀국 후 첫 밤을 보냈다. 다음날 영등포역 근처에서 평소 친분을 나누어 오던 W은행 지점장을 만났다. 우리는 점심을 먹으며 앞으로의 계획과 사업자금 건으로 상의를 했다. 우선 추석이나 지나고 검토해 보겠다고 했다.

그런 후 S사의 K사장을 만났다. 딸아이가 귀국을 하게 되면 준비된 옷이 없다 하니까 매장에서 얼마든지 골라 입으라고 했다. 감사했다. 미국 이민국과 약속이 되어 있기에 딸아이가 10월 초에 귀국을 해야만 하고 취업을 위해서는 정장 등 옷이 필요했지만 나에게는 가진 돈이 없었다. 미국에서 달랑 몇 백 불을 가지고 나온 것밖에는….

S사의 K사장을 만난 후 친구 P사장에게 전화를 걸었다. 오래전부터 알고 지냈던 비교적 가까운 친구였지만 몇 차례 전화했을 때와 같이 바쁘다고 했다. 그 친구는 추석이나 지나고 보자며 나와 만나는 자리를 피하는 눈치였다.

그 친구는 정말 가깝게 허물없이 지내던 친구였다. 그러나 지나간 추억일 뿐인가. 내가 돈을 빌려 달라고 손을 벌릴까봐 지레 겁을 먹고 있는 것일까? 하기야 형제들도 외면하는 세상인데 그들에게 섭섭하게 생각할 이유도 없는 것이 아닌가? 다들 어려워 힘들게 살아가고 있다는 것을 알고 있으니까.

독산동 D증권을 찾아갔다. 이미 모든 것을 백지 위임해 준 터라 아무것도 남아 있는 것이 없을 게 뻔했다. 그렇지만 나는 거래 관계 자료를 두고두고 교훈으로 삼기 위해서 출력을 부탁해 받아왔다. 위탁 잔고 0이라고 써져 있는 자료를….

증권사 직원들에게 위탁금을 맡긴다는 것은 '고양이에게 생선가게를 맡기는 격'이라는 것을 훗날 깨달았다. 주식도 자기 능력과 지식으로 할 수 없다면 절대 하지 말라고 사람들에게 그렇게 말해 주고 싶다. 예외는 있겠지만….

나는 약수동 교회를 찾아 예언 은사가 있는 사모에게서 안수기도를 부탁드리고 앞으로 전개될 사업의 비전을 말씀드렸다. 그곳에서 '믿음의 기업, 하나님의 기업을 예비하는 사업장, 그리고 선교의 사명'을 가지라는 말씀을 듣고 돌아왔다.

나는 신용불량자라서 그 흔한 핸드폰을 만들 수가 없었다. 누군가가 만들어 주겠다고 해서 기다렸는데 사람을 보내왔다. 그러나 딸아이의 통장번호와 주민등록번호를 달라고 해서 거절했다. 그리고 또 다른 누군가가 즉석에서 만들어 주겠다고 한 것마저도 거절했다. 형편이 어렵게 되니 자존심 상하는 일이 한둘이 아니었다. 그렇게 전화로 인해 며칠을 더 마음 상하는 일이 있었고 결국 당분간 핸드폰 없는 생활을 계속할 수밖에 없었다.

나는 어머니 집에 다시 돌아와 오랫동안 사용하지 않아 역겨운 냄새가 나는 냉장고 내부를 분해했다. 그리고 세면장으로 가지고 가 세제를 풀고 30분 동안 불려 솔로 문지르니 까맣게 묻어 있는 음식 찌꺼기와 기름이 말끔히 씻겨졌다. 밖으로 내다 햇볕으로 건조시키는 동안 냉장고 몸통을 닦아 윤이 나도록 만들었다. 그리고 건조된 내부 용기를 조립해 놓으니 어느새 새로 산 냉장고 같았다.

미국에 체류하는 동안 그곳에서 전자제품이나 의류 등을 재생시키거나 인터넷에 사진을 실어 광고하고 파는 모습을 보아왔다. 쓰기 힘들어 보이는 전자제품이나 가구들마저 거리에 내놓기가 무섭게 사라졌다. 좋게 표현하자면 재활용이고 나쁘게 표현하자면 그만큼 다인종이 어우러져 살아가는 생활이 빡빡해서 웬만한 가재도구는 재생시켜 사용하는 것이다.

미국의 서민생활은 우리나라 서민생활보다 더 여유가 없었다. 우리나라는 그나마 인정이라도 있으니 다행이지만 그곳은 비싼 렌트비 때문에 돈을 모을 수 있는 구조가 아니었다.

내일부터는 긴 추석 연휴가 시작되지만 딱히 갈 곳이 없었다. 그래서 미국에서 만난 쥬얼리 사장을 찾아갔다. 여 사장인 그녀는 월요일에는 가게에 남아 있으니 방문해도 좋다고 했다. 브랜드 상표등록 등 많은 대화를 나누었고, 그녀는 쥬얼리 상황이 좋지 않아 의류 아울렛으로 전환하기로 결정했다고 했다. 그리고 미국에서 만들어 온 심벌마크의 완성을 돕기 위해 친구를 소개해 주었다. 그 친구가 나를 알고 있다고 하면서 말이다.

그러면서 나의 형편을 알고 있는 그녀는 불쑥 봉투 하나를 내밀었다. 그러나 내가 받을 만한 처지도 아니어서 거절했지만 그녀는 반드시 일어서시길 바란다며 추석 명절이고 조그만 성의표시니 받아 달라며 주머니에 넣어 주었다. 감사했다. 내 어려운 처지를 알고 계신 하나님이 작은 것에서도 섬세하게 움직이신다는 생각을 하며 그녀에게 재차 감사인사를 하고 약수동 집회장소로 향했다.

3일 추석 연휴 동안 집회가 있으니 그곳에서 함께 기도드리자는 목사님의 권유가 있었고, 어머니 댁에 기거하며 성묘 등으로 방문하는 사람들을 피하기 위함이기도 했다.

딸도 이제 불과 10일 후면 한국에 도착한다. 서울에서 취업을 해야 하고 거처할 곳도 마땅치 않아 자금을 만들어 작은 오피스텔이라도 얻어야만 했다. 그래서 옛날 가구공장을 맡기고 운영하게 했던 상무를 만났다. 그는 나에게 큰 빚을 지고 있는 자였다. 사정 이야기를 해보았지만 자신도 힘들어 가정적으로도 문제가 있다며 난색을 표했다. 그리고 일주일 후 다시 만나기로 약속하고 나는 금요 철야 예배를 드리기 위해 약수동으로 향했다.

찬양 인도자는 내가 미국에서 꿈에 받은 찬송가로 찬양예배를 시작했다. 참 부르기도 편하고 은혜롭다는 칭찬을 받았다. 우리는 단체로 불가마에서 숙박을 했고, 다음날 토요일에 인덕원 아울렛에서 의류 매장을 운영하는 지인을 찾아가 그곳에서 전에 거래하던 사람들을 만나 의류에 관한 정보교환을 했다. 다들 어려운 상황에서도 꿋꿋이 살아가는 모습이 보기 좋았다.

토요일 철야기도회 때 갑자기 목사님이 새벽녘에 시편을 가지고 찬송가를 만들었다고 했다. 피아노 반주하는 딸에게 작곡을 시켜 완성했다는 찬송가로 찬양이 반복되었다. 어제 불렀던 나의 찬송가는 사라져 버리고…. 그곳에서 나는 또 다른 교훈을 받았다. 지혜롭게 나의 길을 가야만 한다는 메시지….

나는 예전에 교회를 다니고 하나님을 믿는 사람들은 한결같이 마음씨도 곱고 천사같이 죄도 안 지을 것이라는 생각으로 살아왔다. 그러나 본질적으로 교회라는 곳은 여러 사람들이 모여 함께 교제하고 친목을 나누는 집단일 수밖에 없었다. 그러다 보니 일반 사회인들보다 빈번한 교제를 통해 말을 많이 하게 되는데, 신앙생활 속에서도 남과 비교하게 되고 남의 이야기를 쉽게 하는 습관이 엿보였다. 그로 인해 오해가 발생하고 서로 반목하는 모습을 보아왔다. 그것은 신앙인으로서 잘못된 자세라는 생각을 해왔고 신앙인이 갖추어야 할 덕목이 무엇인가를 깨달아 가고 있는 중이었다.

나는 딸이 한국에 나오게 되면 함께 다닐 교회를 모색하고 있으나 이곳에서 신앙생활을 할 수 있을지는 아직 정할 수 없다고 단호히 목사님에게 말씀드렸다. 그것이 나의 진심이었고 신앙생활은 나와 딸 그리고 가족들의 마음 가는 곳에서 시작할 것이라는 것 또한 말씀을 드렸다.

그런 이유 때문일까? 나를 바라보는 목사님의 시선이 곱지 않다는 것을 느꼈다. 나만의 기우에 그쳤으면 좋겠다.

9월 마지막 일요일, 오후 2부까지 예배를 드리고 늦은 시간에 어머니 댁으로 돌아와 한 치 앞을 바라볼 수 없는 나의 미래를 위해 하나님께 간절한 기도를 드렸다.

> "아무것도 염려하지 말고 오직 모든 일에 기도와 간구로 너희 구할 것을 감사함으로 하나님께 아뢰라. 그리하면 모든 지각에 뛰어난 하나님의 평강이 그리스도 예수 안에서 너희 마음과 생각을 지키시리라." (빌립보서 4장 6~7절)

나약한 존재일 수밖에 없고, 젊은 시절 사업한답시고 교만 떨며 살아왔으니, 이제 나의 삶은 하나님 중심 속에서 변화되고 존재할 것이며 나의 모든 것을 하나님께 의지하고 사랑받는 자가 되기 위해 노력할 것이다.

나는 미국에서부터 계획하고 받아온 체험이 현실로 다가오고 있다는 것을 느끼고 있었다. 그러므로 요즈음 믿음이 흔들리고 있었던 자신을 발견하고 기도의 응답으로 만들어지고 있는 일련의 일들을 속히 마무리 지어야겠다는 생각을 했다. 책을 속히 출판하는 길만이 하나님이 예비하신 것을 내주시리라는 믿음으로….

중곡동을 방문했다. 이미 나는 두 곳의 회사를 통해 심벌마크를 완성시키기 위해 부탁을 해놓은 상태였다. 그 이유는 복수로 진행을 시켜서 그 중에서 완성도와 미적 감각이 뛰어난 것으로 선택하기 위해서였다.

만들어지고 있는 심벌마크 또한 하나님이 주신 특별한 것이기 때문에 나는 우리나라뿐만 아니라 세계로 뻗어나갈 귀하고 귀한 심벌을 만들고 있는 셈이었다. 미국에서보다 사이즈를 20%정도 줄여서 진행하도록 부탁을 하고 방이동에 있는 아웃도어 이사를 찾아갔다.

그곳은 중저가 아웃도어를 중국 생산해 전국 매장에서 팔고 있는 중견 브랜드 업체로 전국에 매장이 아울렛을 포함해 100여 개나 되는 꽤 규모 있는 회사였다. 중국 생산이 중국의 인건비 상승과 환율 등으로 생산기지로서의 활용도가 떨어져 고민을 하고 있다며, 투입된 기계를 중국 밖으로 내갈 수도 없고 베트남으로의 이전도 힘들다고 했다. 결국 고육지책으로 중국 내륙 지방으로 공장을 만들어 기계를 이전시키는 방법을 고려하고 있다고 했다. 중국의 메리트가 점점 사라지고 있다는 정보였다.

심벌 관계로 성수동을 방문했으나 사장은 부재중이었다. 전화 통화를 했는데 다리를 다쳐 병원에 입원 중이라서 다음 기회로 약속을 잡아달라고 양해를 구해왔다. 치료 잘 하시고 완쾌되신 다음 찾아오겠노라며 코엑스로 향했다.

서점에 들러 몇 권의 책을 사고 친구와 약속되어 있는 인터콘티넨탈 호텔 카페라운지로 향했다. 나로 인해 약간의 피해를 입고 있는 친구 L 사장은 낙천적인 면이 있어서 항상 기분 좋은 친구였다. 패션계가 돌아가는 상황과 제조 공장의 어려움 등 많은 대화를 하고 근사한 일식당에서 후한 저녁식사까지 사주었다. 현실은 친구에게 미안한 생각이 들지만 나 또한 낙천적이며 긍정적인 사람이니 그 친구의 환한 웃음을 바라볼 날이 멀지 않으리라 생각했다.

일산 백석역으로 향했다. 전 가구공장 책임자와 약속이 되어 있었다. 딸이 귀국하기 전에 전화와 컴퓨터 설치 등의 자금이 필요했다. 백석 역사 벤치에 앉아 30여 분을 기다려도 나타나지 않았다. 공중전화를 돌리려다 내려놓았다. 그 친구는 반드시 나타날 것이라는 믿음으로….

40분이 흘렀다. 그냥 돌아설까 망설이고 있는데 헐레벌떡 숨을 몰아 쉬며 그가 나타났다. 밖에서 만나기로 되어 있는 줄 알고 입구마다 뛰어다니며 찾았다고 했다. 와이셔츠는 물론 바지까지 땀에 흠뻑 젖어 측은한 생각이 들었다. 자기도 어려워 누군가에게 급히 차용했다며 100만 원짜리 수표 한 장을 내밀었다. 마음이 아팠다. 지나간 날을 모두 잊어버렸으니 나에게 큰 부담 갖지 말고 편히 살라며 돌아섰다.

순간 나약한 인간이기에 어쩔 수 없는지 지난날들의 기억이 폭풍우처럼 밀려와 나를 덮쳐 왔다. 순간 가슴이 뛰었다. '징계' 그것을 생각하는 순간 성경 시편이 떠올랐다.

"나의 걸음이 주의 길을 굳게 지키고 실족치 아니했나이다."

(시편 17장 5절)

그리고 그를 위해 감사기도를 드렸다. 하나님을 만나고부터 남을 위해 축복해 주는 기도가 내 자신에게 큰 변화로 다가왔고, 그것은 곧 삶의 충만한 기쁨으로 다가왔다.

내일 새벽 5년 2개월 만에 조국으로 돌아오는 딸을 위해 준비된 것이 아무것도 없었다. 인천공항으로 나가기 위해 오늘 서울로 올라가야만 했다.

일요일 아침 10시경, 친구에게 차를 대 달라고 부탁했으나 30분이 넘도록 나타나질 않았다. 11시 오전 예배시간에 늦을 것 같아서 걸어서 인근 C교회로 향했다.

2004년 1월, 한국에 잠깐 나왔을 당시 나는 한국에서의 첫 예배를 그곳에서 드렸다. 400여 명이었던 교인이 지금은 800명으로 늘었다고 하니 꽤 부흥되는 은혜가 넘치는 교회였다. 그러나 안타깝게도 그때의 목사님은 몇 개월 전 갑자기 하나님의 부르심을 받아 소천하시고 28세인 젊은 전도사인 그의 아들이 목회를 인도하고 있었다.

11시 예배가 시작되면서 찬양대에서는 아름다운 화음과 선율로 찬송가 8장으로 찬양을 드렸다. '목소리 높여서'라는 이 곡은 내가 미국에 체류할 당시 꿈속에서 강대상 앞에 홀로 빛을 받으며 서 계신 주님께 왕관을 씌워 드리며 "주님, 제가 찬송가 8장으로 주님께 영광 드리겠나이다" 하고 찬양드렸던 노래가 아니던가?

나는 어린 시절 2년여 동안 교회를 다녔고, 청년 시절 여의도 C교회를 6개월, 그리고 미국에서 2003년 5월부터 나름대로 교회를 꽤 다닌 셈이다. 그런데 웬일인지 찬송가 8장을 교회에서 찬양 드리는 모습을 전혀 보지 못했다. 고음이고 난이도가 높아서일 것이라는 생각을 해왔던 터에, 하나님께서는 친구와의 약속을 어긋나게 하시고 나에게 특별히 꿈속에서 주님께 바친 아름다운 찬양을 들려주시는 이유는 무엇일까? 분명 내 귓전에 찬양대의 소리는 천사들의 목소리였다. 이만큼 아름다운 찬양은 내 생애 결코 들어보지 못했으니까….

나는 가슴 벅찬 마음을 간직하고 발안으로 향하는 승용차를 얻어 타고 서울로 올라왔다.

"내가 찬송 받으실 여호와께 아뢰리니 내 원수들에게서 구원을 얻으리로다."

(사무엘하 22장 4절)

딸의 귀국

드디어 딸 영이가 귀국한다. 거처할 곳이 마땅치 않아 몇몇 형제들에게 당분간 거처할 수 있도록 부탁을 해보았지만 일언지하에 거절당하고 말았다. 세상도 형제도 무서웠다. 형과 함께 나는 상심한 마음으로 인천국제공항 입국게이트 앞에서 영이를 기다렸다.

잠시 후 나의 이런 마음과는 달리 딸아이는 아주 씩씩한 모습으로 나타났다. 먼저 어머니가 계신 신월동 동생 집으로 향했다. 인사드리겠노라고 이미 전화 연락을 취해 놓은 상태였다.

영이의 작은엄마는 싸늘한 표정으로 "왔니?" 달랑 한마디 남기고 달아나듯 외출을 해버렸다.

나는 집에 들어가지 않고 형의 승용차 조수석에 앉아 있는데 제수씨를 보았다. 내가 타고 있는 승용차 바로 뒤편에 주차된 그녀의 차량이 백미러로 선명히 보였다. 그녀는 나를 보았는지 고개를 푹 숙이고 차에 급히 오르더니 이내 시동을 걸고 쏜살같이 사라져 버리고 말았다. 지난날 모든 회사가 자기 남편의 힘에 의해 운영되는 양 부모 형제들에게 감언이설로 떠들고 다녔다.

동생과 상무에게 모든 일을 맡겨 놓고 밖으로 나돈 기억이 새로웠다. 지금 나는 그들에게서 철저한 배신의 교훈을 배우며 살아가고 있다.

딸아이는 이제 대학을 나온 어엿한 성인이다. 작은엄마로부터 받은 상처를 완충시킬 만한 지혜가 있을 것이지만 어린 시절 그들에게서 존중받았던 사장 형제의 딸은 어디에도 없었다.

기독교 신앙! 그녀는 오랜 세월 동안 신앙생활을 해온 사람이었다. 나에게 그녀는 기독교 신앙을 멀리하게 되는 동기부여를 한 사람 중 하나였다. 딱히 꼬집을 수는 없지만 나의 잣대로는 가늠할 수 없는 그 무엇이 존재했으니까.

딸의 주민등록증을 만들고 전화를 개통했다. 직장을 다니려면 지원서를 내야 하니 주민등록증이 먼저 필요하기 때문에 지체할 수 없었다. 아침 일찍 인터넷과 유선방송을 설치했다. 그리고 서울 가산디지털아울렛으로 향했다.

S사의 K사장을 방문해 딸을 인사시켰다. 일전에 부탁해 놓은 일이라 K사장은 딸아이를 반가워하며 숙녀복 매장으로 안내했다. 이미 직원들에게 지시해 놓았는지 직원은 친절하게 딸의 정장을 골라 주었다. 딸은 쓰리피스 2벌을 선택했고 그것으로 만족하는 눈치였다.

우선 면접 볼 때 입을 만한 정장이 생기게 해준 K사장이 가진 것 없는 나의 시름을 덜어 주셨다. 감사하다며 돌아섰지만 딸에게 아버지의 초라한 모습을 보이는 것 같아서 서글펐다. 아버지가 속히 일어서는 모습을 보여야겠다는 다짐을 했다.

정장을 수선 맡기고 구두를 샀다. 그런데 정장 안에 받쳐 입을 블라우스가 마땅치 않아 캐주얼 블라우스 한 벌을 샀다. 그곳에서 뜻밖에도 전 미래산업의 직원을 만나 저녁식사를 하고 우리는 다시 발안으로 내려왔다.

딸의 메일에 글로벌 컴퍼니에서 인터뷰 요청이 왔다. 딸이 미국 대사관에 한국으로 귀국했다는 서류를 국제 우편을 통해 보냈다. 기한까지 미국 영토를 떠나야 한다는 미 이민국과의 약속 이행을 하기 위해서였다. 딸은 아직 미국으로의 대학원 유학을 포기하지 않은 상태여서 우리 가족은 최선을 다해 합법적인 상황을 만들어 가는 것이었다.

수선한 옷을 찾아와 실밥을 털어 내는 과정에서 수선 불량으로 재킷, 치마, 바지 모두 밑단이 풀렸다. 하나님은 이러한 작은 일조차도 나에게 가르침을 주시는 것 같았다. 다시 사업을 할 때는 실수하지 말고 제대로 하라는 가르침인 같아서 밑단 풀린 수선이 오히려 짜증보다는 감사하게 여겨졌다.

나는 자전거를 타고 읍내에 나가 실과 바늘을 사왔다. 그리고 풀어진 스커트와 바지 밑단을 조심스럽게 꿰매고 정성껏 다림질을 해 옷걸이에 걸어 놓았다.

딸이 오전 10시에 면접이 있는 날이다. 아침 일찍 서둘렀다. 장소는 양재동이었다. 면접을 보러 간 딸을 기다리는 사이 전에 우리 가족이 살던 지역을 돌아보았다. 우리 가족이 단란했던 시절과 함께 지나간 날들이 떠올랐다. 행복했던 그 시절을 다시 찾기 위해 나는 얼마나 많은 노력을 기울여야 하는 걸까?

조금 후 딸아이가 면접 보고 나왔는데 합격이라고 하면서 11월 2일부터 출근이라고 했다. 딸은 글로벌 회사이니만큼 영어로 진행되는 업무와 보스턴 미국 본사와의 메일 업무 등을 진행하는 부서이니 해볼 만하다고 했다.

코엑스에서 좋지 않은 감정이 있는 친구를 만났다. 그가 어려운 상태가 되어 있음을 바라보며 연민의 정을 느꼈다. 지나간 일을 모두 용서하기로 한 이상 그와 적대감을 가질 이유는 없었다. 그와 함께 식사를 하고 캐릭터 등의 문제로 그가 소개하는 회사에 도착해 대화를 나누었다.

딸과 함께 금천구에서 공장을 운영하고 있는 Y사장을 만났다. 나와 지인 관계인 Y사장은 우리를 반겨 주었다. 브랜드가 시작되거나 연결되는 업무를 기꺼이 도와주겠다고 했다. 그런 후 F코리아를 방문했다. L사장과 업무적인 대화를 했다. 많은 어려움이 있고 한국 의류 시장이 좋지 않아 공장들도 고전하고 있다는 소식이었다. 어떠한 형태로든 도와주겠다며 좋은 방법을 찾아보기로 했다.

천호동 쥬얼리 회사를 방문했다. 미국에서 알게 된 여사장은 우리를 반겨 주었고, 딸에게 신입사원이 갖추어야 할 덕목 등 사회 선배로서 많은 이야기를 들려주었다. 그때 딸이 면접 본 회사에서 앞당겨 출근해 달라는 전화가 왔다. 여러 곳에 면접 일자가 잡혀 있었지만 우선 출근하는 것으로 결정하고 우리는 발안으로 내려왔다.

수돗물은 연결되어 가동되지만 아직도 녹물이 나와 딸이 세면하기를 꺼려했다. 더군다나 보일러 가동이 되지 않는 곳에서 달랑 전기장판 하나로 견디기에는 힘겨워 보였다. 감기가 걸려 기침을 하는 딸이 안쓰러웠다. 환경이 바뀌어서인지 얼굴에 여드름 같은 것이 나고 속내는 드러내지 않지만 많이 힘들어 한다는 것을 느꼈다.

아버지의 좌절감, 없는 자의 슬픔! 힘들지만 딸과 함께하는 시간이 행복했다. 딸이 또한 평생 아버지 손으로 음식을 해준 적 없는 터라 요즈음 밥을 짓고 계란 프라이 등 살림을 곧잘 하는 아버지를 바라보며 신기해하는 모습이었다. 설거지는 물론 그때그때 해치워야 하는 성격이니 더욱 신기하리라. 그렇게 추운 집에서 우리 부녀는 서로를 마음속으로 위로하며 격려하고 있었다. 지금의 작은 고통이 훗날 큰 교훈으로 남아 사랑과 평화가 가득한 가정으로 살아가리라.

형에게 전화를 했다. 친구에게 부탁해 신림동에 옥탑방을 만들어 주기로 했단다. 딸의 거처가 만들어지고 있다는 것에 마음이 놓였다. 입주할 수 있는 날짜는 2주 후였다.

동대문 두타로 향했다. 딸은 그곳에 가면 값싸고 좋은 옷을 살 수 있다고 했다. 출근 준비를 하기 위해 몇 점의 옷을 사야만 했기 때문이다. 벨트, 폴로티, 반코트, 사무실에서 신을 구두 등 한보따리를 사도 20만 원대밖에 안 되었다. 디자인도 품질도 꽤 만족할 만했다. 전에는 쳐다보지도 않던 시장 옷이었는데 우리나라 의류도 꽤 많이 발전했구나 하는 마음에 뿌듯했다.

하지만 넘쳐 나는 상품이 소비자에게는 선택의 폭이 넓어 좋겠지만 상인들은 살아남기 위해 힘겨운 경쟁을 해야만 하니 과연 얼마나 많은 상인이 흑자 경영을 할까 걱정도 되었다. 자본주의 국가에서 생존을 위해 자유경쟁을 한다지만 과다경쟁으로 출혈을 하게 될 것이고, 그로 인해 도태되는 업체가 얼마나 많을까? 수요를 감안한 적정 쇼핑몰만을 허가하고 상인이나 소비자가 함께 만족하는 그러한 시스템이 필요하지 않을까?

나는 오래전 사업 초기에 우리나라 은행과 증권회사들의 과당경쟁으로 폐해가 있을 것이라고 일찌감치 예견을 했었다. 나의 생각이 일치한 것이다.

나의 사업장 부근에 몇 개 안 되는 은행이 1988년을 기점으로 우후죽순처럼 은행과 증권회사가 거리와 관계없이 생겨나기 시작했다. 분명 과당경쟁이었다. 그들은 막대한 자금을 동원해 건물 임대료를 올려놓았고, 부동산 가격을 폭등하게 만든 또 다른 장본인들이었다. 결국 IMF 라는 국가 부도 상태에서 돌이킬 수 없는 통합 또는 해체되는 아픔을 겪지 않았던가?

700만~800만 명의 신용불량자가 양산된 그 이면에는 정책적으로 통계되어 적정 수요를 예측해 내고 허가를 담당하고 있는 구청이나 세무서 등 관계기관의 지역적 · 광역적인 시스템이 가동되지 않았기 때문에 빚어진 결과라고 본다. 은행 또한 경쟁적으로 부실대출과 카드발급 남발로 인해 스스로 부실을 초래하는 것은 물론 신용불량자를 양산하는 데에 혁혁한 공을 세운 기관이라 생각한다. 우리는 아직도 공공 부분에서 선진적인 시스템과 인프라가 부족한 것은 아닐까?

딸과 함께 사전에 약속되었던 F사의 Y회장을 방문했다. Y회장 그분은 나와 같은 경기 화성 동향이기도 했지만 태생적으로 엄청난 열정과 에너지를 가지고 있는 분이다. 불량품 제로의 기치를 내걸어 공장들마다 경쟁을 유도해 마진의 차등을 두었고, 이미 90년 중반 여성 골퍼들의 불모지나 다름없었던 우리나라에 LPGA GOLF 대회를 개최해 요즈음 세계를 주름잡는 우리나라 여성 골퍼의 토양을 만들어 준 장본인이기도 하다.

또한 운동화 원피를 국산화해 오늘날 전 세계에서 만들어지는 F사의 운동화 원피는 모두가 한국산이다. "새우가 고래를 삼키다"라는 신화의 주인공이기도 한 그는 F사의 이태리 본사를 미국 자본 등 4,000억 원의 자금을 만들어 우여곡절 끝에 사들여 한국의 글로벌 브랜드로 만들어 놓았고, 전 세계 70여 개국에서 연간 400억 원의 로열티를 받는 중견기업 대열에 올려놓았다. 나는 정의와 애국의 정신을 바탕으로 기업을 운영하는 그분의 많은 애정 어린 관심에 부응하지 못하고 역동적인 그 시절 그 대열에서 잠시 이탈해 아웃사이더가 되어 있다는 것이 못내 아쉽기만 했다.

오래간만에 다시 뵙는 Y회장께서는 건강한 모습으로 우리를 반갑게 맞이해 주셨다. 어떠한 방법으로든 도와줄 수 있도록 사장에게 지시했다고 하며 다시 한 번 재기해 보라며 격려해 주었다.

돌아서 나오는 길에 L사장을 만났다. 업무적으로 많은 사람들이 L사장과의 미팅을 위해 기다리고 있었다. 우리 부녀는 간단히 인사드리고 며칠 후 저녁 식사를 약속하고 돌아왔다.

노량진에서 고시원을 운영하고 있는 은행 지점장 출신 친구인 W를 찾아갔다. 공무원 등 시험 준비하는 젊은이들이 많아 고시원은 항상 만원이라고 했다. 비교적 안정된 수입을 올리고 있는 것 같아 기분이 좋았다. 평소에 주변 사람들이 잘되면 축복해 줘야 하고 어려울 때는 위로하고 격려해 주며 살아야 한다고 생각했던 나였기에 열심히 살아가는 친구의 모습이 진심으로 감사했다. 그는 우리 부녀에게 극진하게 저녁을 대접해 주었다.

딸은 두 곳에서 더 면접 보았다. 강남역 부근과 청담동 외국계 회사였는데 두 곳 모두 출근하라는 연락이 왔다. 하지만 내일부터 출근하기로 약속된 회사가 있어 아직 결정을 하지 못하고 행복한 고민을 하고 있었다.

투자금융회사에서는 적극적으로 나섰다. 인사부장은 직접 아버지와 통화하고 싶다며 재원으로 따님을 잘 키우셨다고 칭찬을 아끼지 않았다. 나는 아직 딸이 사회 초년생이니까 좀 더 신중하게 생각하고 연락드리겠다며 시간을 달라고 했다.

오늘 하나님께서 또 하나 나에게 가르침을 주셨다. 내 자식이기 전에 대한민국의 젊은 인재를 키우기 위해 온갖 오명과 설움을 뒤로 미루고 남의 땅에서 투쟁해 왔던 날들이 결코 헛되지 않았음을. 그리고 인재 발굴에 최선을 다하는 그들 기업의 모습에서 성공한 기업은 확실히 다르다는 것을 느꼈다. 미국식 교육에서 오는 당당함과 언어능력에서 좋은 평가를 받았을 것이다.

딸이 성장할 때부터 영재교육을 시키자는 등 우리 형제들은 딸에게 각별한 모습을 보였다. 그러나 지금의 그들은 한결같이 딸을 외면했고 작은 상처를 안겨 주었다. 인간적인 비애를 어찌 잊을 수 있단 말인가? 이 모든 것이 하나님께서 주시는 소중한 선물이라 생각했다. 아빠가 미국 땅에서 힘들어 할 때 딸이 보내준 성경구절을 떠올려 보았다(미국 FATHER'S DAY 엽서와 함께 보내준 구절).

> "사람이 감당할 시험밖에는 너희에게 당한 것이 없나니 오직 하나님은 미쁘사 너희가 감당치 못할 시험 당함을 허락지 아니하시고 시험당할 즈음에 또한 피할 길을 내사 너희로 능히 감당하게 하시느니라."
>
> (고린도전서 10장 13절)

양재동 부근에 있는 외국계 글로벌 회사에 다니기로 결정하고 딸이 첫 출근을 했다. S사 K사장께서 선물해 준 정장을 입고 씩씩하게 출근하는 딸의 모습을 바라보며 눈물이 흘렀다.

어린 아이로만 생각했던 딸이 어느새 어엿하게 성장해 제법 숙녀티가 났다. 딸은 미국의 아이비리그 대학원을 갈 수 있는 실력인데 아직 나이도 있고 하니까 아버지를 위해 몇 년만 사회 경험을 하며 도와 달라고 사정을 했다. 기꺼이 아버지의 말을 따랐고, 그러한 딸을 위해 나는 또다시 딸이 꿈을 이어갈 수 있도록 최선을 다할 것이다.

나는 딸을 출근시키고 압구정동에 위치한 광고 회사를 방문했다. 심벌마크와 브랜드 네임을 주고 광고 컨셉을 다양하게 연구해 달라는 부탁을 했다. 그런 후 딸이 거처할 수 있을 만한 오피스텔을 찾기 위해 과천으로 향했다. 힘없는 가장의 비애, 많이 힘들었다. 그러나 가족들을 위해 나는 반드시 가장의 역할을 훌륭하게 수행해 내야만 한다.

일전에 딸이 면접 보았던 투자금융 회사에서 인사부장이 전화를 걸어왔다. 임원들께서 영이를 출근시킬 수 있는 모든 방법을 동원하라는 지시도 있었으니 도와 달라는 전화였다. 결국 영이와 상의해 11월 1일부터 출근하기로 결정했다.

딸이 퇴근을 하고 우리는 2시간씩이나 가야 하는 발안으로 향했다. 난방도 안 되는 차가운 집에서 끼니도 제대로 해결할 수 없는 상황이었고, 더군다나 2시간을 넘는 출퇴근길을 어떻게 해결할 것인가? K실장이 돕기 위해 최선을 다하고 있고 형에 의해서 신림동에 임시로 옥탑방을 꾸미고는 있지만 가진 것 없어 아무것도 해줄 수 없는 나의 마음은 천 갈래 만 갈래 찢어지고 있었다.

아들 찬이 선배의 어머니께서 딸아이의 안타까운 소식을 듣고 540만 원을 송금해 주었다. 조건 없이 쓰라며 보내준 것이다. 감사했다. 수원 영통 지역이면 서울과의 교통편도 괜찮고 보증금 500만 원에 월 40만 원 정도의 월세방 정도는 구할 수 있을 것이라고 하면서 40만 원은 첫 달 월세라며 보내주신 것이다. 어떻게 보답을 해야 할지…. 그분이 여유가 많아서 도와주는 것이 아닐 것이다.

영이와 함께 영통으로 향했다. 그곳에서 마음에 드는 오피스텔을 얻기로 하고 계약금 10만 원을 걸었다. 딸이 투자금융회사에 출근하기 전날, 우선 방문해 상견례를 하자는 요청이 왔다. 약 1시간 정도 상견례를 끝내고 우리는 역삼동 테헤란로에 위치한 특허청으로 향했다. 브랜드 등록을 하기 위해서는 유사상표등록 여부를 열람해야만 했다.

테헤란로 대로변에서 만나고 싶지 않은 먼 친척 형을 만났다. 서로가 당황했지만 우리는 간단하게 인사를 나누고 특허청에 들러 상표등록에 관한 안내를 받고 컴퓨터를 이용해 등록 여부를 확인한 결과, 미국에 등록 시켜 놓은 우리들의 브랜드는 아무런 문제없이 등록이 될 것이라는 확인을 하고 돌아왔다. 이제 우리 부녀가 조국에서 새롭게 우리들의 미래의 꿈을 담대하게 펼쳐 나갈 것이다.

지금까지 우리 가족을 인도하시고 우리에게 꿈을 심어 주신 하나님께 감사를 드린다. 꿈을 통해 보여 주신 많은 비전들이 어떠한 형태로 이루어질지 나는 아무것도 모른다. 단지 굳은 믿음으로 달려 나갈 뿐이다. 그날은 속히, 그리고 반드시 이루어질 것이다. 그것이 나에게 주어진 사명을 다할 수 있는 유일한 방법이니까.

딸과 함께 세종로에 위치한 미국대사관에 예약 방문하는 날이었다. 입국에 관한 서류를 준비해 사인을 받았다.

오후에 나는 중곡동 컴퓨터 자수공장으로 향했다. 완성된 심벌이 미흡했지만 사장에게 감사를 표하고 디스켓과 더불어 찾아왔다.

성수동 공장에 진행 상황을 체크하고 미국의 아내와 아들, 그리고 몇몇 지인들과 통화를 했다. 영이의 퇴근길에 분당 F본사를 방문해 K실장을 만나 저녁 식사를 함께 했다. K실장은 식사를 하면서 딸이 출근 등 힘들어하는 우리 부녀의 말을 듣고 눈시울이 붉어졌다. 남의 일 같지 않다며 가족이 똘똘 뭉쳐 힘들게 유학을 마무리할 수 있도록 최선을 다하는 모습을 지켜보았던 K실장은 누구보다도 우리 가족의 근황을 잘 알고 있었다.

유학까지 다녀온 재원인데 그리고 이 사회에서 왕성하게 활동해야 할 인재인데 어떻게 두 시간이 넘는 길을 출퇴근 할 수 있느냐며, 더군다나 보일러도 가동되지 않는 추운 곳에서 어떻게 생활하냐고 걱정해 주었다. 그러면서 당장 자기 어머니 집으로 옮겨 겨울을 날 수 있도록 하자며 발안으로 독촉해 내려갔다.

밤늦은 시간 발안에 도착해 영이는 옷가방을 챙겨 아빠만 홀로 추운 집에 남겨 놓고 간다는 미안한 표정을 지으며 슬픔 가득한 모습으로 손을 흔들며 분당으로 향했다.

어머니 또한 이런 심정이셨을까? 우리 형제들은 아버지가 돌아가신 후 어머니가 홀로 집에 계실 때 주말이면 수시로 드나들며 밤늦게 아무렇지 않은 양 어머니와 손을 흔들어 작별을 하곤 했다.

문득 예전에 어머니의 심정이 헤아려지면서 마음 한쪽이 아려왔다. 딸이 분당으로 떠나가고 따뜻한 아파트에서 아침마다 습관처럼 해왔던 샤워를 마음껏 할 수 있다는 생각에 K실장 어머니께 신세진다는 부끄러움보다는 고맙고 마음이 놓였다.

다음날 나는 원단과 의류시장 동향을 조사하기 위해 동대문을 방문했다. 한나절을 걸어 다니며 쇼핑한 것이 무리였을까? 식당에서 식사를 마치고 돌아 나오는 길에 그만 허리가 무너져 내리는 통증을 느껴 주저앉고 말았다. 미국에서 나는 거의 온종일 서서 근무를 했다. 성격상 직장생활만큼은 최선을 다하다 보니 조금은 무리를 해왔던 것이다.

어느 날 이탈리아에서 도착한 원단을 2층까지 옮기는 과정에서 허리를 겹질린 적이 있었다. 그때 아파서 괴로워하는 나의 모습을 J사장의 어머니와 사무실에서 경리 역할을 하는 T가 목격했다. 그들에게 파스라도 사오라고 부탁했지만 그들은 무표정으로 일관했고, 결국 나는 퇴근을 해서야 파스와 약을 살 수 있었다. 그만큼 마음이 메말라 있는 그곳에서 정신적 · 육체적 고통을 받으며 살았다. 이 또한 하나님께서 나에게 광야를 맛보게 하시려는 뜻이 계실 것이라는 믿음으로 인내하며 살아왔다.

그때의 기억이 겹쳐지면서 허리가 더욱 아파왔다. 이마에서는 식은 땀이 흘렀다. 그리고 조심스레 발안으로 돌아왔다. 지친 몸과 마음을 온도를 높인 전기장판 위에 의탁하고 꿈속으로 향했다. 나의 서러운 날의 끝은 어디쯤일까?

> "오직 여호와를 앙망하는 자는 새 힘을 얻으리니 독수리의 날개 치며 올라감 같을 것이요 달음박질하여도 곤비치 아니하겠고 걸어가도 피곤치 아니하리로다." (이사야 40장 31절)

문득 떠오르는 성경 구절을 읊으며 나는 이제 지금껏 걸어온 5년여의 세월 동안 죽음을 넘나드는 마음의 상처를 안고 땀과 인내가 범벅이 된 험난하고 긴 여정을 털고 일어나야만 한다고 다짐했다. 그리하여 우리 가족의 안식처를 만들어 주고 사랑하는 가족들과 함께 하나님께 사랑 받는 자가 되기 위해 믿음으로 준비해 온 우리들의 길을 향해 지체 없이 달려 나갈 것이다.

아내의 귀국

미국에서 4년이 넘도록 근무했던 아내가 회사생활을 끝내고 귀국한다. J는 내가 떠나온 후 체계적인 운영을 접고, 과거로 회귀해 주먹구구식으로 운영을 해왔다고 한다. 직원들이 열심히 근무해 회사가 성장하고 그만큼의 수입을 도출해 낸다는 생각보다는 근무자들에게 일자리를 만들어 주고 그들을 구원해 주는 구세주로 착각하고 있는 그녀의 병 때문일 것이다. 상상도 할 수 없는 그녀만의 세계를 나는 2년이 넘는 세월 동안 목격해 왔기 때문에 이상할 것도 없었다.

애초에 아내는 2006년 6월 신학대학을 졸업했다. 교회를 통해 봉사와 선교의 뜻을 가지고 내친김에 대학원까지 졸업한 후 귀국한다는 계획을 가지고 있었다. 2008년 6월 졸업할 때까지 미국에 남아 있어야 할 이유가 있었지만 내가 떠나온 이후부터 웬일인지 오더가 급속히 줄어들었고, 급기야 조업을 단축하는 사태까지 발생했다고 한다.

연례적으로 진행되는 뉴욕 웨딩쇼에 출품하기 위해 밤늦도록 샘플을 만들어 왔다고 한다. 전부터 나는 그녀에게 사장이란 종업원들의 최소한의 생계를 책임지는 의무를 가져야 한다고 말해 주었다. 그런데 J

는 온갖 얄팍한 방법을 동원해 시급을 아끼기 위해 쇼가 진행되는 동안의 급여를 또다시 지급하지 않았다고 한다. 급기야 그녀는 항의하는 아내와 모든 직원들에게 해고 통보를 하고 공장 문을 닫아 버렸다. 급격히 줄어드는 오더 문제 등을 고려한 탁월한 선택이라고 통쾌해 하겠지만 그것은 그녀를 패망의 늪으로 빠져들게 한다는 것을 모르는 단순한 사람이었다.

얼마간 문을 닫았다가 급여가 낮은 신입사원을 쓰겠지만 LA바닥에 쓸 만한 기술자는 없다. 고도의 테크닉과 고급 바느질을 요구하는 웨딩드레스 특성상 까다로운 백인 소비자들이 그리 만만치가 않다는 것을 나는 익히 알고 있다. 이미 그것은 그녀 운명의 몫이 되었으니 우리가 신경 쓸 일은 아니었다. 또한 종업원들 가정사의 어려운 사정이나 계획은 그녀에겐 전혀 안중에도 없을 것이니 피장파장 아닌가? 서로의 인생을 살아가면 그만이니까.

아내에게 더 이상 어떤 미련도 가지지 말자며 11월 25일 귀국 항공티켓을 끊었다. 아내의 여권이 정상적으로 나오지 않았다. 나 역시 만기 기간이 지나 3일짜리 여행증명서를 만들어 왔기 때문에 아내 또한 그리하면 될 것이라 생각했다.

아이들의 부족한 학비를 대기 위해 소액의 계를 들었고, 그것을 마무리하기 위해 아내가 2008년 6월까지는 미국에 남아 있어야만 했던 또 다른 우리의 사정이 갑자기 급박하게 진행되고 있다는 생각에 우리는 당황했다. 아내는 집에 있는 전기, 전자제품, 집기, 의류 등 모든 것을 인터넷에 올려 판매하기 시작했고, 대충 곗돈 등을 정리해 LA영사관을 통해 단기여행증명서를 발급받았다.

드디어 아내가 입국하는 날 새벽 6시 20분, 아내가 입국장 게이트에 모습을 나타냈다. 반갑게 다가서는 우리에게 아내는 강남경찰서에서 나온 수사관이 뒤따르고 있다며 나에게 어서 짐 가지고 떠나라고 했다. 수사관이 나에게 신분증을 내보이며 "말씀 안 드려도 아시지요?" 하며 아내와 함께 공항수사대로 사라졌다.

눈앞이 캄캄했다. 어찌 아내가 이러한 험한 꼴을 당해야 하는가? 딸이 당황하며 엄마가 어떻게 되는지를 따져 물었다. 할 말이 없다. 딸을 위로하고 있지만 어찌 풀어야 할지 갈피를 잡을 수가 없었다.

책을 출판하고, 법인을 설립하고, 투자받아 회사를 세우고, 조직을 가동시켜 놓은 다음 법적인 문제들을 풀어가려 했던 나의 계획이 산산조각 나는 순간이었다. 문제가 있다면 나에게 있어야 하는 것 아닌가? 미국을 몇 차례나 다녀오면서도 출입국에 아무런 문제가 없었는데, 그렇다면 누가 나를 보호해 주고 있다는 말인가?

아내가 이렇게 된 것은 아내와 가장 가깝게 지내오던 지인들이 출입국 금지를 만든 것이다. 20여 년 동안 친자매보다 더 친하게 지내오던 그들이, 아니 그만큼 함께 오랜 세월을 터놓고 지내왔다면서 어떻게 이럴 수 있단 말인가.

단지 10일 일정의 여행을 모르지 않았을 그들이었건만 단 한 번쯤 빈손으로 어처구니없는 신세가 되어 돌아올 수 없었던 우리의 입장을 이해해 보려는 생각은 해보았는지….

하루아침에 남의 나라에서 알거지가 된 것이 부끄럽고 자존심 상하는 우리의 입장보다는 왜 연락 안했느냐? 얼마나 가지고 도망갔느냐? 그것도 모자라 아이들까지 동원해 딸아이의 싸이월드 주소까지 추적한 후 방명록에 저주의 글을 올려놓았던 그들이 아닌가?

죄인인 나는 그들의 아이들에게 언젠가는 당시 어쩔 수 없었던 우리의 입장을 설명해 주고 이해를 구할 것이라며 아이들에게 그들을 이해하라며 일러둔 적이 있었다. 그들이 생각한 것만큼 나는 비굴한 행동을 했다고 생각하지 않았기 때문에 세월이 흐르면 그들이 우리의 당시 처지를 이해할 수 있을 것이라는 믿음을 가지고 있었다. 우리 가족이 일어서야 할 이유가 이런 것은 아닐까?

자매처럼 지내왔던 그들이 아내의 출입국 금지를 만들어 긴급체포되도록 만들어 놓다니 믿을 수가 없었다. 돈이 더럽고 추악한 물질이라는 것을 또 한번 절실히 느끼게 했다. 불과 몇 천만 원에….

사람들은 왜 이렇게 돈을 향해 날뛰는지 모르겠다. 물론 돈이 우리에게 없어서는 안 되는 절대적인 것이지만 사람들의 희비를 교차하게 하고 돈의 노예가 된다면 무슨 소용이 있단 말인가. 돈이 곧 인격이라는 말은 돈 없으면 초라하고 무시받기 때문일 것이다.

나는 아내의 지인들에게 전화를 걸었다. 우리의 입장을 이해하는 사람이 있는가 하면 아내의 처지를 비웃으며 통쾌하니 어서 보고 싶다는 사람도 있었다. 진실이 아닐 것이라는 생각에 그들을 이해하기로 했다. 미운 정, 고운 정 다 들었을 그들에게 나는 전화로 정중히 도와 달라고 부탁을 했다. 그리고 하나님께 매달렸다.

사람들은 각자의 환경에 따라 고만고만한 시각으로 사고하고 판단하며 살아가고 있다는 사실을 깨닫게 되었다. XX의 여사장과도 관련해 스캔들을 만들어 눈덩이처럼 세상에 부풀렸던 사람들, 전혀 가치 없는 소문이라 생각했었는데, 절대로 책임지지 못할 말은 함부로 하는 것이 아닌데….

"하나님! 불쌍한 저의 아내가 못난 가장으로 인해 여린 여인네 몸으로 경찰서 유치장에 수갑 차고 들어가 있습니다. 하나님께서는 저희 부부가 비굴하지 않았음을 아시지 않습니까? 사람들은 믿질 못해도 하나님은 아시지 않습니까? 속히 아내를 풀어 주시옵소서!"

간절히 기도로서 매달린 덕분일까? 다음날 경찰 조사를 마친 아내와 조우해 신림동 옥탑방으로 돌아올 수 있었다.

> "우리에게 많고 심한 고난을 보이신 주께서 우리를 다시 살리시며 땅 깊은 곳에서 다시 이끌어 올리시리이다." (시편 71장 20절)

반가운 손님

미국에서 반가운 손님이 오셨다. 바로 쟌킴 사장님이다. 쟌킴 사장님은 베트남에서 꽤 활발하게 의류사업을 하는 미스터 풍이라는 사람과 같이 방문했다.

미스터 풍은 미국에 진출해 2년 동안 약 200만 불의 적자를 내고 미국 시장에서 철수했고, 한국 시장에 관심을 가지고 투자 등 시장조사를 위해 방문한 것이라고 했다. 미스터 풍은 12월 중순 베트남에서 패션쇼가 계획되어 있으니 방문해 달라고 정중히 초청을 했다. 항공료 등 체류 비용 일체를 제공하겠다는 조건이었다.

그러나 나는 아직 법적으로 풀어야 할 문제들이 남아 있고, 여권 발급을 받을 수 없는 상황이라서 다음 기회에 방문하겠다며 정중히 거절했다. 쟌킴 사장님은 크게 여유는 없지만 나에게 5억 원을 투자해 주기로 한 분이다. 나를 응원해 주시기 위해 이렇게 한국에 나오신 것이다.

쟌킴 사장님은 한국에서 유명세를 타고 있는 J디자이너를 소개시켜 주었다. 그는 우리를 반갑게 맞이해 주었고, 나에게 호감을 가지고 있었다. 도와줄 수 있는 길이 있을 것이니 나에게 사업계획서를 만들어 다시 한 번 만나자는 제의를 해왔다. 그 역시 IMF 이후 한때 어려운 생활을 했고 그것을 극복하고 지금은 사옥도 가지고 있고 꽤 안정적으로 사업을 운영하고 있으며 방송, 언론, 학교 등에서 꽤 유명세를 타고 있었다.

그와 헤어지고 F코리아 사장과 가깝게 지내던 옛 동료 사장들과 함께 일식으로 저녁 식사를 했다. 한국의 의류시장 상황이 안 좋으니 어떤 방법으로 도와주는 것이 현명할 것인지 방법을 연구하기로 하고 우리는 헤어졌다.

많은 공장들이 오더 등 채산성의 문제점으로 힘겨운 운영을 해가고 있다는 것이다. 현실적으로 나는 브랜드 런칭을 당장 할 수 있는 구조가 아니기 때문에 당분간은 적정 수입 구조를 만들어 내야만 한다.

쟌킴 사장은 미국 시민권자인데 한국 출장길에 10년 전의 일로 출국 중에 경찰서에서 조사받고 몇 천만 원의 벌금을 물고 다시 미국에 올 수가 있었다고 했다. 나에게 한국을 방문할 기회가 있을 때 신중하게 대처하라는 메시지를 주기도 했다. 리틀 도쿄에서 일식을 사주며 미국에 와 생활하면서 눈물 젖은 빵을 맛보았다며 격려를 해주셨던 분이다. 수많은 날을 아침도 굶고 출근해 배고픔을 고구마 한 개로 허기를 달랬지만 남들 눈에는 간식으로 보이도록 위장하면서 말이다.

그분은 나에게 이국땅에서 많은 의지가 되어 주었던 참으로 고마운 분이다. 뿐만 아니라 지금까지 아무런 대가 없이 브랜드 심벌마크와 샘플까지 만들어 주었다. 적어도 몇 천불은 투자되어야 하는 금액을 말이다.

또 한번은 한국의 항만과 공항의 경제인 출입국이 강화되어서 조그마한 문제점이라도 노출되어 법적으로 자유롭지 못한 사람들은 가급적 법적으로 자유로운 신분을 만들어야만 출입국할 수 있음을 알려 주었다. 그러면서 나에게도 결과적으로는 어떤 일이 있을지 모르니 당분간 한국 입국을 포기하는 것이 좋을 것이라며 걱정해 주었다.

그때 나는 몸과 마음이 자유롭지 않은 신분으로 많은 사람들이 계획적으로 막대한 자금을 빼돌려 놓고 미국에 남아 있다고 나에 대해 오해를 하고 있었다. 아니 악의적으로 누명을 씌운 자들이 있어서 비록 세상 사람들에게 외면받고 있었지만 떠나올 때도 그러했듯이 돌아갈 때에도 당당한 모습으로 돌아갈 것이라며 다짐한 적이 있었다. 사실 나에게는 두려울 것이 없기 때문이다.

> "오 형제여, 나로 주 안에서 너를 인하여 기쁨을 얻게 하고 내 마음이 그리스도 안에서 평안하게 하라." (빌레몬서 20절)

송언의 비밀

미국의 블루진과 신발 등 인터넷 판매 건으로 미팅이 있는 날이었다. 전철을 타고 가며 성공한 프랑스의 대표적인 블로거 르뮈르의 기사를 읽었다. 그는 미국으로 진출해 실리콘밸리에 정착했고, 왕성하게 벤처산업을 운영하고 있다는 기사였다.

항상 인터넷에서 무한한 기회가 있을 것이고 그곳에서 새로운 사업을 꿈꾸어 오던 나는 이미 아들과 상의해 향후 인터넷에서 전개될 사업 구상을 하고 있었다. 미국에서 아직 학업 중인 아들은 우리가 가지고 있는 컨텐츠를 가지고 활발하게 인터넷사업을 위한 리서치를 하고 있는 중이었다. 머지않아 아들을 통해 미국에서 사업계획서와 투자제안서가 만들어져 나올 것이다.

국내에서 해외 상품을 구매해 판매하는 대표적인 업체의 상장 소식을 접하며 연희동에 도착했다. R실업의 L사장과 점심식사를 하며 비즈니스 관련 대화를 끝내고 돌아오는 길에 자유롭게 사업을 전개하기 위해서 해외투자 유치금과 생산 문제 등 자유롭게 해외를 왕래해야만 한다는 생각이 맴돌았다. 나는 법적으로 자유로울 필요가 있었다.

그러기 위해서는 강남경찰서로 자진 출두해야 하는데 만약 당분간 움직일 수 없는 상황이 전개된다면 지금까지 준비해 놓은 모든 것이 물거품이 되는 것은 아닐는지 걱정이 되었다.

아내에게 담당 형사 반장에게 써 놓은 편지를 전하라 일러두고, 다음주 화요일 오후에 자진 출두하겠노라 전하라고 했다. 나는 담대해질 필요가 있으며 비겁하지 않았음에 자진 출두해 법의 사슬에서 벗어나야겠다는 생각과 함께 갑자기 계획에도 없던 금식기도를 드려야겠다는 생각이 들었다. 나는 지체 없이 3일 금식기도를 작정하고 청평 금식기도원으로 향하기로 마음을 굳히고 삼성역에 위치한 K교회로 향했다.

그곳에서 10월 1일 꿈속에서 본 나의 친구를 만났다. 꿈인지 생시인지 구분 못할 만큼의 선명한 꿈은 나에게 큰 시작의 의미와 확신을 주었다. 꿈속의 사람은 체격, 체형, 안경 형태, 그리고 흰머리까지 착각을 일으킬 만큼 친구를 닮은 사람이었다.

어둠이 깔린 늦은 저녁 시간 기도원에 도착했다. 우연일까? 내 친구를 꼭 닮은 그 사람은 4인 1실에서 나와 단 둘이 룸메이트가 되었다. 우리는 간단히 인사를 나누고 예배시간에 늦지 않기 위해 각자 서둘러 대성전 예배실로 향했다. 나는 이제 법의 사슬에서 자유인이 되어 하나님의 기업, 믿음의 기업을 일으켜 세워 하나님께 영광 돌리는 날을 속히 만들어 달라고 간곡히 기도드렸다.

이 못난 죄인을 자유롭게 해 세계를 넘나들며 사업할 수 있도록 만들어 주실 것입니까? 그렇게 의문의 답을 달라고 나는 쉴 새 없이 하나님께 매달렸다. 이미 내게는 두려움이란 존재하지 않았다. 그리고 마음의 평안이 왔고 곧 나를 짓눌러 왔던 법의 사슬에서 벗어나리라는 확신이 왔다.

"내가 네 앞서 가서 험한 곳을 평탄케 하며 놋문을 쳐서 부수며 쇠빗장을 꺾고 네게 흑암 중의 보화와 은밀한 곳에 숨은 재물을 주어서 너로 너를 지명하여 부른 자가 나 여호와 이스라엘의 하나님인 줄 알게 하리라."

(이사야 45장 2절~3절)

하루에 5번씩 진행되는 예배시간에 빠짐없이 참석했고, 목사님들의 설교 중간 중간에 실패하고 낙망해 있을 때 하나님께 간절히 기도드린 응답으로 IT사업을 일으켜 재기한 사람, 무일푼에서 지금은 3조 원의 재산가가 되어 있는 사업가 등의 사례를 들으며 놀라운 하나님의 기적의 역사를 느꼈다.

오후 시간에는 신앙 상담실을 찾아 상담을 받았다. 여 전도사님은 나의 지나온 이야기를 대략적으로 듣고, 오전 예배시간에 롯데캐슬과 관련한 사업가의 성공 사례를 들으면서 이곳에 어떤 사업가가 있을 것인데 그를 위한 특별한 설교 사례가 될 것이라는 생각을 했다고 했다. 그리고는 나를 위해 특별기도를 드리던 중에 하나님께서 이사야 45장 13절 말씀을 주셨다며 함께 읽어보시자고 했다.

"내가 의로 그를 일으킨지라. 그의 모든 길을 곧게 하리니 그가 나의 성읍을 건축할 것이며 나의 사로잡힌 자들을 값이나 갚음 없이 놓으리라. 만군의 여호와의 말이니라 하셨느니라." (이사야 45장 13절)

이 말씀으로 법적으로 자유롭게 될 것을 다시 한 번 확인받게 되었다.

새벽기도를 드리고 오전 예배까지는 약 4시간의 여유가 있었다. 이제 오후 3시에 시작하는 예배가 4시 30분이면 3일 금식기도가 끝나는 것이니만큼 에너지 축적을 위해 아침잠을 청했다.

간절한 기도의 응답일까? 꿈을 꾸었다. 창공에 이글거리는 태양의 빛으로 직사각형의 거대한 황금판을 뚫어 상상할 수 없는 눈부신 수천 수만의 황금 빗살을 내어 나에게 보여 주셨다. 찬란히 빛나는 세상을 향해 그렇게 나는 달려 나가리라!

룸메이트는 대전에서 신발 판매상을 하는 사람이었다. 한국 청소년들이 중국산을 회피하고 한국산을 선호한다는 말을 했다. 그리고 우리는 사업과 관련해 재회를 약속하고 헤어졌다.

미국에서도 이제 값싼 중국산보다는 값이 좀 높아도 질 좋은 한국산을 선호한다는 사실을 직접 체험했고, 미 동부에 체류하고 있는 아들을 통해서도 많은 정보교류를 할 수 있어서 앞으로 전개될 우리의 사업의 전망은 밝고 희망이 넘쳐날 것이다.

나는 이번 기도원생활을 통해 허리 통증이 사라졌고 광명의 세계로 나아갈 무장을 하게 되었다. 거칠 것도 없고 우리의 앞길을 막는 그 어떤 세력도 거침없이 쳐부수며 나아갈 것이다.

3일 금식을 한 까닭일까? 어제부터 변비로 고생을 했다. 이제 경찰서 출두를 앞두고 식음료와 정상적인 체질관리를 위해 노력해 왔다. 조서를 받고 만의 하나 어떠한 일이 전개될지 모르는 상황에서 나약한 인간이기에 긴장이 되었다.

오후 3시 30분, 미국에 계신 목사님에게 전화를 드렸다. 미래를 열기 위해서는 법적인 문제를 우선 해결해야 하며 지금 강남경찰서 정문 앞에 도착했다고 말씀을 드렸다. 목사님은 깜짝 놀라시며 항상 기도드리고 있고 큰 문제가 없을 것이니 담대하게 일을 잘 처리하라며 모든 기도를 뒤로 미루고 성 집사님만을 위해 기도드리겠다며 격려해 주셨다.

강남경찰서 경제 ㅁ팀 U반장, 경위 계급인 그는 우선 편안함을 주는 인상이 마음에 들었다. "하나님, 저를 담당하고 있는 이분을 긍휼히 여기시고 성헌모를 위해 동력자가 되어 앞으로 살아가는 날 동안 좋은 인연으로 남게 해주시옵소서! 또한 담당 검사님에게도 함께 해 주시옵소서!" 마음속으로 짧게 기도 드렸다.

그는 나를 보더니 잘 오셨다며 최선을 다해 도와주겠다고 친절히 안내해 주었다. 그리고 나와 관련된 컴퓨터 자료를 뽑아 왔다. 그는 기가 막힌다는 제스처로 어떻게 이러한 상황에서 해외를 넘나들며 활동했는지 모르겠다며 난감해 했다. 죄목은 형사 4인에게 배정된 7건의 사건으로 긴급체포 4건, 긴급통보 2건 등이었다.

나로서도 도저히 믿을 수 없는 상황이 내 눈앞에 펼쳐지고 있었다. 그 순간 1건만을 배정받았던 담당 수사관은 나에게 자유롭게 나갈 수 없을 것이라는 절망의 말을 했다. 그 말을 듣는 순간 나는 기도밖에 할 수 없었다.

"하나님 어찌 하오리까. 할 일 많은 성헌모를 감옥에 보내시겠습니까? 저는 도저히 믿어지지가 않습니다. 사람들은 몰라도 성헌모의 결백을 하나님께서는 아시지 않습니까? 그리고 풀어 주신다고 기도원에서 응답 주시지 않으셨는지요? 저는 의도적으로 죄짓고 살아가는 위인이 아니지 않습니까? 정의가 있지 않습니까? 하나님 저를 풀어 주시고 하나님께 사랑받으며 사업할 수 있는 그 길을 열어 주시옵소서. 저들을 강권적으로 움직여 주시옵소서!"

U반장은 당황하는 모습으로 어찌 손을 써 볼 도리가 없을 것 같다며 잠시 나가 있으라고 했다. 도망가지 말라는 말도 당부했다. 밖으로 나왔다. 나는 도망칠 이유가 없는 사람이다. 기소중지가 되어 있었지만 그만큼 양심에 가책되지 않았다. 자식들의 학비를 대고 재기하기 위해

많은 것을 준비해 오지 않았던가?

설령 잘못되어 구속이 된다 해도 두려울 것도 없고 죄가 있어 감옥을 간다 해도 곧 풀려나리라는 믿음이 있기 때문에 담대한 마음으로 기다렸다. 출입국 관련 자료들을 검토하고 여러 가지 정황으로 미루어 사건이 난 후 하루 만에 귀국을 했고 3일 만에 어쩔 수 없이 미국으로 다시 돌아가야만 했던 사정들이 의도적이지 않았다는 확신을 갖게 된 U반장은 나를 적극적으로 도와주겠다고 했다. 감사했다. 그리고 하나님께 감사기도를 드렸다.

오후 6시경, U반장은 나에게 검문당하면 체포될 수도 있으니 수사진행 중인 사실확인서, 즉 통행증을 발급해 주고 내일 오후 1시에 준비 서류를 만들어 오라며 친절하게 격려해 주었다.

아마 하늘을 나는 기분이 이러할 것이다. 갑자기 상상도 할 수 없었던 일들이 우리 가족에게서 일어나고 있었다. 그것이 어디에서 오는 힘인지를 느끼며 하늘을 우러러 감사드리고 주체할 수 없이 흐르는 눈물을 남모르게 닦아내며 아내에게 기쁜 소식을 전했다. 딸과 함께 걱정하며 나를 기다리던 아내는 딸아이의 회사 부근에서 나를 반기며 맞아 주었다.

다음날 아침 일찍 분당으로 향했다. XX로 인해 당좌수표를 발행했던 지인인 P사장을 만나기 위해서였다. 항상 그분에게 죄송하다는 생각을 해오던 터에 몇 번 통화를 드렸지만 성 사장이 잘 되어 있을 때 만나자는 말로 대신하곤 했다. 이매역에 내려 전화를 했지만 받질 않았다.

1억8천만 원짜리 당좌수표 카피와 함께 첨부해 '처벌 불원서'라는 것을 경찰서에 제출해야만 했다. 또한 오후 1시까지 나는 경찰서로 다시 출두해야만 한다. 통행증 또한 1시까지 유효했다. 그랬기에 나는 마음이 급했다.

몇 차례 전화를 시도하다가 우선 담당 수사관의 이름과 전화번호를 음성으로 남겨 두고 P사장 댁으로 직접 방문하기 위해 택시를 탔다. 택시 기사는 네비게이션을 이용해 주소를 입력하고 깃발이 꽂힌 주소를 향해 달렸다. 참 세상이 편리해졌고 특히 한국의 '네비게이션'은 세계적으로도 명성이 나 있다. 해외로도 많은 업체가 수출을 하며 진출도 한다. 가슴이 뿌듯했고 우리 가족 또한 조국을 위해 무엇인가 기여해야 할 것이라고 아이들과 많은 대화를 나누며 사업 구상을 하고 있지 않은가?

사랑하는 두 자녀와 미국의 시스템과 역동적인 한국의 시스템을 접목시킨다면 우리가 해야 할 일들이 넘쳐날 것이라며 많은 희망의 대화를 나누어 왔다. 그리고 우리 가족에게는 유학으로 무장된 두 자녀와 같은 젊은 인적 자원이 있질 않은가?

P사장은 이미 경찰서에 전화를 하고 '처벌 불원서'와 당좌수표 카피본을 만들어 사인을 한 후 나에게 건네주며 성 사장이 잘못되어 한참 오해도 했었으나 성 사장의 성격이나 인격으로 보아 절대로 의도된 부도가 아님을 알고 있었고, 또한 재기할 수 있는 능력이 있다는 것을 믿었다며 격려해 주었다. 그러면서 집에서 멀리 떨어진 곳까지 나와 따뜻한 커피를 사 주며 배웅을 해주었다.

오후 1시 강남경찰서 경제 ㅁ팀, 나는 U반장의 우호적인 배려로 편한 조서에 조목조목 당시 상황과 지금까지의 상황을 설명했다. 재기하기 위해서, 아니 나로 인해 연쇄적으로 피해를 본 사람들에게 상처를 치유해줄 수 있는 방법은 브랜드여야만 하며, 새로운 사업을 열어 성공시키는 길이 유일한 방법이라는 생각으로 모든 오해와 비난을 감내하며 침묵으로 준비해 왔다는 사실을 거침없이 토해냈다. 그리고 마침내 나에게 씌워져 있던 긴급체포 등 6건의 죄의 사슬을 끊어내고, 1건의 사건을 담당하고 있는 경제 ○팀으로 향했다.

그곳에 나를 담당하는 수사관은 타 사건으로 분주해 다음날 오후 2시에 다시 방문하라며 돌아가라고 했다. 하지만 통행증을 만들어 줄 수 없으니 불신 검문에 걸려 체포되면 유치장을 살아야 하니 조심하라고 했다. 일종의 공포감을 주는 셈이었다.

나는 우선 이름도 모르는 건장한 체구의 젊은 수사관이 인상도 날카로워 보여 마음이 놓이질 않았다. 경찰서를 나서며 하나님께 감사의 기도와 함께 내일 만나는 수사관이 날카로워 보이니 그에게 부드러움을 주시고 내일로 모든 법적인 사슬을 끊어 버리고 마음껏 활개 치며 사업할 수 있도록 해달라고 기도를 드렸다.

다음날 오후 2시, 경찰서 출두를 앞두고 있었지만 나는 일각의 시간을 아껴 써야 했기에 무엇인가를 하지 않으면 안 되었다. 그래서 청계천 7가로 향했다. 미국에 있는 아들을 통해 흑인들을 상대로 한 무궁무진한 신발시장을 평소에 들어왔고, 그것을 우리만의 고유 심벌을 활용해 만들어 보내주면 미국 시장을 공략해 보겠다는 기억이 떠올랐다. 그래서 기도원에서 만난 사람을 통해 상품이 딸려 공급받을 수 없다는 좋은 신발 업체의 정보를 얻어 이미 연락을 해놓았고, 영업부장과 약속을 잡아 놓았기 때문에 방문하는 것이었다.

그곳에서 상담을 통해 신발 제조에서부터 미니멈 오더, 그리고 우리의 고유 브랜드와 상표를 보여 주면 로열티를 주고 살 수도 있으며 상호 조건을 맞추어 거래할 수 있도록 하겠으니 구체적인 상호 제안은 상표를 보고 결정하기로 하고 나는 강남경찰서로 향했다.

담당 수사관을 만났는데 어제와는 믿어지지 않을 만큼 부드러워진 모습이어서 마음이 한결 편해졌다. 그 수사관 이름은 S경위였다. 나는 캐비닛 위에 올려진 명패를 통해 그의 이름을 목격한 순간 전율을 느꼈다. 마치 주먹으로 세차게 어퍼컷을 맞은 것 같은 충격에 빠져들었다. 아니 빠져들 수밖에 없었다. 정신을 가다듬어 다시 명패를 바라보았다.

S! 어제 담당 수사관은 U! 앞과 끝 한자씩 떼어내 붙이면 '송언!'이 되는 것이다. 송언이라는 말과 함께 이미 나는 오늘부로 모든 법의 이름으로 씌워져 있던 죄의 사슬을 끊어낼 것이라는 확신을 받았다. 그 확신의 의미는 이렇다.

나는 미국에 체류할 초기 당시, 재기를 꿈꾸며 많은 사람들을 만나고 다녔다. 우선 안정적으로 생활을 해야 했고 자식들의 교육비를 벌어야만 하는 절박한 상황에서 내게 가진 돈은 없었다. 또한 사기꾼으로 인해 상심하고 있을 때였다. 우연히 교차로 신문을 읽다가 어느 목사님의 광고 문구가 나의 시선을 멈추게 했다.

2003년 중반, 그때 목사님을 만나게 된 것이 기독교 신앙을 가지게 되었고 굳은 믿음으로 살아가게 된 동기가 된 것이다. 그리고 나는 어느새 하나님께 기도드리는 자가 되어 이 세상에 내가 기대고 매달릴 곳은 하나님밖에 없다는 믿음으로 열심히 기도를 드렸다.

몇 개월 후, 꿈속에서 두 가지 미션을 받았다. 하나는 'God mission'이고, 며칠 후 두 번째는 '송언'이라는 단 두 낱말을 받았다. 그 뜻이 어떤 뜻인지 몰라 목사님에게 말씀드렸었는데… 오늘 그 뜻을 깨닫게 된 것이다.

고발된 죄목은 세월이 흐르며 많은 담당 형사들이 바뀌었고, 최종 4

인으로 압축되었던 죄목이 '송'자의 성과 '언'자의 이름 끝 자로 맺어지게 되었으니, 적당한 시간이 흐른 다음 이들 두 수사관을 통해 나의 법적인 사슬이 풀어지는 순간을 하나님은 예비해 놓으신 것이다.

송언!

나는 분명 신비주의자가 아니다. 그러나 내가 살아가고 있는 과정에서 나타나는 많은 현상들을 훗날 다시 쓰기 위해 기록해 나가고 있다.

> "내가 환난에서 여호와께 아뢰며 나의 하나님께 부르짖었더니 저가 그 전에서 내 소리를 들으심이여 그 앞에서 나의 부르짖음이 그 귀에 들렸도다." (시편 18장 6절)

열정을 품으며 살아가리

서초동 법원에 들러 법인 등기부등본을 떼었다. 사라져버린 법인이었지만 경찰서에 제출을 해야만 한다. 전 경리 직원에게 서류를 준비해 달라고 부탁을 해보았지만 그녀는 전화를 끊고 여전히 나를 피했다.

독산동 세무사에 도착해 재무제표를 떼고 두 정거장밖에 되지 않는 거처를 향해 도보로 걸었다. 골목길에 접어들었을 때 가로판 안쪽에 광고지 한 장이 달랑 놓여 있었다. 무심코 집어든 광고지는 교차로였다. 미국 한인사회에서 꽤 유명세를 타고 있는 광고지라서 반갑기도 해 1부 들고 집에 돌아와 뒤적여 보았다.

광고 구인란에 '백수들아 다 모여라!' 하는 광고문구에 시선을 멈추고 호기심에서 전화를 걸었다. 전화 속의 여성은 관리를 맡아 줄 중년이 필요하니 우선 방문해 상담이라도 하자고 했다.

다음날 아침 일찍 방문해 상담을 한 결과 그곳은 다름 아닌 정수기를 방문판매하는 곳이었다. 나는 방문판매와 다단계에 대해 좋지 않은 편견을 가지고 있었기 때문에 실망을 했지만 담당 면접관은 단순히 내부에서 관리만 할 뿐이니 도와 달라는 것이 아닌가?

분명 나는 브랜드를 위해 최선의 준비를 하고 있고 아직은 시간의 여유가 있다.

다음날 아침 일찍 논현동으로 향했다. 그곳에서 교육을 받으며 결국 연고 판매를 하는 곳이라는 생각이 들었다. 내가 있을 곳이 못 되겠다는 생각을 하고 돌아서려는데 본부장이 나를 돌려세웠다. 절대로 판매하는 것이 아니니 내근하면서 면접 등 관리를 도와 달라고 부탁했다.

일단 다음주부터 출근하는 것으로 약속하고 아내와 코엑스로 향했다. 우리 가족은 그곳에 추억이 많았다. 아이들이 유학을 떠나기 전에 코엑스몰이 탄생하면서부터 수시로 쇼핑을 했고, 영화 관람과 간단한 먹을거리를 즐겨 찾았던 곳이다.

특히 딸아이가 즐겨 찾던 그곳의 추억을 우리는 잊을 수가 없었다. 우울할 때마다 그곳을 찾아 수많은 인파 속에서 파도처럼 떠밀려가곤 했다. 무료할 때는 대형 서점에 들러 구석에 앉아 몇 시간이고 공짜 책을 읽기도 했다. 오랜만에 아내와 옛 추억을 상기하면서 잠시나마 행복에 젖을 수 있었다.

신림동 옥탑방으로 귀가하려고 엘리베이터를 타려는데 문이 닫히는 순간이었다. 우리 부부는 무리하게 달려가 타려던 것이 그만 나는 정문 투명 유리 현관문에 죽지 않을 정도로 박치기를 했다. 왼쪽 눈썹이 찢어지고 안경은 콧잔등을 압박하며 휘어지고 쿠션을 받아 윗입술을 타격했다.

정신이 몽롱한 가운데 치아가 부러지는 듯한 아픔을 느끼며 입술 사이로 흘러내리는 피를 씻어 냈다. 치아 몇 개는 부러졌으리만큼 통증이 느껴졌다. 아내의 부축을 받아 방으로 돌아와 거울을 보았다. 거울 속에 비춰진 나의 모습은 왼쪽 눈두덩에 피멍이 들어 모습이 흉측했다.

아내가 약을 사와 바르고 복용을 했지만 이 몰골로 어떻게 출근을 해야 할지, 그나마 내일은 일요일이니 다행이었다. 점점 눈언저리에 멍이 전체로 퍼져 흉한 모습으로 변했다. 아내는 출근을 말렸지만 나는 나의 의지를 시험받는 것 같아 출근을 감행하기로 했다. 왜냐하면 일주일 후면 새해를 맞이하게 되는데 새해부터는 일각도 놓치지 않고 시간을 지배하리라는 각오를 하고 있었기 때문에 마음먹은 것을 실천으로 옮기고 싶었다. 법인 설립까지 시간의 여유가 있질 않는가?

전철을 탔다. 논현동 쪽으로 달리는 7호선 새벽 전철 안은 앉아서 갈 만큼 빈 좌석이 많았다. 정면에 앉아 있는 중년의 여성이 힐끗힐끗 바라보며 밉지 않은 미소를 보내왔다. '어쩌다 그 지경이 되었수?' 하는 눈초리였다.

저편 문 쪽 옆에 앉아서 재잘대는 20대 아가씨 둘이 우스꽝스러운 내 모습에 키득대고 있다는 생각에 왠지 부끄럽다는 생각보다는 나로 인해 저 사람들이 별별 상상을 다하겠구나 하고 생각하니 나 또한 멋쩍은 웃음이 나왔다.

그렇다. 살아오면서 간간히 보아왔던 눈두덩이 시퍼렇게 멍든 사람들에게 나는 좋은 편견을 가지질 못했다. 아! 저 사람은 남자니까 술 먹고 쌈박질을 했을 거다. 아니면 공처가로서 마누라한테 두들겨 맞았을 거다라고 측은하게 생각했다. 혹여 여자라면 저 여자의 남편은 폭군일 것이고 남편에게 맞고 사는 여자일 것이라는 내 나름대로 상상을 했다. 불쌍하다고…. 그러나 막상 내 자신이 그 모습이 되어 대중 앞에 나타났으니 지나간 나의 편견이 잘못된 것이며 남을 함부로 평가한다거나 함부로 무시해서는 안 되겠다는 깨달음을 얻게 되었다.

회사에 도착해 약 50여 명이 모여 있는 곳에서 신입사원 신고를 하기 위해 연단으로 올라갔다. 그들 또한 의아해하며 '어찌 저런 몰골로 출근을 할 수 있을까?' 하는 눈초리로 내면의 미소를 감추려 애쓰고 있었다. 나는 믿거나 말거나 당당하게 눈을 다치게 된 동기를 말해 주었고 나의 의지와 출근하기로 한 약속을 저버릴 수 없어 나왔노라고 말했다. 그들은 내게 큰 박수로 환영해 주었다. 아마도 격려의 박수일 것이다.

그들은 용감했다. 나는 이곳에서 오랫동안 잊고 지내왔던 삶의 역동을 발견하게 되었다. 손뼉 치며 노래 부르고 사가를 부르고 잘 맞추어진 시간을 쪼개어 그 시간의 틀 속에서 서로의 동질감을 느끼게 했다.

그곳에서는 짧은 시간에 거쳐 자기와 인연이 닿는 사람을 뽑아 연고판매를 유도해 판매한 후 수입을 창출해 내고 있었다. 무자본으로 세상 속에서 실패한 사람들이 똘똘 뭉쳐 서로 격려하고 감싸주며 선의의 경쟁을 유발해 상생하는 그러한 구조였다.

사람들은 보편적으로 다단계나 방문판매에 대해 알레르기 반응을 보였다. 더욱이 연고를 이용하는 것인 만큼 필요에 의해 구매하는 것보다는 도와준다는 의미가 더 크기 때문에 구매를 해주면서도 기분은 영 엉망일 것이었다. 또한 그것이 내가 경험한 사례이기도 하니까.

나의 경험으로 강매를 당하는 기분은 도와주면서도 그 사람에게 대한 나쁜 기억으로 남아 있으니까 말이다. 결국 가지고 있는 상품을 구매한 것이니 창고에 처박아 놓았던 기억이 좋은 느낌일 수는 없지 않은가?

드디어 나는 지인에게 3백만 원짜리 정수기 한 대를 팔았다. 강매였지만 내게 있어 힘들게 부탁을 하는 것이며 아무에게나 함부로 부탁할 수 없는 것이니 허물없이 나를 이해할 수 있는 사람들에게만 부탁하는 것이라며 양해를 구했다.

최초로 판매하는 것을 'Ice Break'라고 한다. 얼음을 깨자! 라는 말이기도 하며 알을 깨고 병아리가 나온다는 의미이기도 했다. 그것으로 팀원들은 열광하고 축하해 주는 것이다.

이 세상엔 많은 집단이 그들만의 영역에서 최선을 다하며 살아가고 있다. 어떠한 집단이든지 살아가는 방법에서 존중받아야 마땅하다는 것이 나의 생각이다. 사회와 인류에 해악을 주지 않는 집단이라면…. 다단계, 방판, 보험 등 전혀 폐해가 없는 것은 아니지만….

2007년 12월 31일, 종무식을 마치고 청평 금식기도원으로 향했다.

2007년은 우리 가족에게 상상할 수 없는 큰 변화가 있었던 해가 아닌가? 아들과 딸이 미국에서 대학을 졸업했고 우리들로서는 도저히 감당할 수 없는 기적 같은 일들이 일어났고 나는 법의 사슬에서 벗어났다. 자유롭게 세계를 누비며 나의 꿈을 펼칠 수 있도록 만들어진 것이다.

인간의 힘으로는 감당할 수 없는 믿을 수 없는 일들이 단숨에 일어났고 휘몰아쳐 온 그날들을 나는 되돌아보며 하나님께 감사의 기도를 드려야만 했다.

"뒤의 것을 잊어버리고 앞의 것을 잡으라"는 원장님의 설교 제목 아래 5년의 시련을 극복하고 우리 가족이 새로운 세계를 향해 달려 나갈 것을 다짐했다. 그날을 위해 준비한 것들을 마음껏 펼쳐 보이리라! 그리고 이 모든 영광을 하나님께 돌리리라!

삼성동에서 후배 사업가 K사장을 만났다. 다음날 중국 출장을 가니 늦은 시간이라도 만나자는 제의로 이루어진 만남이었다. 그는 기꺼이 정수기 1대를 구매해 주었다. 어려운 상황에서 그는 나를 돕기 위해 주저하지 않고 거금 300만 원을 썼다. 부끄러웠고 감사했다. 허물없는 사이라지만 반드시 오늘의 일을 잊지 않고 보답하겠다는 다짐을 했다.

나의 처지가 어려워 부탁하는 것이니 여유가 있건 없건 도와준다는 것에 큰 의미가 있다는 생각을 했다. 상품 가치를 보고 구매하는 것이 아니지 않은가? 흔히 사람들은 이런저런 이유를 대고 거절의 변을 토로한다. '얼마나 절박하면 이러한 부탁을 할까?'라는 생각은 추호도 하지 않는다. 그냥 거절하는 것이 아니라 거절의 이면에 숨은 비웃음을 감당하기란 참으로 힘든 일이었다.

나는 변해야만 한다. 대수롭지 않게 비껴 살아왔던 날들을 되짚어 보았다. 자기들보다 앞서가는 자들을 향해 비난하고 모함하면서 힘 있는 자들에게 기생하며 아부하는 자들! 그 상처를 끄집어내어 입술을 깨물었다.

"너희 마음을 위로하시고 모든 선한 일과 말에 굳게 하시기를 원하노라."

(데살로니가후서 2장 17절)

오후에 여성의류 브랜드로 유명한 H사의 C회장을 방문했다. 그분은 5년이라는 세월을 넘어 방문한 나를 반갑게 맞이해 주었고, 미래산업 성 사장께서 어려운 일을 당한 것을 항상 가슴 아파했다며 다시 한 번 재기해야 하지 않겠느냐며 위로해 주었다. 그는 새롭게 시작되는 브랜드의 오더를 밀어줄 테니 열심히 해보라며 격려해 주었다.

C회장은 지금 연 5,000억 원을 넘기는 초대형 여성의류 브랜드로 성장시켰지만 한때 도매시장에서 실패한 경험을 토대로 타의 추종을 불허하는 급성장을 이루었다.

그와의 인연은 이러했다.

대기업체에서 거래 관계로 알고 지내던 K상무가 C브랜드의 런칭 본부장으로 근무하게 되면서부터였다. 당시 H사는 우리 미래산업보다

규모가 크지 않았다. 초기 생산 요청이 왔을 때 우리는 갈등했다. 우선 결제조건이 마음에 안 들었고 주변에서 적극적으로 말렸다. 소문으로는 자금 사정이 안 좋다는 것이었다.

당시 청계천 주변에 위치한 본사를 방문했다. C회장과 차를 나누며 많은 대화를 통해 그의 브랜드에 대한 열정과 강한 집념에서 큰일을 낼 만한 사람이라는 희망을 보았다. 그것으로 우리 미래산업과 거래가 시작될 수 있었다.

C브랜드는 가히 폭발적으로 판매가 이루어져 갔고 전국적으로 수백 개의 매장이 오픈되어 물량은 엄청나게 늘어나 본사에서 생산단가를 낮추기 위해 중국 생산을 요구했다.

중국 생산! 우리는 아직까지 시도하지 않았던 방식이었고, 중국 생산은 곧 많은 자금 투자를 요구했다. 부장급으로 중국 생산 담당부장을 뽑아야 했고, 기술 지도, 품질 검사원 등 중국 현지 상주 인원을 배치해야만 했다.

그러나 우리는 곧 발 빠르게 인력을 뽑아 배치하고 중국 생산을 감행했다. 유동자금이 여유가 있어서는 아니었지만 우리의 업무 추진은 그만큼 빠르고 신속하게 이루어졌다. 우선 중국 현지공장에 지급될 임가공료로 약 10억이 투자되었고, 우리 미래산업은 H사의 오더를 훌륭하게 수행해 납품해 주는 것을 끝으로….

애석하게도 나와 C회장과의 인연은 XX의 부도로 말미암아 오랜 시간 이어지질 못했다. 그것이 무엇이 되었든지 거대한 운명의 벽은 나와 나의 가족을 미국 땅으로 몰아갔고 세상 인심은 나의 자유를 허용치 않았다. 비록 구두였지만 법인을 설립하든 어떠한 형태로든 속히 회사를 만들어 다시 방문하라는 C회장의 말과 최선을 다해 밀어 주겠다는 굳은 약속을 뒤로하고 돌아서 나왔다.

어리석은 나에게 이만큼의 믿음을 주는 C회장께 마음속으로 감사했다. 비록 오더를 수주해 프로모션 형태의 사업을 전개할지 여부를 떠나 나를 믿고 후원하는 지인들이 있어 아직도 나는 행복한 사람이 아닐까? 오랜 세월 추구해 왔던 우리만의 고유 브랜드를 만들겠다는 나의 계획은 H사와 같은 성공한 기업을 통해 또 다른 비전으로 이어져 가고 있는 것은 아닐는지….

나는 2007년 중순부터 휘몰아쳐 오는 나의 운명을 알고 있다. 지난해 나의 의지로서는 도저히 선택의 여지없는 기적 같은 길을 걸어왔고, 누가 무어라 해도 반드시 그날! 5년여의 긴 세월의 역경을 딛고 담대하게 성공해 가는 자로 남아 있게 될 것이다. 그러기 위해 겸손과 진실, 그리고 성실함으로 세상 사람들에게 귀감이 되기 위해 혼신의 힘을 쏟을 것이다. 어느 누구에게도 흔들리지 않는 나의 굳은 믿음대로 나의 열정은 그렇게 끈임 없이 이어지리라.

> "주라. 그리하면 너희에게 줄 것이니 곧 후히 되어 누르고 흔들어 넘치도록 하여 너희에게 안겨 주리라. 너희의 헤아리는 그 헤아림으로 너희도 헤아림을 도로 받을 것이니라." (누가복음 6장 38절)

나는 장장 5년의 세월을 넘어 현역으로의 복귀를 꾀해 왔다. 그것은 과거와는 전혀 다른, 잘 단련된 무장의 모습으로 창과 칼을 갈고 닦고 내면의 혼을 다스릴 수 있는 힘을 키워왔다.

내 인생 여정에 어떠한 장애가 따를지라도 그것은 혁파의 대상일 뿐 나에게 이미 두려움은 없다.

꿈과 희망! 그리고 성취! 그것을 위해 얼마나 많은 날들을 고뇌하고 인내하며 단련해 왔던가? 나의 슬픔보다는 나로 인해 슬퍼하고 고통 받는 자들을 위해 수많은 날들을 기도하며 기다려온 날들이 아니었던가?

글을 썼고, 브랜드를 만들었고, 닷컴과 심벌을 만들어 왔다.

이제 모든 준비는 끝났다.

내 인생의 막다른 길목에서 하나님을 만나게 되어 거부할 수 없는 사명을 나는 수행해야만 한다. 그러므로 나는 오늘도 내일도 힘차게 달려 나갈 것이다.

정의의 이름으로…

그날 S수사관은 국제공항을 자유자재로 넘나들게 된 이유를 도저히 납득할 수 없으며 여러 가지 죄목으로 보아서는 영장 발부를 받아 형을 살아야 마땅하다고 했다. 그런데 그런 사안임에도 불구하고 당시 어쩔 수 없었던 나의 처지와 경제사범으로서 자유인으로 만들어 주기 위해 많은 고뇌를 하는 듯 보였다.

나에게서 국가와 우리 사회를 위해 성장할 수 있는 힘과 투쟁심, 그리고 잠재력을 보았고, 무엇보다도 어려움을 통해 굳게 뭉쳐진 가족의 힘이 느껴지기 때문에 벌보다는 선처를 통해 기회를 주어 일할 수 있도록 최선을 다해 도와주겠다고 했다.

영원히 잊혀지지 않을 이름 'S경위'와 'U반장'에게 감사를 드리고 나는 경찰서 정문을 나서기까지 하나님께 강남경찰서에 들어와 있는 많은 혐의범들과 경찰서 모든 경찰 공무원들에게 축복을 달라고 기도를 드렸다.

나의 가족을 여기까지 인도하시며 꿈에도 예상하지 못했던 일들을 질풍노도처럼 몰아치게 해 법의 사슬을 벗어 던지게 하신 하나님의 그

크신 뜻에 감사드렸다.

> "하나님은 모든 행위와 모든 은밀한 일을 선악 간에 심판하시리라."
> (전도서 12장 14)

남부지방검찰청 △검사실 노동부에 근로기준법 위반으로 2건이 고발되었다. 강남경찰서에 '긴급통보'된 사건으로서 경찰서 조서와 함께 관할 노동사무소를 통해 기소된 사건이었다. 이미 노동부 근로감독관은 퇴직금과 임금의 대부분이 지급되었다는 사실을 담당 검사에게 품신했고, 담당 검사는 나에게 자유롭게 해외를 출입국할 수 있도록 우선 여권을 갱신토록 조치해 주었다.

재기를 위해 해외 왕래가 자유로워야 하기 때문에 기간이 끝난 여권 신청을 해놓았지만 신원조회에 걸려 강남경찰서, 서울지방경찰청, 남부지방검찰청 등을 오가며 담당 경찰관, 검사 등을 찾아다녀야 했고, 성헌모가 비굴하게 도망한 것이 아니라는 것을 설명했다.

결국 자식들의 대학 졸업을 마친 후로 미루어 놓았던 법적, 개인적, 사업적인 모든 문제들을 해결하기 위해 나는 정해진 나의 운명의 시계대로 담대하게 걸어가고 있고, 한국에 돌아와 쉽지는 않지만 하나하나 극복해가고 있었다.

나로 인해 연쇄적으로 상처받았거나 손실을 본 개인이나 금융기관, 그리고 국가에 한점 부끄럼 없기 위해 최선을 다할 것이다.

> "내가 내 양무리의 남은 자를 그 몰려갔던 모든 지방에서 모아내어 다시 그 무리로 돌아오게 하리니 그들의 생육이 번성할 것이며." (예레미야 23장 3절)

얼마 전 새벽꿈에서 받은 성경구절이다. 어떤 뜻일까?

그렇게도 인생을 어리석게 살아오면서 신앙도 없었던 나에게 하나님은 왜 훗날을 기약하도록 하셨을까?

'미래산업'과 '(주)미래인휘니트'의 각 근로자 대표 명의로 고발된 체불임금은 사옥 매각과 더불어 지급이 되었다. 그러나 그들은 고소취하를 하질 않았다. 아니 그러한 것을 알고 있을 까닭이 없을 것이다. 법적으로는 고소인 대표자가 아닌 개개인 각자의 고소 취하서를 받아와야 한다니 그들이 어디에 사는지조차 몰랐고, 겨우 11명의 고소취하서를 받아 검찰청에 제출했다. 법이라는 것이 참으로 잘못되었다는 생각을 해보았지만 또 한편으로는 그리해야만 힘없는 다수의 근로자들이 보호받을 수 있겠다는 생각에 이해할 수 있었다.

담당 검사는 나의 모든 정황을 경청해 주었고 '공소 없음'으로 자유인으로 만들어 주었다. 재판을 받지 않아도 되고 벌금을 물지 않아도 되도록 조치해 준 것이다. 젊은 L검사는 나를 향해 미소로 격려해 주었다. 꼭 다시 성공하기를 빌어 주겠다고…. 모든 것이 감사했다.

나는 △호 검사실을 나서며 진심으로 감사의 인사를 남겼다. 반드시 좋은 모습으로 성공하겠다고….

2008년 4월 1일 화요일 만우절! 정말 거짓말같이 나는 긴 어둠의 터널을 뚫어 제쳤다. 그것이 어떤 큰 힘이 지배하고 있는 것인지….

남부지원 정문 위로 파란 하늘이 들어왔다. 제법 봄기운이 도는 거리를 어디론가 달려가는 자동차들이 행복해 보였다. 파릇파릇 새순이 돋아나기 시작한 가로수 가지를 쳐내는 인부들의 모습이 또한 행복해 보였다. 머지않아 가로수는 파란 떡잎을 만들어 한여름의 열기를 식혀 줄 것이다. 그리고 나는 사랑하는 조국의 하늘 아래 어디선가 재기를 위해 땀 흘리며 힘쓰고 있을 것이다.

매년 이맘때면… 우리 어머니집 정원 가득히 형형색색의 연산홍이 꽃망울을 터트리기 시작한다. 뒷짐 지시고 행복해 하시던 사랑하는 우리 어머니, 이 불효자식이 미국으로 떠나가고 정 떨어지셨다며 집을 떠나 형제들 집을 옮겨 다니시며 동가식 서가숙 하시는 불쌍한 우리 어머니, 어머니의 웃음을 곧 찾아 드리겠습니다.

대한민국의 정의롭고 지혜로운 공무원들이 곳곳에서 묵묵히 땀 흘려 일하고 있다. 그것은 곧 나에게 '애국'이라는 이름으로 다가왔다. 나는 때때로 그것을 보아왔고 그들에게서 조국의 희망을 바라보곤 했었다.

한국에 돌아와 일련의 사건들을 스스로 극복해가는 과정에서 이것은 내가 보고 겪으며 걸어가야 할 필연적인 것이라 생각하게 되었고, 나 역시 그들에게 못지않은 조국에 무엇인가 할 수 있는 일이 있을 것이라는 생각을 해보았다. 그것은 자명하게 나의 뇌리 속에 각인되어 있다. 내가 걸어온 길! 그리고 가장 잘할 수 있는 것! 그리고 나에게 주어진 사명을….

오래전 미국 워싱턴 주에서 아들이 유학하고 있을 때 시애틀 영사관의 C영사, 외교통상부의 당시 K여성 사무관, 미래산업 창업 초기 국세청 감찰반의 M감찰 반장, 강남경찰서의 U와 S경위, 그리고 남부지청 L검사! 적어도 그들과 같은 정의롭고 뛰어난 공무원들이 있어 대한민국의 앞날이 희망으로 가득한 것이 아닐까?

이미 형제나 친구, 회사 직원들 누구라 할 것 없이 등을 돌린 지금의 상황에서 세상의 그릇된 잣대로만 바라보는 그들에게서 나의 힘겨운 투쟁은 아직도 비웃음으로 남아 있다.

관공서를 드나들며 옛 경리에게 서류라도 부탁할라치면 바로 연락이 두절되었고, 옛 거래처 연락처라도 알아야겠기에 부탁을 해보아도 그들은 한결같이 숨어버렸다.

그들의 잣대로 본다면 나는 "도망자"이다. 그러나 나의 잣대로는 "사장이 모든 짐을 지고 간다"였고, 법을 집행하는 기관에서는 불가피한 나의 처지를 공명정대한 법의 잣대로 명쾌하게 판결해 주었다.

많은 사람들이 자기 관점에서만 사고하고, 자기만이 정의롭고, 자기만이 옳다고 한다. 나에게는 이러한 시련을 통해 인간의 심성을 꿰뚫는 혜안이 만들어졌다. 그리고 끼니 걱정을 할지언정 진정으로 행복한 삶의 모습을 보았다. 돈이 인생의 전부가 아님도 보았다. 그렇기 때문에 나는 다시 돈을 벌 것이다. 돈을 가진 자만이 인생은 돈이 전부가 아니라는 진리를 설파할 수 있을 것이기 때문이다.

"우리 주의 은혜가 그리스도 예수 안에 있는 믿음과 사랑과 함께 넘치도록 풍성했도다." (디모데전서 1장 14절)

내 생애 다시 시작이다

Henry.S 2007